国民阅读经典

金刚经·心经释义

王孺童 译注

中华书局

图书在版编目（CIP）数据

金刚经·心经释义/王孺童译注. —北京:中华书局,2020.1
（2024.8 重印）
（国民阅读经典）
ISBN 978-7-101-13260-1

Ⅰ.金… Ⅱ.王… Ⅲ.①佛经②《金刚经》-译文③《金刚经》-注释④《心经》-译文⑤《心经》-注释 Ⅳ.B942.1

中国版本图书馆 CIP 数据核字（2018）第 111827 号

书　　　名	金刚经·心经释义	
译 注 者	王孺童	
丛 书 名	国民阅读经典	
责任编辑	刘树林　马　燕	
装帧设计	毛　淳	
责任印制	陈丽娜	
出版发行	中华书局	
	（北京市丰台区太平桥西里 38 号　100073）	
	http://www.zhbc.com.cn	
	E-mail:zhbc@zhbc.com.cn	
印　　　刷	大厂回族自治县彩虹印刷有限公司	
版　　　次	2020 年 1 月第 1 版	
	2024 年 8 月第 4 次印刷	
规　　　格	开本/880×1230 毫米　1/32	
	印张 13¾　插页 2　字数 350 千字	
印　　　数	16001-18000 册	
国际书号	ISBN 978-7-101-13260-1	
定　　　价	45.00 元	

出版说明

在二十一世纪的当代中国，国民的阅读生活中最迫切的事情是什么？我们的回答是：阅读经典！

在承担着国民基础知识体系构建的中国基础教育被功利和应试扭曲了的今天，我们要阅读经典；当数字化、网络化带来的"信息爆炸"占领人们的头脑、占用人们的时间时，我们要阅读经典；当中华民族迈向和平崛起、民族复兴的伟大征程时，我们更要阅读经典。

经典是我们知识体系的根基，是精神世界的家园，是走向未来的起点。这就是我们编选这套《国民阅读经典》丛书的缘起，也因此决定了这套丛书的几个特点：

首先，入选的经典是指古今中外人文社科领域的名著。世界的眼光、历史的观点和中国的根基，是我们编选这套丛书的三个基本的立足点。

第二，入选的经典，不是指某时某地某一专业领域之内的重要著作，而是指历经岁月的淘洗、汇聚人类最重要的精神创造和知识积累的基础名著，都是人人应读、必读和常读的名著。

第三，入选的经典，我们坚持优中选优的原则，尽量选择最好的版本，选择最好的注本或译本。

我们真诚地希望，这套经典丛书能够进入你的生活，相伴你的左右。

中华书局编辑部

二〇一八年五月

目录

Jingangjing Xinjing shiyi

金刚经释义　*1*

　　目录　*3*

　　凡例　*11*

　　《金刚般若波罗蜜经》疏义　*13*

　　《金刚般若经疏》科释　*205*

　　《金刚》"九喻"瑜伽述义　*290*

心经释义　*309*

　　目录　*311*

　　凡例　*313*

　　《心经》贯解　*315*

　　《心经》集释　*319*

　　《心经释要》"五玄"述义　*414*

金刚经释义

目　录

凡例　11

《金刚般若波罗蜜经》疏义　13

甲一、序分　13

乙一、证信序　13

乙二、发起序　16

甲二、正宗分　19

乙一、演说正教　19

丙一、问答法义　19

丁一、启请圣教　19

戊一、弟子礼佛　19

戊二、善现问法　21

己一、赞佛希有　21

己二、发心四问　24

丁二、佛善所问　25

丁三、愿乐欲闻　27

丁四、佛答所问　28

戊一、云何发心　28

己一、广心利益　29

己二、第一心利益　31

己三、常心利益　32

己四、不颠倒心利益　34

戊二、应云何住　35

戊三、云何修行　35

戊四、降伏其心　37

己一、不住相想　37

己二、布施利益　38

己三、福德难量　39

丙二、断生疑心　42

丁一、应报有为　43

丁二、法身无为　44

丙三、生疑致问　46

丁一、法不空说　46

丁二、三人能信　48

戊一、地前菩萨　49

己一、闻教生信　49

己二、佛悉知见　51

己三、福德无量　52

戊二、登地菩萨　53

己一、我法无相　54

　　庚一、我无四相　54

　　庚二、法无四相　55

己二、法无取有　56

己三、证智舍法　57

丙四、为遮异疑　59

丁一、法无取说　59

戊一、法体无为　60

己一、无得无说　60

己二、不可取说　61

己三、无为得名　63

戊二、校量福德　64

己一、有漏福薄　64

己二、无漏福胜　67

　　庚一、受持演说　67

　　庚二、诸佛所出　68

　　庚三、非佛不知　70

丁二、法无所得　71

戊一、三乘无得　71

己一、声闻无得　71

　　庚一、四果无得　71

　　庚二、举自无得　77

己二、菩萨无得　79

庚一、于法无得　79

庚二、报土无得　81

庚三、无住生心　82

己三、报佛无得　84

戊二、校量福德　86

丁三、成彼胜福　90

戊一、尊重说处　90

戊二、尊重持人　92

戊三、问名奉持　93

戊四、诸佛同说　95

戊五、功德无量　96

戊六、法相非报　99

丁四、福德转胜　100

戊一、校量福德　101

戊二、法门希有　102

戊三、智岸难量　104

戊四、心生实相　105

戊五、闻法信解　107

戊六、第一义胜　110

戊七、正因清净　111

丁五、离相无住　112

戊一、忍辱离相　112

戊二、无住生心　115

戊三、众生非相　117

丁六、当信佛语　119

丁七、法无实妄　120

丙五、真如无住　121

丙六、持经利益　123

丁一、闻慧利益　123

戊一、三种修行　123

戊二、校量福德　125

丁二、思慧利益　127

戊一、功德殊胜　127

戊二、为大乘说　128

戊三、小乘不持　130

丁三、修慧利益　131

戊一、供养如塔　131

戊二、三世利益　133

戊三、校量功德　134

戊四、果报难思　137

乙二、广断群疑　139

丙一、无法可名　139

丙二、无法可得　142

丙三、法身妙大　147

丙四、无我我法　149

丁一、二种菩萨　149

戊一、地前菩萨　149

戊二、登地菩萨　151

丁二、名真菩萨　153

丙五、知心福多　154

丁一、具足五眼　154

丁二、观众生心　158

丁三、福德聚多　161

丙六、法具身相　164

丁一、具足色身　164

丁二、具足诸相　166

丙七、无法可说　167

丙八、闻法生信　169

丙九、法无报善　171

丁一、法身无得　172

丁二、报身善得　174

丙十、持经福胜　175

丙十一、法身无我　178

丙十二、法身无相　181

丙十三、说偈作结　183

丁一、凡夫不见　183

丁二、法体无见　184

丙十四、法非断灭　185

丙十五、法无去来　189

丙十六、法空无住　191

　丁一、不住法相　191

　　戊一、举譬明空　191

　　戊二、我法二空　195

　　戊三、有为法空　197

　丁二、校量福德　199

　丁三、应佛说法　200

　丁四、不住于道　201

甲三、流通分　203

附

《金刚般若经疏》科释　205

《金刚》"九喻"瑜伽述义　290

凡例

一、本书经本"原文"，为北魏菩提流支译《金刚般若波罗蜜经》。以日本《大正藏》为底本，采用《金藏》、《资福藏》、《碛砂藏》、《普宁藏》、《洪武南藏》、《永乐南藏》、《永乐北藏》、《径山藏》、《清藏》本对校。

二、本经层次难明，故详加"科目"以显次第也。

三、本书"疏解"，除注释必要名相外，着重依瑜伽行派教理疏解经义。后略述"大义"，以利凡俗。

四、本书所列"异译"，为南朝陈真谛译《金刚般若波罗蜜经》（简称"真谛译本"）、隋达磨笈多译《金刚能断般若波罗蜜经》（简称"笈多译本"）、唐玄奘译《大般若波罗蜜多经》卷五七七《第九会能断金刚分》（简称"玄奘译本"）、唐义净译《能断金刚般若波罗蜜多经》（简称"义净译本"）。上述四译与"原文"，皆属瑜伽行派诵本，故能正本清源，以显法相之理。

《金刚般若波罗蜜经》疏义

甲一、序分 二
乙一、证信序

【原文】

如是我闻，一时①，婆伽婆在舍婆提城祇树给孤独园，与大比丘众千二百五十人俱。

【疏解】

"证信序"，指证明佛经真实可信。由于佛经大多于开头，都要标示"信、闻、时、主、处、众"六个部分，以证明此部经所言真实可信，故又称为"通序"。"证信序"之作用，主要表现在三个方面：第一，证明经中所讲之理，真实不虚，可为后世众生信受奉行；第二，区别于非佛外道所讲的经典道理；第三，树立正宗之地位，消除其它各种争论。

"如是"，指复述之法。于今所复述之内容，与佛当年亲自讲说之

---

① "一时"下，《碛砂藏》本有"佛"。

内容，无有差异，故当可信。

"我闻"，指闻法之人。只有说法者，无有听法者，必定可疑；若有亲自听法之人，则知此法非是杜撰谬传，故当信之。又此经为须菩提发起问佛，佛为须菩提解答，后须菩提问佛"当何名此法门、我等云何奉持"，故知本经"我闻"指须菩提闻法，而非阿难也。

"一时"，指说法之时。虽有说法、闻法者，然说法无时，亦不可信。若说法有时，故当可信。又此经乃佛饭食之后，须菩提发问而说，依"过午不食"之制，故知"一时"为午后时分也。

"婆伽婆"，指说法之人。凡人、外道说法，必定可疑；而此法为佛所说，故当信之。婆伽婆，为梵文 bhagavat 之音译，意译为世尊，指具备众德为世间尊重之人，为佛之尊称。

"在舍婆提城祇树给孤独园"，指说法之处。虽有说法，而无说法之处，必定可疑；佛每说法，必有处所，故当信之。舍婆提城，梵文 Śrāvastī 之音译，又音译为舍卫城，意译为闻物城，为古代中印度北憍萨罗国（梵 Uttara-Kośalā）之都城。祇树给孤独园，梵 Jetavanaanāthapiṇḍasyārāma，即祇园精舍，位于舍卫城之南。该精舍为祇陀太子（梵 Jeta）奉献树园，给孤独长者（梵 Anāthapiṇḍada）布施钱财，共同为佛修建，故名祇树给孤独园。

"与大比丘众千二百五十人俱"，指同闻之众。佛所说法，只有一人听闻，传于后世必定可疑；若有同闻众多之人，共相佐证，故当信之。大比丘，指烦恼断尽之阿罗汉。千二百五十人，指随佛出家的耶舍长者子（梵 Yaśa）及朋党五十人、优楼频螺迦叶（梵 Uruvilvā-kāśyapa）及弟子五百人、那提迦叶（梵 Nadī-kāśyapa）及弟子二百五十人、伽耶迦叶（梵 Gayā-kāśyapa）及弟子二百五十人、舍利弗（梵 Śāriputra）及弟子一百人、大目犍连（梵 Mahāmaudgalyāyana）及弟子一百人。此一千二百五十人为佛常随弟子，为感佛教化之恩，佛每次说法都常随不舍，故于佛经开端大多列此名数。

【大义】

如是我闻，一时，世尊在舍婆提城的祇树给孤独园中，与大比丘僧众共一千二百五十人在一起。

【异译】

真谛译本

如是我闻，一时，佛婆伽婆住舍卫国祇陀树林给孤独园，与大比丘众千二百五十人俱。

笈多译本

如是我闻，一时，世尊闻者游行胜林中，无亲搏施，与园中大比丘众共半三十比丘百。

玄奘译本

如是我闻，一时，薄伽梵在室罗筏住誓多林给孤独园，与大苾刍众千二百五十人俱。

义净译本

如是我闻，一时，薄伽梵在名称大城战胜林施孤独园，与大苾刍众千二百五十人俱，及大菩萨众。

乙二、发起序

【原文】

尔时，世尊食时，著衣持钵，入舍婆提大城乞食。于其城中，次第乞食已，还至本处。饭食讫，收衣钵，洗足已。如常敷座，结加趺坐，端身而住，正念不动。

【疏解】

"发起序"，指发起佛讲经之因缘。由于佛经是佛在不同的时间、地点、情景之下，为解决不同的问题，针对不同的人而讲说的，所以这部分内容是每部经独有的，与其它经不相同的，故又称为"别序"。

"食时"，指日中之前。出家之人，少欲不贪，于饮食亦以滋养色身、进取修道为目的，不追求食物的好坏多少，且有节量，故于每天日中一食，过午不食。

"著衣持钵"，指出家之人，少欲知足，身无长物，唯以三衣一钵随身。三衣，指僧伽梨衣（梵 saṃghāti）、郁多罗僧衣（梵 uttarāsaṅga）、安陀会衣（梵 antarvās）。僧伽梨衣，意译为大衣，乃比丘托钵或进宫时所穿之正装，故经中"著衣"即指佛穿著僧伽梨衣也。钵，指比丘应用之食器。佛所持用之钵，乃佛将四大天王所献四个石钵压合而成，故钵身有四道环迹。

"舍婆提大城"，即"通序"中之"舍婆提城"。此城据传纵广有十二由旬，居民有十八亿家，故又称为"大城"。

"乞食"，佛乃金刚之体，不须世间饮食滋养续命，只为利益众生而示现乞食。众生若见佛乞食，必定息灭各种憍慢烦恼，发起无上菩提之心。

"于其城中，次第乞食"，古代印度社会有严格的种姓制度，高级种姓与低级种姓绝不混杂居住。按照世俗传统，古代印度之出家人大多不向低级种姓乞食。佛虽然于众生无有分别，以平等心而行乞食，但为了传播佛法，必须要随顺世间国法习俗。故佛入贫贱人家乞食时，不能让富贵之人看到，否则富贵之人就会对佛产生不恭敬心。如果这些社会上层人士都不敬重佛，那佛法是无法在世间确立并传播的。所以，只有佛才能做到无论贫贱富贵，都次第乞食，而其余比丘都不得次第乞食。

"还至本处"，指佛回到祇树给孤独园。

"饭食讫"，指佛吃完饭。佛在饭食之时，将钵内所乞之食分为三份：一份放在草叶之上，施与陆地众生；一份放在河水之中，施与水中众生；一份留给自己食用。而佛示现饮食之相，其实不食，凡俗不晓，唯诸天天人知佛不食现食也。

"收衣钵"，指佛将僧伽梨衣脱下叠好，并亲自将钵洗净收好。

"洗足已"，指将双脚洗净。古代印度之人出行，不著鞋履，出家之人亦赤脚行路，故回归精舍后需将脚上尘垢洗净，方能入座。然佛出行，足不著地，有莲花承接，蹑空而行，故无有尘垢。佛为严净威仪，故示现洗足之相也。

"如常敷座"，指佛所坐之座，为佛宿世功德累积自然而有，不需人为施设敷排，佛坐则有，佛去则无。

"结加趺坐"，指佛结两腿双盘而坐。"行、住、坐、卧"四种威仪之中，"坐"最为殊胜。因为"行、住、卧"三种，久则疲倦身倒，唯"坐"能随顺三昧，令己无患，又使他人见之发菩提心。

"端身而住"，指佛身端正，安住不动，以表佛"身业"清净。

"正念不动"，指佛心专一，定入三昧，以表佛"意业"清净。然心念无形，外人怎知有动无动？前佛身已端坐而住，故知其内必有定境，若心念躁动，则身必动摇。又下佛为须菩提演说妙法，以表佛"语业"清净。诸佛"三业"清净，才能生起般若智慧，断除众生金刚烦恼。

【大义】

当时，快到正午吃饭的时间，佛便穿上袈裟，手持石钵，进入舍婆提城化缘乞食。在城中，佛次第乞食结束，就回到园中。在吃完饭后，佛收起袈裟与钵，洗净脚上尘土。然后像平常那样，佛铺好座位，将两腿双盘，端身而坐，一心正念无所动摇。

【异译】

真谛译本

尔时，世尊于日前分，著衣持钵，入舍卫大国而行乞食。于其国中，次第行乞，还至本处。饭食事讫，于中、后时，收衣钵，洗足已。如常敷座，加趺安坐，端身而住，正念现前。

笈多译本

尔时，世尊前分时，上裙著已，器上络衣持，闻者大城搏为入。尔时，世尊闻者大城搏为行已，作已食。作已后，食搏堕过，器上络衣收摄，两足洗。坐具世尊施设，如是座中跏趺结，直身作，现前念近住。

玄奘译本

尔时，世尊于日初分，整理裳服，执持衣钵，入室罗筏大城乞食。时，薄伽梵于其城中，行乞食已，出还本处。饭食讫，收衣钵，洗足已。于食后时，敷如常座，结跏趺坐，端身正愿，住对面念。

尔时，世尊于日初分时，著衣持钵，入城乞食。次第乞已，还至本处。饭食讫，收衣钵，洗足已。于先设座，加跌端坐，正念而住。

甲二、正宗分 二

【疏解】

"正宗分"，指阐说一经宗旨之正文部分。

乙一、演说正教 六

【疏解】

此为佛第一周说法，演说菩萨于大乘中发心等事，及遣由此而生诸疑。

丙一、问答法义 四
丁一、启请圣教 二
戊一、弟子礼佛

【原文】

尔时，诸比丘来诣佛所，到已顶礼佛足，右绕三匝，退坐一面。

【疏解】

"诸比丘来诣佛所"，指一千二百五十位常随弟子，全都集中到佛端坐之处。众比丘虽于修道闻法常随佛之左右，但若在日常生活中，也与佛贴身生活，则多有妨碍不便。依制他们要与佛保持一定距离，大都住于离佛一百到二百步方圆之外，各自随宜行道，不得任意近佛。于食时，佛亦与众弟子分开行乞，佛自持衣钵不将弟子，众弟子行乞亦不随佛。而佛常于饭食之后为众说法，故以威力加持，令众弟子集中于佛所。若佛不欲说法，不以威力加持，则众弟子安住本处，各自修行，无缘来诣佛所。

"顶礼佛足"，指印度最高之礼法。头，作为一个人最高之处，故表尊贵；足，作为一个人最低之处，故表卑贱。以自己最高最尊之头顶，礼对方最低最卑之两足，表示无上恭敬之意。

"右绕三匝"，指印度礼法之一，普遍用于对佛、塔、人等行礼。右绕，即顺时针旋绕主尊三圈，主尊始终在行礼者之右侧，以表至诚仰望之意。

"退坐一面"，指众弟子在向佛行礼之后，不能与佛平起平坐，故退至一隅，整服敛容而坐，以期闻法也。

【大义】

这时，诸位比丘全都来到佛的处所，顶礼佛足，并顺时针绕佛三圈后，都退到一面坐好。

【异译】

真谛译本

时，诸比丘俱往佛所，至佛所已，顶礼佛足，右绕三匝，却坐一面。

笈多译本

尔时，多比丘若世尊彼诣到已，世尊两足顶礼，世尊边三右绕作已，一边坐。彼复时，命者善实，彼所如是众聚集会坐。

玄奘译本

时，诸苾刍来诣佛所，到已顶礼世尊双足，右绕三匝，退坐一面。具寿善现，亦于如是众会中坐。

义净译本

时，诸苾刍来诣佛所，顶礼双足，右绕三匝，退坐一面。

戊二、善现问法 二
己一、赞佛希有

【原文】

尔时，慧命须菩提在大众中，即从座起，偏袒右肩，右膝著地，向佛合掌，恭敬而立，白佛言："希有！世尊。如来、应供、正遍知，善护念诸菩萨，善付嘱诸菩萨。"

【疏解】

"慧命"，梵 āyuṣmat，又意译为具寿。指具备"世间寿命"及"法身慧命"之人，后成为对佛弟子等有德比丘之尊称。

"须菩提"，梵 Subhūti，意译为善现，为佛十大弟子之一。因其善解空义，故被佛誉为"解空第一"。佛藏中之般若类经典，大都由其启请发起。

"偏袒右肩"，指印度礼法之一。由于按照一般人之生理特征，右手多从事于劳作，故将袈裟、衣服等覆盖左肩，裸露右肩，表示听命顺服之意。

"右膝著地"，指印度礼法之一。即以右腿单跪，又称"互跪"，表示启请法要之意。

"合掌"，指印度礼法之一。按印度习俗，常以右手作洁净之事，以左手作不洁之事，故合两手为一，将人性不垢不净之本来面目呈现，表示一心虔诚之意。

"希有"，梵 aścarya，为赞叹之词。印度礼仪，欲请说法之前，必先赞叹说法者。此即须菩提欲请佛说法，故赞佛为世间少有难遇之人。

"如来、应供、正遍知"，指佛三种通号。如来，梵 tathāgata，指佛乃乘真如之道而来。应供，梵 arhat，指佛应为一切人天之所供养。正遍知，梵 asmyak-saṃbuddha，指佛正确遍知世间、出世间一切道理。佛若通号具足，当有十一，即：如来、应供、正遍知、明行足、善逝、世间解、无上士、调御丈夫、天人师、佛、世尊。此即以三，略带其余。

"善护念诸菩萨"，指须菩提赞佛善于护念根熟菩萨，令其以智慧力成就佛道，以教化力度化众生。所谓"根熟菩萨"，即于地前性种解行中，观三种二谛、二种无我，修行即将满一大僧祇劫，所证也仿佛见理，无生法忍之光明已现在前分之中，具足功德、智慧二种庄严，八万四千诸波罗蜜决定能证，初地永不退失而得根熟，但未证初地已上无生法忍大力菩萨也。

"善付嘱诸菩萨"，指须菩提赞佛善于付嘱根未熟菩萨，令其于未得功德中进取修行，于已得功德中不退增长。所谓"根未熟菩萨"，即于习种性中"决定、不定"两种人也。决定者，无有退转。不定者，虽习世间闻、思、修等功德、智慧、诸波罗蜜行，未能决定入于性地乃至初地，若遇诸佛、菩萨、善知识等教化，则能证得不退转境；若不遇诸佛、菩萨、善知识等教化，则退失所发菩提心，而入外凡二乘之地。

【大义】

此时，慧命须菩提在大众之中，从座位上起身，以袈裟覆盖左肩，裸露右肩，向佛合掌行礼，恭敬站立，并对佛说道："真是世间希有啊！您是世间最为尊贵的人。如来乘真如而来、应受人天供养、真正无所不知，善于护持忆念诸位菩萨，善于托付嘱咐诸位菩萨。"

【异译】

真谛译本

尔时，净命须菩提于大众中，共坐聚集。时净命须菩提，即从座起，偏袒右肩，顶礼佛足，右膝著地，向佛合掌而白佛言："希有！世尊。如来、应供、正遍觉知，善护念诸菩萨摩诃萨，由无上利益故；善付嘱诸菩萨摩诃萨，由无上教故。"

笈多译本

尔时，命者善实起坐，一肩上著作已，右膝轮地著已，若世尊彼合掌，向世尊边，如是言："希有！世尊。乃至所有如来、应、正遍知，菩萨摩诃萨顺摄，最胜顺摄；乃至所有如来、应、正遍知，菩萨摩诃萨付嘱，最胜付嘱。"

玄奘译本

尔时，众中具寿善现从座而起，偏袒一肩，右膝著地，合掌恭敬而白佛言："希有！世尊。乃至如来、应、正等觉，能以最胜摄受，摄受诸菩萨摩诃萨；乃至如来、应、正等觉，能以最胜付嘱，付嘱诸菩萨摩诃萨。"

义净译本

尔时，具寿妙生在大众中，承佛神力，即从座起，偏袒右肩，右膝著地，合掌恭敬，白佛言："希有！世尊。希有！善逝。如来、应、正等觉，能以最胜利益，益诸菩萨；能以最胜付嘱，嘱诸菩萨。"

己二、发心四问

【原文】

"世尊。云何菩萨大乘中发阿耨多罗三藐三菩提心？应云何住？云何修行？云何降伏其心？"

【疏解】

"菩萨"，梵 bodhi-sattva，指发心上求佛道、下化众生之人。菩萨大致分为两种：其一、为出世间菩萨，即初地以上之人；其二、为世间菩萨，即地前之人。世间菩萨又分两种：其一、外凡菩萨，即十信位之人；其二、内凡菩萨，即十住位以上之人。内凡菩萨又分两种：其一、为根熟菩萨，其二、为根未熟菩萨。承接上文可知，须菩提此问菩萨于大乘发心者，当就内凡菩萨而言。

"大乘"，梵 mahā-yāna，是相对于"小乘"而言。乘，梵 yāna，指运载之工具。小乘，载人甚少；大乘，载人众多。故将只求自我解脱者，称为小乘，将既求自我解脱，又度化众生者，称为大乘。

"发阿耨多罗三藐三菩提心"，指发起无上正真道意。阿耨多罗三藐三菩提，梵 anuttara-samyak-saṃbodhi，意译为无上正等正觉，指佛最上圆满平等之智慧。故经中所谓"于大乘发心"者，指发起追求大乘佛果之决定信心。

【大义】

须菩提向佛问道："世尊。如何菩萨在大乘法中发起无上正等正觉之心？应该如何安住？如何修行？如何降伏他们的心？"

【异译】

真谛译本

"世尊。若善男子、善女人，发阿耨多罗三藐三菩提心，行菩萨乘，云何应住？云何修行？云何发起菩萨心？"净命须菩提作是问已。

笈多译本

"彼云何？世尊。菩萨乘发行住应？云何修行应？云何心降伏应？"如是语已。

玄奘译本

"世尊。诸有发趣菩萨乘者，应云何住？云何修行？云何摄伏其心？"作是语已。

义净译本

"世尊。若有发趣菩萨乘者，云何应住？云何修行？云何摄伏其心？"

丁二、佛善所问

【原文】

尔时，佛告须菩提："善哉！善哉！须菩提。如汝所说：'如来善护念诸菩萨，善付嘱诸菩萨。'汝今谛听，当为汝说，如菩萨大乘中发阿耨多罗三藐三菩提心，应如是住，如是修行，如是降伏其心。"

【疏解】

"善哉！善哉！须菩提"，指佛赞叹肯定须菩提之所问也。前须菩提赞叹佛善护念、付嘱诸菩萨，并向佛发起菩萨云何于大乘中发心等诸问，然须菩提乃声闻乘人，如何能启问菩萨乘事？一切声闻、菩萨于佛前发问，若不蒙佛加被，则不敢发问。故知须菩提乃得佛冥加之力，故能于佛前启问大乘之事。为遣此疑，佛故当众赞叹"善哉"，以证须菩提所问契于理也。

"如来善护念诸菩萨，善付嘱诸菩萨"，前已释二种菩萨之义，然此二种菩萨若无佛护念、付嘱，则其发心所行境界必有错谬退失，不能决定证于性地，故须佛护念、付嘱方能速入初地。又佛并非仅护念根熟菩萨，而不护念根未熟菩萨，并非仅付嘱根未熟菩萨，而不付嘱根熟菩萨。只为彰显经义之要，故单列一边，当知佛皆护念、付嘱二种菩萨也。又佛应度化一切众生，为何仅护念、付嘱诸菩萨？诸菩萨为修习大乘行法之人，以四摄六度教化一切众生。故知如来护念、付嘱诸菩萨，即是护念、付嘱一切众生。

"谛听"，指对于经义法相，认真审听。弥勒说、唐玄奘译《瑜伽师地论》卷八三《摄异门分》上："谛听者，谓于如是相法，劝令审听。"

【大义】

当时，佛告诉须菩提道："善哉！善哉！正如你所说的：'如来善于护持忆念诸位菩萨，善于托付嘱咐诸位菩萨。'你现在认真谛听，我当为你讲说，如果菩萨在大乘法中发起无上正等正觉之心，应该这样安住，这样修行，这样降伏他们的心。"

【异译】

真谛译本

尔时，世尊告须菩提："须菩提。善哉！善哉！如是善男子，如来善护念诸菩萨摩诃萨，无上利益故；善付嘱诸菩萨摩诃萨，无上教故。须菩提。是故汝今一心谛听，恭敬善思念之，我今当为汝说，如菩萨发菩提心、行菩萨乘，如是应住，如是修行，如是发心。"

笈多译本

世尊命者善实边如是言："善！善！善实！如是。如是。善实！如是。如是。顺摄，如来，菩萨摩诃萨最胜顺摄；付嘱，如来，菩萨摩诃萨最胜付嘱。彼善实听善，善意念作，说当如菩萨乘发行住应，如修行应，如心降伏应。"

玄奘译本

尔时，世尊告具寿善现曰："善哉！善哉！善现。如是。如是。如汝所说：'乃至如来、应、正等觉，能以最胜摄受，摄受诸菩萨摩诃萨；乃至如来、应、正等觉，能以最胜付嘱，付嘱诸菩萨摩诃萨。'是故，善现。汝应谛听，极善作意，吾当为汝分别解说，诸有发趣菩萨乘者，应如是住，如是修行，如是摄伏其心。"

义净译本

佛告妙生："善哉！善哉！如是。如是。如汝所说：'如来以胜利益，益诸菩萨；以胜付嘱，嘱诸菩萨。'妙生。汝应谛听，极善作意，吾当为汝分别解说，若有发趣菩萨乘者，应如是住，如是修行，如是摄伏其心。"

丁三、愿乐欲闻

【原文】

须菩提白佛言："世尊。如是。愿乐欲闻。"

【大义】

须菩提对佛说道："世尊。正是这样。我十分欣愿高兴想听闻到您的说法。"

【异译】

> **真谛译本**
>
> 须菩提言："唯然。世尊。"
>
> **笈多译本**
>
> "如是。世尊。"命者善实："世尊。边愿欲闻。"
>
> **玄奘译本**
>
> 具寿善现白佛言："如是。如是。世尊。愿乐欲闻。"
>
> **义净译本**
>
> 妙生言："唯然。世尊。愿乐欲闻。"

丁四、佛答所问 四
戊一、云何发心 四

【原文】

佛告须菩提："诸菩萨生如是心：

【疏解】

此乃佛正答须菩提第一"发心"之问，菩萨于大乘中应生起四种深利益菩提心。

【大义】

佛告诉须菩提道："诸位菩萨应当生起如是之心：

真谛译本

佛告须菩提："须菩提。善男子、善女人发菩提心、行菩萨乘，应如是发心：

笈多译本

世尊于此言："此善实。菩萨乘发行，如是心发生应：

玄奘译本

佛言："善现！诸有发趣菩萨乘者，应当发起如是之心：

义净译本

佛告妙生："若有发趣菩萨乘者，当生如是心：

己一、广心利益

【原文】

‘所有一切众生众生所摄，若卵生、若胎生、若湿生、若化生，若有色、若无色，若有想、若无想、若非有想非无想。

【疏解】

"卵生"，指依卵壳而生，如禽鸟类众生。

"胎生"，指依胎腹而生，如哺乳类众生。

"湿生"，指依湿气而生，如昆虫类众生。

"化生"，指依变化而生，如天、地狱众生。

"有色"，指有形象之众生。

"无色"，指无形象之众生。

"有想"，指有意识活动之众生。

"无想"，指无意识活动之众生。

"非有想非无想"，指无色界非想非非想天之众生。

以上九种众生，根据不同划分标准，又可分为三类，即：前四种，乃依托生形式而分；中二种，乃依身体形态二分；后三种，乃依意识状态而分。每类皆含摄一切众生，非众生只划分为九种。换言之，一切众生依托生形式，可分为四种；一切众生依身体形态，可分为二种；一切众生依意识状态，可分为三种。又菩萨发心含摄一切众生之类，故此心具有广大甚深利益。

【大义】

‘所有一切众生包括的各种类别，如：卵生的、胎生的、湿生的、化生的，有形象的、无形象的，有意识的、无意识的、既非有意识又非无意识的。

【异译】

真谛译本

‘所有一切众生类摄，若卵生、若胎生、若湿生、若化生，若有色、若无色，若有想、若无想、若非有想若非无想，乃至众生界及假名说。

笈多译本

‘所有，善实。众生众生摄摄已，卵生、若胎生、若湿生、若化生，若色、若无色，若想、若无想、若非想非无想。

玄奘译本

‘所有诸有情，有情摄所摄；若卵生、若胎生、若湿生、若化生，若有色、若无色，若有想、若无想、若非有想非无想，乃至有情界施设所施设。

义净译本

'所有一切众生之类，若卵生、胎生、湿生、化生，若有色、无色，有想、无想、非有想非无想，尽诸世界所有众生。

己二、第一心利益

【原文】

'所有众生界众生所摄，我皆令入无余涅槃而灭度之。'

【疏解】

"界"，指类别。

"无余涅槃"，即无余依涅槃。断除一切烦恼而得寂灭，称为涅槃。众生证入涅槃之后，若残留五蕴色身为其依处，称为有余依涅槃；若全无五蕴色身无所依处，称为无余依涅槃。

"灭度"，即涅槃之意译。灭，指灭除；度，指度脱。灭度，指灭除烦恼，度脱生死也。

弥勒说、唐玄奘译《瑜伽师地论》卷八〇《摄决择分》中《菩萨地》："诸阿罗汉住有余依涅槃界时，一切众相非悉永灭，异熟粗重亦非永灭，由彼说有烦恼习气。"故知小乘之人烦恼习气未得永灭，故住有余依涅槃。而经中须菩提所问乃为菩萨于大乘中发心，故佛答令入无余涅槃也。

【大义】

所有各种类别的众生，我都让他们证入无余涅槃而灭度生死烦恼。'

【异译】

真谛译本

'如是众生，我皆安置于无余涅槃。'

笈多译本

'所有众生界施设已，彼我一切无受余涅槃界灭度应。'

玄奘译本

'如是一切，我当皆令于无余依妙涅槃界而般涅槃。'

义净译本

'如是一切，我皆令入无余涅槃而灭度之。'

己三、常心利益

【原文】

"如是灭度无量无边众生，实无众生得灭度者。何以故？须菩提。若菩萨有众生相，即非菩萨。

【疏解】

"无量"，指数量无限。

"无边"，指空间无限。

"灭度无量无边众生，实无众生得灭度者"，指菩萨不执著于有众生之相。

"何以故"，指为何菩萨广度众生，而又无有众生得度？故有此问。

"若菩萨有众生相，即非菩萨"，指菩萨于自身与众生，一体观照，无有分别，众生身犹如自身，自身犹如众生身。菩萨令众生得灭度，自身亦得灭度；菩萨自身得灭度，无异众生得灭度。故菩萨应视众生同于自身，以恒常之心不舍离众生；若只起众生之想，而不生同自身想，则就不是菩萨。

【大义】

像这样灭度了无量无边的众生，其实无有任何众生获得灭度。为什么呢？须菩提。如果菩萨认为于自身之外，别有众生相可得，那他就不是菩萨。

【异译】

真谛译本

"如是涅槃无量众生已，无一众生被涅槃者。何以故？须菩提。若菩萨有众生想，即不应说名为菩萨。

笈多译本

"如是无量虽众生灭度，无有一众生灭度有。彼何所因？若，善实。菩萨摩诃萨众生想转，不彼菩萨摩诃萨名说应。

玄奘译本

"虽度如是无量有情令灭度已，而无有情得灭度者。何以故？善现。若诸菩萨摩诃萨有情想转，不应说名菩萨摩诃萨。

义净译本

"虽令如是无量众生证圆寂已，而无有一众生入圆寂者。何以故？妙生。若菩萨有众生想者，则不名菩萨。

己四、不颠倒心利益

【原文】

"何以故非？须菩提。若菩萨起众生相、人相、寿者相，则不名菩萨。"

【疏解】

"众生相"，指五阴假身相续不断之相。

"人相"，指一期生命暂住不断之相。

"寿者相"，指命根断灭还生六道之相。

"若菩萨起众生相、人相、寿者相，则不名菩萨"，指菩萨应视自身与三相无别，不应于自身之外别起三相之执。

【大义】

为什么说他不是菩萨呢？如果菩萨于自身之外，生起对众生相、人相、寿者相的分别执著，则就不能称之为菩萨。"

【异译】

真谛译本

"何以故？须菩提！一切菩萨，无我想、众生想、寿者想、受者想。"

笈多译本

"彼何所因？不彼，善实。菩萨名说应，若众生想转，寿想若、人想若转。"

玄奘译本

"所以者何？善现。若诸菩萨摩诃萨不应说言有情想转。如是命者想、士夫想、补特伽罗想、意生想、摩纳婆想、作者想、受者想转，当知亦尔。何以故？善现。无有少法名为发趣菩萨乘者。"

义净译本

"所以者何？由有我想、众生想、寿者想、更求趣想故。"

戊二、应云何住

【疏解】

菩萨若能具足生起以上四种深心利益，功德满足，则能于大乘中安住其心。此四种深心，即为菩萨大乘住处，故佛已答须菩提第二"住心"之问也。

戊三、云何修行

【原文】

"复次，须菩提。菩萨不住于事行于布施，无所住行于布施，不住色布施、不住声、香、味、触、法布施。"

【疏解】

菩萨虽以生心住于大乘初地，然行未究竟，故还须进修六度之行也。六度者，布施、持戒、忍辱、精进、禅定、智慧也。经中但举布施，当知此即以一摄六也。布施，可分为财布施、无畏布施、法布施三种。财布施，指布施一度。无畏布施，含摄持戒、忍辱二度，指菩萨对已作恶之众生、或欲作而未作恶之众生，以持戒之力，无有报复之心；以忍辱之力，无有嗔恨之心，故使其无有怖畏。若菩萨有所嗔恨报复，则已作、未作恶之众生必生恐惧。法布施，含摄精进、禅定、智慧三度，指菩萨以精进之力，日夜修学五明论智；以禅定之力，了知众生根性利钝；以智慧之力，善解二谛如实说法。

"不住于事行于布施"，指不著自身而行布施。菩萨不畏自身生死存活，故能不著自身行于布施。

"无所住行于布施"，指不著报恩而行布施。报恩，指恭敬供养。菩萨常念供养一切众生，不求他人供养，故能不著报恩行于布施。

"不住色、声、香、味、触、法布施"，指不著果报而行布施。菩萨修行为证无上菩提，不求人天果报，故能不著果报行于布施。

若执著自身得失，则不会行于布施；若只为获得报恩或是果报而行于布施，则与追求菩提佛果的宗旨相违背，从而丧失修行布施之真正意义，故菩萨当不住于三事行于布施。此即佛答须菩提第三"修行"之问也。

【大义】

佛继续对须菩提说道："菩萨不能住于任何事相来进行布施，要无所住行于布施，不能住于色布施、不能住于声、香、味、触、法布施。"

【异译】

真谛译本

"复次，须菩提。菩萨不著己类而行布施，不著所余行于布施，不著色、声、香、味、触、法应行布施。"

笈多译本

"虽然，复次时，善实。不菩萨摩诃萨事住施与应，无所住施与应，不色住施与应、不声、香、味、触、法中住施与应。"

"复次，善现。菩萨摩诃萨不住于事应行布施，都无所住应行布施，不住于色应行布施、不住声、香、味、触、法应行布施。"

义净译本

"复次，妙生。菩萨不住于事应行布施，不住随处应行布施，不住色、声、香、味、触、法应行布施。"

戊四、降伏其心 三
己一、不住相想

【原文】

"须菩提。菩萨应如是布施，不住于相、想。"

【疏解】

"菩萨应如是布施"，指凡人皆为三事而行布施，而菩萨不住三事，如何能行于布施？为遣此疑，佛对须菩提再次明确菩萨应不住三事行于布施。菩萨虽不住三事，但为求佛果，故能慈愍众生行于布施。

"不住于相、想"，指虽已明菩萨不住三事行于布施，然仍不知菩萨观何境界，能够于布施行中降伏其心。为遣此疑，佛进而指出菩萨乃不住于相施、不住于想施。所谓相，指外相，即布施之财物及接受布施之对象。所谓想，指内想，即自身行于布施时之心想。故菩萨若能不著施物、受者、施者行于布施，则内外无别，方能降伏其心。

【大义】

佛告诉须菩提："菩萨就应该这样布施，不执住于施物、受者等外相，亦不执住于施者之内想。"

真谛译本

"须菩提。菩萨应如是行施，不著相、想。"

笈多译本

"如是此。善实。菩萨摩诃萨施与应，如不相、想亦住。"

玄奘译本

"善现。如是菩萨摩诃萨，如不住相、想应行布施。"

义净译本

"妙生。菩萨如是布施，乃至相、想亦不应住。"

已二、布施利益

【原文】

"何以故？若菩萨不住相布施，其福德聚不可思量。"

【疏解】

"不住相布施"，指前"不住于相、想"布施，即不住于施者、施物、受者三相而行布施。

"福德聚不可思量"，指菩萨若不住相布施，即无我、我所之别，有人谓此与无心之行无异，如何能感召福德？为遣此疑，佛再申明若菩萨不住相布施，其福德聚多不可思量。

菩萨不住相布施，乃于三相不生执取，非为无心之行。若住相布施，乃有漏之因，只能感召世间有为果报。若不住相布施，乃无漏之因，能感召出世间无为佛果，故谓其福德聚多不可思量。

【大义】

"为什么呢？如果菩萨不住相行于布施，那他的福德聚集起来是不可思量的。"

【异译】

真谛译本

"何以故？须菩提。若菩萨无执著心行于布施，是福德聚不可数量。"

笈多译本

"彼何所因？若善实。菩萨摩诃萨不住施与彼所。善实。福聚不可量受取。"

玄奘译本

"何以故？善现。若菩萨摩诃萨都无所住而行布施，其福德聚不可取量。"

义净译本

"何以故？由不住施，福聚难量。"

己三、福德难量

【原文】

"须菩提。于汝意云何？东方虚空可思量不？"

须菩提言："不也。世尊。"

佛言："如是①。须菩提。南、西、北方，四维，上、下，虚空可思量不？"

须菩提言："不也。世尊。"

佛言："如是。如是。须菩提。菩萨无住相布施福德聚，亦复如是不可思量。"

佛复告须菩提："菩萨但应如是行于布施。"

【疏解】

"四维"，指东南、西南、东北、西北。

前虽云："菩萨不住相布施，其福德聚不可思量。"然其不可思量之义未显，故于此再举譬喻，以证福德聚多。佛先举东方虚空为譬，以证不可思量之义。然又恐凡俗误作只东方虚空不可思量，余方虚空为可思量，故举四方、四维、上下，总为十方虚空皆不可思量。

"菩萨无住相布施福德聚，亦复如是不可思量"，指菩萨无住相布施福德聚之不可思量，犹如十方虚空之不可思量。

"菩萨但应如是行于布施"，指佛再明菩萨应不住相行于布施。前虽已反复言说不住相布施之福德广大，然仍有凡俗疑之：行此布施，能否毕竟得成广大菩提无量功德？为遣此疑，佛以一"但"字强调，只要信受佛语，如佛所教，不住相行于布施，必得无为法身大福德聚，毋须怀疑。无疑，则心自降伏。此即佛答须菩提第四"降伏"之问也。

【大义】

佛问须菩提道："你觉得东方虚空可以思量其大小边界吗？"

---

① "如是"下，《普宁藏》本有"如是"。

须菩提回答道："不能。世尊。"

佛说道："正是这样。那你觉得南方、西方、北方，东南方、西南方、东北方、西北方以及上方、下方的虚空，可以思量其大小边界吗？"

须菩提回答道："不能。世尊。"

佛说道："正是这样。正是这样。菩萨以无住相布施所获福德聚集起来，也如同十方虚空一样不可思量其大小多少。"

佛又告诉须菩提道："菩萨就应该这样无住相行于布施。"

【异译】

真谛译本

"须菩提。汝意云何？东方虚空可数量不？"

须菩提言："不可。世尊。"

佛言："如是。须菩提。南、西、北、方，四维，上、下，十方虚空，可数量不？"

须菩提言："不可。世尊。"

佛言："如是。须菩提。若菩萨无执著心行于布施，是福德聚亦复如是不可数量。"

笈多译本

"彼何意念？善实。可前方虚空量受取？"

善实言："不如此。世尊。"

世尊言："如是右南、后西、高北、下上方，顺不正方，普十方可虚空量受取？"

善实言："不如此。世尊。"

世尊言："如是。如是。善实。如是。如是。若菩萨摩诃萨不住施与。彼所，善实。福聚不可量受取。虽然，复次时，善实。如是菩萨乘发行施与应，如不相、想亦住。"

玄奘译本

佛告善现："于汝意云何？东方虚空可取量不？"

善现答言："不也。世尊。"

"善现。如是南、西、北方，四维，上、下，周遍十方，一切世界虚空可取量不？"

善现答言："不也。世尊。"

佛言："善现。如是。如是。若菩萨摩诃萨都无所住而行布施，其福德聚不可取量，亦复如是。"

"善现。菩萨如是，如不住相、想应行布施。"

义净译本

"妙生。于汝意云何？东方虚空可知量不？"

妙生言："不尔。世尊。"

"南、西、北方，四维，上、下，十方虚空，可知量不？"

妙生言："不尔。世尊。"

"妙生。菩萨行不住施，所得福聚不可知量，亦复如是。"

丙二、断生疑心 二

【疏解】

前已广辩菩萨于大乘中应发四心以为安住，应行布施以为修行，应无住相以为降伏。然无住相布施乃无相之因，当成无相之果。今佛亦垂化人间，示现生、住、灭等有相之果，反推其因当亦有相。故知无有无相之因，如何能成无为法身无量福德之果？为遣此疑，佛示法身无为之相。

丁一、应报有为

【原文】

"须菩提。于意云何？可以相成就见如来不？"

须菩提言："不也。世尊。不可以相成就得见如来。何以故？如来所说相，即非相。"

【疏解】

"相成就"，指佛应身、报身。应身成就，示现八相成道；报身成就，示现三十二相、八十种好。故佛应、报二身之相，皆有为相也。

"如来"，指佛法身。法身之相，乃无为相也。

"如来所说相"，指佛自说修行成道等之应、报之相。

"非相"，指非法身无为之相。

此佛以问答，示佛应、报二身有为之相，非是法身无为之相，不可以有相之果同于无相之果。故无住相布施，必能成就无为法身大福德聚。

【大义】

佛问须菩提道："你觉得可以通过佛所成就的各种诸相来见到如来法身吗？"

须菩提回答道："不能。世尊。不可以通过佛所成就的各种诸相得以见到如来法身。为什么呢？如来所说成就各种诸相乃是有为之相，非是如来法身无为之相。"

真谛译本

"须菩提。汝意云何？可以身相胜德见如来不？"

"不能。世尊。何以故？如来所说身相胜德，非相胜德。"

笈多译本

"彼何意念？善实。相具足如来见应？"

善实言："不。世尊。相具足如来见应。彼何所因？若彼如来相具足说，彼如是非相具足。"如是语已。

玄奘译本

佛告善现："于汝意云何？可以诸相具足观如来不？"

善现答言："不也。世尊。不应以诸相具足观于如来。何以故？如来说诸相具足，即非诸相具足。"说是语已。

义净译本

"妙生。于汝意云何？可以具足胜相观如来不？"

妙生言："不尔。世尊。不应以胜相观于如来。何以故？如来说胜相，即非胜相。"

丁二、法身无为

【原文】

佛告须菩提："凡所有相，皆是妄语。若见诸相非相，则非妄语。如是诸相非相，则见如来。"

【疏解】

"凡所有相"，指一切有为之相。

"妄语"，指虚妄不实。

"诸相"，指一切有为之相。

"非相"，指非是无为之相。

"见如来"，指见如来法身无为之相。

此虽明一切有为之相皆是虚妄，然无为之相并非无相，乃是如来法身有真如解脱之相，不同于应、报二身之相也。

【大义】

佛告诉须菩提道："凡是一切有为之相，都是虚妄不实的。如果见到一切有为之相，非是无为之相，这就不是虚妄不实的。像这样见到一切有为之相非是无为之相，就见到了如来法身之相。"

【异译】

真谛译本

"何以故？须菩提。凡所有相，皆是虚妄。无所有相，即是真实。由相无相，应见如来。"如是说已。

笈多译本

世尊命者善实边如是言："所有，善实。相具足，所有妄。所有不相具足，所有不妄。名此相不相，如来见应。"如是语已。

玄奘译本

佛复告具寿善现言："善现。乃至诸相具足，皆是虚妄。乃至非相具足，皆非虚妄。如是以相非相，应观如来。"说是语已。

"妙生。所有胜相，皆是虚妄。若无胜相，即非虚妄。是故应以胜相无相，观于如来。"

丙三、生疑致问 二
丁一、法不空说

【原文】

须菩提白佛言："世尊。颇有众生于未来世、末世，得闻如是修多罗章句，生实相不？"

佛告须菩提："莫作是说：'颇有众生于未来世、末世，得闻如是修多罗章句，生实相不？'"

【疏解】

"须菩提白佛"，指正法时；"未来世"，指像法时；"末世"，指末法时。

"修多罗"，梵 sūtra，意译为契经。此即指佛之前所演说之教理。

前所谓无住相布施，乃佛说因深义；如来无为相，乃佛说果深义。须菩提及千二百五十大比丘等，亲闻佛说，自然生信。然未来世及末世众生，善根微薄，听闻如此甚深经义，不能生信以为实相。则佛今之说法，岂非空说而无所益？为遣此疑，佛云"莫作是说"，以显如来乃一切智人，不空说法也。

【大义】

须菩提对佛说道："世尊。如果有众生于未来像法世界、末法世界，得以听闻到佛所说的圣教章句，能够对此经生起信心以为实相吗？"

佛告诉须菩提道："不要这样说：'如果有众生于未来像法世界、末法世界，得以听闻到佛所说的圣教章句，能够对此经生起信心以为实相吗？'"

【异译】

真谛译本

净命须菩提白佛言："世尊。于今现时及未来世，颇有菩萨听闻正说如是等相此经章句，生实想不？"

佛告须菩提："莫作是说：'于今现时及未来世，颇有菩萨听闻正说如是等相此经章句，生实想不？'何以故？须菩提。于未来世，实有众生，得闻此经，能生实想。"

笈多译本

命者善实世尊边如是言："虽然，世尊。颇有众生当有未来世、后时、后长时、后分五百，正法破坏时中、转时中，若此中，如是色类经中说中，实想发生当有？"

世尊言："莫。善实。汝如是语：'虽然，世尊。颇有众生当有未来世、后时、后长时、后分五百，正法破坏时中、转时中，若此中，如是色类经中说中，实想发生当有？'"

玄奘译本

具寿善现复白佛言："世尊。颇有有情于当来世，后时、后分、后五百岁，正法将灭时、分转时，闻说如是色经典句生实想不？"

佛告善现："勿作是说：'颇有有情于当来世，后时、后分、后五百岁，正法将灭时、分转时，闻说如是色经典句生实想不？'"

妙生言："世尊。颇有众生，于当来世，后五百岁，正法灭时，闻说是经，生实信不？"

佛告妙生："莫作是说：'颇有众生，于当来世，后五百岁，正法灭时，闻说是经，生实信不？'"

丁二、三人能信 二

【原文】

佛复告须菩提："有未来世、末世，有菩萨摩诃萨，法欲灭时，有持戒、修福德、智慧者，于此修多罗章句，能生信心，以此为实。"

【疏解】

"菩萨摩诃萨"，乃菩提萨埵摩诃萨埵（梵 bohdhisattva mahāsattva）之略称，意译为大有情。此即指大菩萨。

既然法不空说，则必有众生于未来世、末世，闻此修多罗章句，能生信心以为实相。然前未明何等众生，今佛告须菩提有三种大菩萨，能于未来世、末世，于此修多罗章句，能生信心，以此为实。三种大菩萨，即：持戒者、修福德者、智慧者。

【大义】

佛又告诉须菩提道："于未来像法世界、末法世界中有大菩萨，在正法即将灭亡的时候，他们持戒律、修福德、证智慧，就能对我所说的圣教章句，生起信心，以为真实。"

真谛译本

"复次，须菩提。于未来世，后五百岁，正法灭时，有诸菩萨摩诃萨，持戒、修福及有智慧。"

笈多译本

"虽然，复次时，善实。当有未来世，菩萨摩诃萨，后分五百，正法破坏时中、转时中，戒究竟、功德究竟、智慧究竟。"

玄奘译本

"然复，善现。有菩萨摩诃萨于当来世，后时、后分、后五百岁，正法将灭时、分转时，具足尸罗、具德、具慧。"

义净译本

"妙生。当来之世，有诸菩萨，具戒、具德、具慧。"

戊一、地前菩萨 三
己一、闻教生信

【原文】

佛复告须菩提："当知彼菩萨摩诃萨，非于一佛、二佛、三、四、五佛所修行供养，非于一佛、二佛、三、四、五佛所而种善根。"

佛复告须菩提："已于无量百千万诸佛所修行供养，无量百千万诸佛所种诸善根，闻是修多罗，乃至一念，能生净信。"

【疏解】

"彼菩萨摩诃萨"，指持戒、修福德二种人。

"修行供养"，指修福德者。此菩萨于诸佛所，广施珍财，修诸波罗蜜行。

"种诸善根"，指持戒者。此菩萨严持戒律，于大乘中，发菩提心，奉教修行。

"闻是修多罗，乃至一念能生净信"，指闻教生信。此二种菩萨属地前菩萨，故只能闻教生信，而非证信。然此闻信，乃于久远无量佛所持戒、修福而得，虽生一念之间，毕竟决定不退，无有疑浊，故为净信。

【大义】

佛又告诉须菩提道："应当知道那些持戒、修福德的大菩萨，不是在一佛、二佛、三佛、四佛、五佛处所修行供养，也不是在一佛、二佛、三佛、四佛、五佛处所种下善根。"

佛又告诉须菩提道："那些持戒、修福德的大菩萨，已经在无量百千万诸佛处所修行供养，无量百千万诸佛处所种诸善根，他们在听闻到如是圣教章句后，乃至于一念之间，能够生起清净信心。"

【异译】

真谛译本

"须菩提。是诸菩萨摩诃萨，非事一佛，非于一佛种诸善根。"

"已事无量百千诸佛，已于无量百千佛所而种善根。若有善男子、善女人，听闻正说如是等相此经章句，乃至一念，生实信者。"

笈多译本

"不，复次，时彼，善实。菩萨摩诃萨一佛亲近供养当有，不一佛种植善根。"

"虽然，复次，时，善实。不一佛百千亲近供养，不一佛百千种植善根。彼菩萨摩诃萨当有，若此中如是色类中经句中说中，一心净信亦得当。"

玄奘译本

"复次，善现。彼菩萨摩诃萨非于一佛所承事供养，非于一佛所种诸善根。"

"然复，善现。彼菩萨摩诃萨于其非一、百、千佛所承事供养，于其非一、百、千佛所种诸善根，乃能闻说如是色经典句，当得一净信心。"

义净译本

"而彼菩萨，非于一佛承事供养，植诸善根。"

"已于无量百千佛所，而行奉事，植诸善根。是人乃能于此经典，生一信心。"

己二、佛悉知见

【原文】

"须菩提。如来悉知是诸众生，如来悉见是诸众生。"

【疏解】

"知"，指如来以佛智知。

"见"，指如来以佛眼见。

"诸众生"，指持戒、修福德二种菩萨。

二种菩萨虽生一念清净闻信，然非证信，不知是否决定不退。为遣此疑，佛以知、见为证，此二种菩萨决定能信此经。

【大义】

佛告诉须菩提道："如来以佛智全都能够了知这些众生，如来以佛眼全都能够观见这些众生。"

【异译】

真谛译本

"须菩提。如来悉知是人，悉见是人。"

笈多译本

"知彼，善实。如来佛智。见彼，善实。如来佛眼。"

玄奘译本

"善现。如来以其佛智悉已知彼，如来以其佛眼悉已见彼。"

义净译本

"妙生。如来悉知是人，悉见是人。"

己三、福德无量

【原文】

"须菩提。是诸菩萨生如是无量福德聚，取如是无量福德。"

【疏解】

"生"，指能生登地之因。

"取"，指能取成佛之果。

此二种菩萨虽信此经，然以闻信，不知于未来有所得否？为遣此疑，佛谓此二种菩萨以地前闻信，能生无量福德以为登地之因，能取无量福德以为成佛之果。

【大义】

佛告诉须菩提道："这些地前菩萨能生如是无量福德聚集，能取如是无量福德聚集。"

【异译】

真谛译本

"须菩提。是善男子、善女人，生长无量福德之聚。"

笈多译本

"一切彼，善实。无量福聚生当取当。"

玄奘译本

"善现。如来悉已觉彼一切有情，当生无量无数福聚，当摄无量无数福聚。"

义净译本

"彼诸菩萨，当生、当摄无量福聚。"

戊二、登地菩萨 三

【疏解】

此明第三种菩萨，即智慧者。智慧菩萨，道登初地，现见我、法二空，故其能信此经，乃为证信，而非闻信也。

己一、我法无相 二
庚一、我无四相

【原文】

"何以故？须菩提。是诸菩萨无复我相、众生相、人相、寿者相。"

【疏解】

此明智慧菩萨证我空，而无我等四相。

"何以故"，指前已明二种菩萨，未明第三种菩萨，故有此问。

"我相"，指妄取五阴差别为我之相。其余三相，前文已释。

【大义】

佛告诉须菩提道："这些初地菩萨已证我空，不再执著于我相、众生相、人相、寿者相。"

【异译】

真谛译本

"何以故？须菩提。是诸菩萨无复我想、众生想、寿者想、受者想。"

笈多译本

"彼何所因？不，善实。彼等菩萨摩诃萨我想转，不众生想、不寿想、不人想转。"

玄奘译本

"何以故？善现。彼菩萨摩诃萨无我想转，无有情想、无命者想、无士夫想、无补特伽罗想、无意生想、无摩纳婆想、无作者想、无受者想转。"

"何以故？由彼菩萨，无我想、众生想、寿者想、更求趣想。"

庚二、法无四相

【原文】

"须菩提。是诸菩萨无法相，亦非无法相；无相，亦非无相。"

【疏解】

此明智慧菩萨证法空，而无法等四相。

"无法相"，指一切有为诸法悉皆空寂，本来不生，故云无法相。

"非无法相"，指一切有为诸法体相空无，然真如佛性妙然常住，非是性空之无相，亦非龟毛兔角之虚无相，故云非无法相。

"无相"，指真如体相妙有妙无，非如有为诸法之有，非如龟毛兔角之无，双遣有无之相，故云无相。

"非无相"，指真如体相妙绝有无，然亦可由诠悟理，证入真如法体，并非全无体相可寻，否则修学成佛等同妄谈，故云非无相。

【大义】

佛告诉须菩提道："这些初地菩萨已证法空，不再执著于法相、非法相、无相、非无相。"

【异译】

"是诸菩萨无法想、非无法想，无想、非无想。"

"不亦彼等，善实。菩萨摩诃萨法想转、无法想转；不亦彼等，想、无想转不。"

玄奘译本

"善现。彼菩萨摩诃萨无法想转、无非法想转，无想转，亦无非想转。"

义净译本

"彼诸菩萨非法想、非非法想，非想、非无想。"

己二、法无取有

【原文】

何以故？须菩提。是诸菩萨若取法相，则为著我、人、众生、寿者。须菩提。若是菩萨有法相，即著我相、人相、众生相、寿者相。

【疏解】

"何以故"，指前已明智慧菩萨证我、法二空，为何于此又言取法著我，故有此问。初地菩萨虽得我、法二空之解，断初地粗惑，然仍有二地以上微细惑未断，由无明所使，于我、法二空之解而起分别。若执取有法空之相，则与执著有我等四相无异。

【大义】

佛告诉须菩提道："如果这些初地菩萨仍执取法空之相，则为执著于我相、人相、众生相、寿者相。如果这些初地菩萨仍存有法空之相，则为执著于我相、人相、众生相、寿者相。"

【异译】

真谛译本

"何以故？须菩提。是诸菩萨若有法想，即是我执，及众生、寿者、受者执。"

笈多译本

"彼何所因？若，善实。彼等菩萨摩诃萨法想转，彼如是，彼等我取有、众生取、寿取、人取有。若无法想转，彼如是，彼等我取有，众生取、寿取、人取有。"

玄奘译本

"所以者何？善现。若菩萨摩诃萨有法想转，彼即应有我执、有情执、命者执、补特伽罗等执。若有非法想转，彼亦应有我执、有情执、命者执、补特伽罗等执。"

义净译本

"何以故？若彼菩萨有法想，即有我执、有情执、寿者执、更求趣执。若有非法想，彼亦有我执、有情执、寿者执、更求趣执。"

己三、证智舍法

【原文】

"何以故？须菩提。不应取法，非不取法。以是义故，如来常说《筏喻》法门：'是法应舍，非舍法故。'"

【疏解】

"何以故"，指前既云可依诠悟入法相，又云不可执取法相，有无不定，故有此问。真如法体乃中道之相，若以有无判之，必堕二边，而著我等四相也。

"不应取法"，指真如法体，虽依诠悟入，然非音声名相，不应执取声教为法体之相也。

"非不取法"，指真如法体，虽无相执取，然非无法可证，仍可藉取声教而悟入法体也。

"如来常说《筏喻》法门"，指如来声教。若人欲渡大河，必乘船筏，方可得渡；渡河达岸，必弃船筏，孤身前行。今以为譬，若人欲度生死瀑流，而达涅槃彼岸，不藉如来声教之筏，无以得渡。若人已度生死瀑流，达于涅槃彼岸，必舍如来声教之筏，解脱自在。故于生死此岸，当取法而不著法；于解脱彼岸，当舍法而不著法。若于此岸舍法、不取法，则永不达于彼岸；若于彼岸取法、不舍法，则永不证于解脱。

此明初地菩萨，以证智信受本经，不住声教章句，故能取舍无碍也。

【大义】

佛告诉须菩提道："不应执取如来声教之法，非是不藉如来声教而悟入真如法体。正是基于这个要义，如来于经中常说《筏喻》法门：'如来声教之法最终是要被舍弃的，但非是于最初就要舍弃如来声教之法。"

【异译】

真谛译本

"须菩提。是故菩萨不应取法，不应取非法。为如是义故，如来说若观行人，解《筏喻经》：'法尚应舍，何况非法。'"

笈多译本

"彼何所因？不，复次时，善实。菩萨摩诃萨法取应，不非法取应。彼故此义意，如来说《筏喻》法：'本解法如是舍应，何况非法。'"

玄奘译本

"何以故？善现。不应取法，不应取非法。是故如来密意而说《筏喻》法门：'诸有智者，法尚应断，何况非法。'"

义净译本

"妙生。是故菩萨，不应取法，不应取非法。以是义故，如来密意宣说《筏喻》法门：'诸有智者，法尚应舍，何况非法。'"

丙四、为遮异疑 七
丁一、法无取说 二

【疏解】

此就前"不可以相成就得见如来"未尽之义，再行解说。凡有相者，应身佛、报身佛也；法身佛，无为法体，故不可以相见。虽不能相见，诸佛并非虚无，故必有所成就，有所说法。否则，释尊如何于菩提树下悟道成佛，如何于孤独园中演说妙法？为遣此疑，佛设问借须菩提口，复从三身佛而作解答。

戊一、法体无为 三

己一、无得无说

【原文】

复次，佛告慧命须菩提："须菩提。于意云何？如来得阿耨多罗三藐三菩提耶？如来有所说法耶？"

须菩提言："如我解佛所说义，无有定法如来得阿耨多罗三藐三菩提，亦无有定法如来可说。"

【疏解】

"如来"，指应身佛。

"无得无说"，指如释迦牟尼佛，六年苦行，树下悟道，发心教化，凡俗见之，必谓其有所得、有所说法。然释迦如来非法身佛，乃为众生感见而有之应身佛，实无四大体，亦无心意识，不从修证而成，既非真佛，又非说法者，故应身佛无所证得、亦不说法也。

【大义】

接着，佛告诉慧命须菩提道："你觉得应身如来证得无上正等正觉了吗？应身如来有所说法吗？"

须菩提回答道："按照我所理解佛所说的要义，没有固定之法为应身如来证得无上正等正觉，也没有固定之法为应身如来可说。"

【异译】

真谛译本

复次，佛告净命须菩提："须菩提。汝意云何？如来得阿耨多罗三藐三菩提耶？如来有所说法耶？"

须菩提言："如我解佛说义，无所有法如来所得名阿耨多罗三藐三菩提，亦无有法如来所说。"

笈多译本

复次，世尊命者善实边如是言："彼何意念？善实。有如来、应、正遍知，无上正遍知证觉？有复法如来说？"

善实言："如我，世尊。世尊说义解我，无有一法若如来无上正遍知证觉，无有一法若如来说。"

玄奘译本

佛复告具寿善现言："善现。于汝意云何？颇有少法，如来、应、正等觉证得阿耨多罗三藐三菩提耶？颇有少法，如来、应、正等觉是所说耶？"

善现答言："世尊。如我解佛所说义者，无有少法如来、应、正等觉证得阿耨多罗三藐三菩提，亦无有少法是如来、应、正等觉所说。"

义净译本

"妙生。于汝意云何？如来于无上菩提有所证不？复有少法是所说不？"

妙生言："如我解佛所说义，如来于无上菩提实无所证，亦无所说。"

己二、不可取说

【原文】

"何以故？如来所说法，皆不可取、不可说，非法、非非法。"

【疏解】

"何以故"，指应身佛既不证果，又不说法，岂非无有菩提之道，亦无佛法可说？为何诸佛自云于三大阿僧祇劫，修行满足，证大菩提，转妙法论？为何诸菩萨发无上菩提之心，修诸苦行，欲求佛果？由是诸疑，故有此问。

"如来所说法"，指前云应身如来无得无说，今复云如来有所说法，故知此如来为报身佛。报身如来所说之法乃依世谛名相，切不可以之为真如法体也。

"不可取"，指真如法体非名相可以言诠，故不可执取报身如来所说之法。

"不可说"，指真如法体非音声可以言辩，故不可强说报身如来所说之法。

"非法"，指真如法体不可取、不可说，故报身如来所说之法，非真如法体也。

"非非法"，指报身如来所说之法虽为非法，然可依之证入真如法体，故真如法体虽不可取、不可说，然非无法也。

【大义】

须菩提继续回答道："报身如来所说之法，不可执取、不可强说，非是真如法体、又非无法可依。"

【异译】

> **真谛译本**
>
> "何以故？是法如来所说，不可取、不可言，非法、非非法。"

"彼何所因？若彼如来法说，不可取、彼不可说，不彼法、非不法。"

"何以故？世尊。如来、应、正等觉所证、所说、所思惟法，皆不可取、不可宣说，非法、非非法。"

"何以故？佛所说法，不可取、不可说，彼非法、非非法。"

己三、无为得名

【原文】

"何以故？一切圣人皆以无为法得名。"

【疏解】

"何以故"，指前云报身如来所说之法不可取、不可说，岂法身如来所说之法可取可说？故有此问。

"圣人"，指证得初地以上之人。

"一切圣人皆以无为法得名"，指法身如来乃真如法体，清净常寂，非造作而有，唯登地圣人方能证知，故以无为法而得名焉。又一切圣人所证之法，不可言诠，不可闻知，故以无为法而得名焉。

【大义】

须菩提继续回答道："一切圣人所证真如法体，皆以无为法而得名焉。"

真谛译本

"何以故？一切圣人皆以无为真如所显现故。"

笈多译本

"彼何因？无为法显明圣人。"

玄奘译本

"何以故？以诸贤圣补特伽罗皆是无为之所显故。"

义净译本

"何以故？以诸圣者皆是无为所显现故。"

戊二、校量福德 二
己一、有漏福薄

【原文】

"须菩提。于意云何？若满三千大千世界七宝以用布施。须菩提。于意云何？是善男子、善女人，所得福德，宁为多不？"

须菩提言："甚多。婆伽婆。甚多。修伽陀。彼善男子、善女人得福甚多。何以故？世尊。是福德聚，即非福德聚，是故如来说福德聚、福德聚。"

【疏解】

前云"如来所说法，皆不可取、不可说"，本经亦为佛所说，岂亦不可取、不可说，犹如空言？为遣此疑，佛设问校福，而须菩提蒙佛冥加，故能答佛并引发深义。

"三千大千世界"，指一佛之化土。即以须弥山为中心，安立日月、四大洲、九山八海、欲界天、色界天等，构成一个小世界；一千个小世界，构成一小千世界；一千个小千世界，构成一中千世界；一千个中千世界，构成一大千世界。此十亿个小世界，总称为三千大千世界。

"七宝"，指七种珍宝。其名目各经典记载不一，大致为：金、银、琉璃、玻璃、砗磲、赤珠、玛瑙。

"善男子、善女人"，指佛对出家、在家信仰佛法男女之美称。

"修伽陀"，梵 sugata，意译为善逝，指了达生死归于涅槃之人。唐慧琳《一切经音义》卷一〇后魏菩提流支译《金刚般若波罗蜜经》："修伽陀，或云修伽度，皆梵语声转耳。此云善逝，即如来十号之一称。"

"福德聚"，指有漏福德，即以七宝布施。此有漏福德可感召世间有漏果报，而不能趣向佛果也。

"非福德聚"，指非是无漏福德。此无漏福德可感召出世间无漏果报，能够趣向佛果也。

"福德聚、福德聚"，指有漏福德、无漏福德。

【大义】

佛问须菩提道："你觉得如果有人将充满三千大千世界的七宝用来布施，这些善男子、善女人所获得的福德，是不是很多呢？"

须菩提回答道："很多。世尊。很多。善逝。那些善男子、善女人获得的福德很多。为什么呢？世尊。这些都是有漏福德聚集，而非无漏福德聚集，所以如来说有漏福德聚集、无漏福德聚集。"

【异译】

真谛译本

"须菩提。汝意云何？以三千大千世界遍满七宝，若人持用布施，是善男子、善女人，因此布施生福多不？"

须菩提言："甚多。世尊。甚多。修伽陀。是善男子、善女人，因此布施，得福甚多。何以故？世尊。此福德聚，即非福德聚，是故如来说福德聚。"

笈多译本

世尊言："彼何意念？善实。若有善家子，若善家女，若此三千大千世界七宝满作已，如来等、应等、正遍知等施与。彼何意念？善实。虽然，彼善家子、若善家女，若彼缘，多福聚生？"

善实言："多。世尊。多。善逝。彼善家子、若善家女，若彼缘，多福聚生。彼何所因？若彼，世尊。福聚，如来说非聚；彼，世尊。如来说福聚、福聚者。"

玄奘译本

佛告善现："于汝意云何？若善男子或善女人，以此三千大千世界盛满七宝持用布施，是善男子或善女人，由此因缘所生福聚宁为多不？"

善现答言："甚多。世尊。甚多。善逝。是善男子或善女人，由此因缘所生福聚其量甚多。何以故？世尊。福德聚、福德聚者，如来说为非福德聚，是故如来说名福德聚、福德聚。"

义净译本

"妙生。于汝意云何？若善男子、善女人，以满三千大千世界七宝持用布施，得福多不？"

妙生言："甚多。世尊。何以故？此福聚者，则非是聚，是故如来说为福聚、福聚。"

己二、无漏福胜 三
庚一、受持演说

【原文】

佛言："须菩提。若善男子、善女人，以满三千大千世界七宝持用布施；若复于此经中受持乃至四句偈等[1]，为他人说，其福胜彼无量不可数。"

【疏解】

前须菩提已明七宝布施乃有漏福德，又引佛说非是无漏福德，然未知何为无漏福德，故佛于此再校二种福德。

"于此经中受持乃至四句偈等"，指受持此经。"为他人说"，指讲说此经。若人能够受持、讲说此经，则能契入无为真如法体，故能得无漏福德。

【大义】

佛对须菩提说道："如果有善男子、善女人，以充满三千大千世界的七宝用来布施，其所获得的有漏福德虽然很多，但如果有善男子、善女人，能于此经中受持圣教乃至四句偈颂，并为他人讲说，其所获得的无漏福德要胜过前者无量不可数倍。"

---

① "复"下，《普宁藏》本有"有人"。

真谛译本

佛言："须菩提。若善男子、善女人，以三千大千世界遍满七宝，持用布施；若复有人，从此经中受四句偈，为他正说，显示其义，此人以是因缘，所生福德，最多于彼无量无数。"

笈多译本

世尊言："若复，善实。善家子、若善家女，若此三千大千世界七宝满作已，如来等、应等、正遍知等施与；若此法本乃至四句等偈，受已，为他等分别广说，此彼缘多过福聚生无量不可数。"

玄奘译本

佛复告善现言："善现。若善男子或善女人，以此三千大千世界盛满七宝持用布施；若善男子或善女人，于此法门乃至四句伽他，受、持、读诵，究竟通利，及广为他宣说开示，如理作意，由是因缘所生福聚，甚多于前无量无数。"

义净译本

"妙生。若有善男子、善女人，以满三千大千世界七宝持用布施；若复有人能于此经乃至一四句颂，若自受持，为他演说，以是因缘所生福聚，极多于彼无量无数。"

庚二、诸佛所出

【原文】

"何以故？须菩提。一切诸佛阿耨多罗三藐三菩提法皆从此经出，一切诸佛、如来皆从此经生。"

【疏解】

"何以故"，指前虽明无漏福德胜于有漏福德，然未明为何受持、讲说此经，有如此殊胜之无漏福德，故有此问。

"一切诸佛阿耨多罗三藐三菩提法"，指佛法身。

"一切诸佛、如来"，指佛应、报二身。

【大义】

佛告诉须菩提道："为什么受持、讲说此经有殊胜无漏福德呢？因为一切诸佛无上正等正觉之法身都从此经中生出，一切诸佛、如来之应身、报身亦从此经中生出。"

【异译】

真谛译本

"何以故？须菩提。如来无上菩提从此福成，诸佛世尊从此福生。"

笈多译本

"彼何所因？此出，善实。如来、应、正遍知无上正遍知，此生佛、世尊。"

玄奘译本

"何以故？一切如来、应、正等觉阿耨多罗三藐三菩提皆从此经出，诸佛、世尊皆从此经生。"

义净译本

"何以故？妙生。由诸如来无上等觉从此经出，诸佛、世尊从此经生。"

庚三、非佛不知

【原文】

"须菩提。所谓佛法、佛法者，即非佛法，是名佛法[①]。"

【疏解】

"佛法、佛法"，指对应前佛法身从此经出，佛应、报二身亦从此经出。

"非佛法"，指一切诸佛三身皆从此经出，故此法乃诸佛境界，非是凡夫、二乘之人所能证知。

【大义】

佛告诉须菩提道："所谓法身佛之教法，及应身佛、报身佛之教法，不是非佛之凡夫、二乘之人所能证知之法，所以称为佛陀教法。"

【异译】

真谛译本

"何以故？须菩提。所言佛法者，即非佛法，是名佛法。"

笈多译本

"彼何所因？佛法佛法者，善实。非佛法，如是彼；彼故，说名佛法者。"

玄奘译本

"所以者何？善现。诸佛法诸佛法者，如来说为非诸佛法，是故如

---

① "是名佛法"，原无，据《金藏》、《碛砂藏》、《普宁藏》、《洪武南藏》、《永乐南藏》、《永乐北藏》、《清藏》本补。又《径山藏》本作"是非佛法"。

来说名诸佛法诸佛法。"

义净译本

"是故妙生。佛法者，如来说非佛法，是名佛法。"

丁二、法无所得 二
戊一、三乘无得 三

【疏解】

前明法无取说，又非空说，有胜福德，然恐人谓仍是有得，故佛于此举三乘圣人，再明法无所得。

己一、声闻无得 二
庚一、四果无得

【原文】

"须菩提。于意云何？须陀洹能作是念：'我得须陀洹果不？'"

须菩提言："不也。世尊。何以故？实无有法名须陀洹，不入色、声、香、味、触、法，是名须陀洹。"

佛言："须菩提。于意云何？斯陀含能作是念：'我得斯陀含果不？'"

须菩提言："不也。世尊。何以故？实无有法名斯陀含，是名斯陀含。"

“须菩提。于意云何？阿那含能作是念：‘我得阿那含果不？’”

须菩提言：“不也。世尊。何以故？实无有法名阿那含，是名阿那含。”

“须菩提。于意云何？阿罗汉能作是念：‘我得阿罗汉果不①？’”

须菩提言：“不也。世尊。何以故？实无有法名阿罗汉。世尊。若阿罗汉作是念：‘我得阿罗汉。’即为著我、人、众生、寿者。”

【疏解】

“须陀洹”，梵 srota-āpanna，意译为预流，声闻乘之初果。指预入圣流之人。

“斯陀含”，梵 sakṛd-āgāmin，意译为一来，声闻乘之二果。指断除欲界六品修惑，一往来人间天上受生，然后证入涅槃之圣人。

“阿那含”，梵 anāgāmin，意译为不来，声闻乘之三果。指断尽欲界九品之惑，不往来人间天上受生，然后证入涅槃之圣人。

“阿罗汉”，梵 arhat，意译为应供，声闻乘之四果。指断尽三界见、思之惑而得尽智，堪受世间供养之圣人。

“实无有法名”，指圣人不以有为法名。前已云“一切圣人皆以无为法得名”，故知圣人以无为法名也。

“不入色、声、香、味、触、法”，指圣人不取有为法也。此句虽

---

① “果”，原无，从文义，据《碛砂藏》、《洪武南藏》、《永乐南藏》、《永乐北藏》、《径山藏》、《清藏》本补。

于初果列之，然义赅四果，四果圣人皆不入六尘也。

"为著我、人、众生、寿者"，指圣人若取有为法，则著我、人等四相。此句虽于四果列之，然义赅四果，四果圣人皆不著四相也。

【大义】

佛问须菩提道："你觉得须陀洹能产生这样的想法：'我证得须陀洹果了没有？'"

须菩提回答道："不能。世尊。为什么呢？确实没有法名叫须陀洹，初果圣人不取色、声、香、味、触、法等有为法，所以才称之为须陀洹。"

佛问须菩提道："你觉得斯陀含能产生这样的想法：'我证得斯陀含果了没有？'"

须菩提回答道："不能。世尊。为什么呢？确实没有法名叫斯陀含，所以才称之斯陀含。"

佛问须菩提道："你觉得阿那含能产生这样的想法：'我证得阿那含果了没有？'"

须菩提回答道："不能。世尊。为什么呢？确实没有法名叫阿那含，所以才称之阿那含。"

佛问须菩提道："你觉得阿罗汉能产生这样的想法：'我证得阿罗汉果了没有？'"

须菩提回答道："不能。世尊。为什么呢？确实没有法名叫阿罗汉。世尊。如果阿罗汉产生这样的想法：'我证得阿罗汉果了。'即为执著于我相、人相、众生相、寿者相。"

真谛译本

"须菩提。汝意云何？须陀洹能作是念：'我得须陀洹果不？'"

须菩提言："不能。世尊。何以故？世尊。实无所有能至于流，故说须陀洹；乃至色、声、香、味、触、法亦复如是，故名须陀洹。"

"斯陀含名一往来，实无所有能至往来，是名斯陀含。"

"阿那含名为不来，实无所有能至不来，是名阿那含。"

佛言："须菩提。汝意云何？阿罗汉能作是念：'我得阿罗汉果不？'"

须菩提言："不能。世尊。何以故？实无所有名阿罗汉。世尊。若阿罗汉作是念：'我得阿罗汉果。'此念即是我执、众生执、寿者执、受者执。"

笈多译本

世尊言："彼何意念？善实。虽然，流入如是念：'我流入果得到？'"

善实言："不如此。世尊。彼何所因？不彼，世尊。一人，彼故说名流入；不色入、不声、不香、不味、不触、不法入，彼故说名流入者。彼若，世尊。流入如是念：'我流入果得到。'彼如是，彼所我取有，众生取、寿取、人取有。"

世尊言："彼何意念？善实。虽然，一来如是念：'我一来果得到？'"

善实言："不如此。世尊。彼何所因？不一来如是念：'我一来果得到。'彼何所因？不彼有法若一来人，彼故说名一来者。"

世尊言：“彼何意念？善实。虽然，不来如是念：‘我不来果得到？’”

善实言：“不如此。世尊。彼何所因？不彼有法若不来入，彼故说名不来者。”

世尊言：“彼何意念？善实。虽然，应如是念：‘我应得到？’”

善实言：“不如此。世尊。彼何所因？不彼，世尊。有法若应名，彼故说名应者。彼若，世尊。应如是念：‘我应得到。’如是彼所我取有，众生取、寿取、人取有。”

玄奘译本

佛告善现：“于汝意云何？诸预流者颇作是念：‘我能证得预流果不？’”

善现答言：“不也。世尊。诸预流者不作是念：‘我能证得预流之果。’何以故？世尊。诸预流者无少所预，故名预流；不预色、声、香、味、触、法，故名预流。世尊。若预流者作如是念：‘我能证得预流之果。’即为执我、有情、命者、士夫、补特伽罗等。”

佛告善现：“于汝意云何？诸一来者颇作是念：‘我能证得一来果不？’”

善现答言：“不也。世尊。诸一来者不作是念：‘我能证得一来之果。’何以故？世尊。以无少法证一来性，故名一来。”

佛告善现：“于汝意云何？诸不还者颇作是念：‘我能证得不还果不？’”

善现答言：“不也。世尊。诸不还者不作是念：‘我能证得不还之果。’何以故？世尊。以无少法证不还性，故名不还。”

佛告善现："于汝意云何？诸阿罗汉颇作是念：'我能证得阿罗汉不？'"

善现答言："不也。世尊。诸阿罗汉不作是念：'我能证得阿罗汉性。'何以故？世尊。以无少法名阿罗汉，由是因缘名阿罗汉。世尊。若阿罗汉作如是念：'我能证得阿罗汉性。'即为执我、有情、命者、士夫、补特伽罗等。"

义净译本

"妙生。于汝意云何？诸预流者颇作是念：'我得预流果不？'"

妙生言："不尔。世尊。何以故？诸预流者，无法可预，故名预流。不预色、声、香、味、触、法，故名预流。世尊。若预流者作是念'我得预流果'者，则有我执，有情、寿者、更求趣执。"

"妙生。于汝意云何？诸一来者颇作是念：'我得一来果不？'"

妙生言："不尔。世尊。何以故？由彼无有少法证一来性，故名一来。"

"妙生。于汝意云何？诸不还者颇作是念：'我得不还果不？'"

妙生言："不尔。世尊。何以故？由彼无有少法证不还性，故名不还。"

"妙生。于汝意云何？诸阿罗汉颇作是念：'我得阿罗汉果不？'"

妙生言："不尔。世尊。由彼无有少法名阿罗汉。世尊。若阿罗汉作是念'我得阿罗汉果'者，则有我执，有情、寿者、更求趣执。"

庚二、举自无得

【原文】

"世尊。佛说我得无诤三昧，最为第一。世尊。说我是离欲阿罗汉。世尊。我不作是念：'我是离欲阿罗汉。'世尊。我若作是念：'我得阿罗汉。'世尊。则不记我无诤行第一①。以须菩提实无所行，而名须菩提无诤、无诤行。"

【疏解】

"无诤三昧"，梵 araṇa-samādhi，指须菩提内住于空性之理，外与他无诤之三昧境界。

"离欲"，指须菩提离前六尘之境，非是贪欲烦恼也。

"实无所行"，指须菩提离于二种障碍。须菩提得无我空解，善护其心，无有贪瞋痴等烦恼，故离于烦恼障。又须菩提虽得证无诤三昧，但不为三昧境界拥塞其心，故离于三昧障。

"无诤无诤行"，指前无诤三昧与离欲阿罗汉。离欲乃成就无诤三昧之行法，故称无诤行。

须菩提前泛举四果声闻，以明法无所得；今复举自身为例，而明实无所行。无诤三昧于声闻法中功德最为第一，唯须菩提一人独得，故须菩提举无诤三昧，亦劝导未得声闻求证此法。

又此般若经典乃述无上智慧法门，应为智慧第一之舍利弗表法，为何由须菩提启请发问？龙树造、后秦鸠摩罗什译《大智度论》卷一一《释

---

① "记"，《普宁藏》、《径山藏》、《清藏》本作"说"。

初品》中《舍利弗因缘》："问曰：'若尔者，何以初少为舍利弗说？后多为须菩提说？若以智慧第一故应为多说，复何以为须菩提说？'答曰：'舍利弗，佛弟子中智慧第一；须菩提，于弟子中得无诤三昧最第一。无诤三昧相，常观众生不令心恼，多行怜愍。诸菩萨者，弘大誓愿以度众生，怜愍相同，是故命说。'"故知正因须菩提得无诤三昧，蒙佛授记，方堪与佛问答甚深经义。

【大义】

须菩提继续回答道："世尊。佛说我证得无诤三昧，是众弟子中最为第一。世尊。又说我是离欲阿罗汉。世尊。我不产生这样的想法：'我是离欲阿罗汉。'世尊。我如果产生这样的想法：'我是离欲阿罗汉。'世尊。则就不会授记我为无诤行第一。以须菩提离于二种障碍，确实无有所行，才称须菩提得无诤三昧、是离欲阿罗汉。"

【异译】

真谛译本

"世尊。如来阿罗诃三藐三佛陀赞我，住无诤三昧人中最为第一。世尊。我今已得阿罗汉，离三有欲。世尊。我亦不作是念：'我是阿罗汉。'世尊。我若有是念：'我已得阿罗汉果。'如来则应不授我记：'住无诤三昧人中，须菩提善男子最为第一。'实无所住，住于无诤、住于无诤。"

笈多译本

"彼何所因？我此，世尊。如来、应、正遍知，无诤行最胜说。我此，世尊。应离欲。不我，世尊。如是念：'我此应者。'若我，世尊。如是念：'我应得到。'不我，如来记说：'无诤行最胜。'善实。善家子无所行，彼故说名无诤行、无诤行者。"

"所以者何？世尊。如来、应、正等觉说我得无诤住最为第一。世尊。我虽是阿罗汉永离贪欲，而我未曾作如是念：'我得阿罗汉永离贪欲。'世尊。我若作如是念'我得阿罗汉永离贪欲'者，如来不应记说我言：'善现。善男子得无诤住最为第一。'以都无所住，是故如来说名无诤住、无诤住。"

"世尊。如来说我得无诤住中最为第一。世尊。我是阿罗汉离于欲染，而实未曾作如是念：'我是阿罗汉。'世尊。若作是念'我得阿罗汉'者，如来即不说我妙生得无诤住，最为第一。以都无所住，是故说我得无诤住、得无诤住。"

己二、菩萨无得 二
庚一、于法无得

【原文】

佛告须菩提："于意云何？如来昔在燃灯佛所，得阿耨多罗三藐三菩提法不？"

须菩提言："不也。世尊。如来在燃灯佛所，于法实无所得阿耨多罗三藐三菩提。"

【疏解】

"如来"，指释迦牟尼未成佛时，于过去而作菩萨。故佛举自身为例，乃明菩萨乘事。

"燃灯佛"，梵 Dīpaṃkara，指为释迦牟尼菩萨授记之过去古佛。因该佛出生之时，周身犹如灯照，故名燃灯。

【大义】

佛告诉须菩提道："你觉得如来过去在燃灯佛处所，证得无上正等正觉法了吗？"

须菩提回答道："没有。世尊。如来在燃灯佛处所，于法确实无有所得而证无上正等正觉。"

【异译】

真谛译本

佛告须菩提："汝意云何？昔从然灯如来阿罗诃三藐三佛陀所，颇有一法，如来所取不？"

须菩提言："不取。世尊。实无有法，昔从然灯如来阿罗诃三藐三佛陀所，如来所取。"

笈多译本

世尊言："彼何意念？善实。有一法，若如来灯作如来、应、正遍知受取？"

善实言："不如此。世尊。无一法，若如来灯作如来、应、正遍知受取。"

玄奘译本

佛告善现："于汝意云何？如来昔在然灯如来、应、正等觉所，颇于少法有所取不？"

善现答言："不也。世尊。如来昔在然灯如来、应、正等觉所，都无少法而有所取。"

义净译本

"妙生。于汝意云何？如来昔在然灯佛所，颇有少法是可取不？"

妙生言："不尔。世尊。如来于然灯佛所，实无可取。"

庚二、报土无得

【原文】

佛告须菩提："若菩萨作是言：'我庄严佛国土。'彼菩萨不实语。何以故？须菩提。如来所说庄严佛土者，则非庄严，是名庄严佛土。"

【疏解】

"我庄严佛国土"，指地前菩萨所取之世间净土。此净土为三界所摄，故有七宝、严净等有为诸相。

"何以故"，指菩萨修证无上佛道，皆发愿成就庄严国土，为何佛谓菩萨作不实之语？故有此问。

"如来所说庄严佛土"，指登地菩萨所得之出世间净土。此净土不为三界所摄，故无有为诸相，乃第一义谛真实净土。

【大义】

佛告诉须菩提道："如果菩萨这样说：'我庄严佛国净土。'那这个菩萨就没有说真实言语。为什么呢？如来所说庄严佛土，非是庄严世间佛土，而是指庄严出世间佛土。"

真谛译本

佛告须菩提："若有菩萨作如是言：'我当庄严清净佛土。'而此菩萨说虚妄言。何以故？须菩提。庄严佛土者，如来说非庄严，是故庄严清净佛土。"

笈多译本

世尊言："若有，善实。菩萨摩诃萨如是语：'我国土庄严成就。'我者，彼不如语。彼何所因？国土庄严者，善实。不庄严彼如来说，彼故说名国土庄严者。"

玄奘译本

佛告善现："若有菩萨作如是言：'我当成办佛土功德庄严。'如是菩萨非真实语。何以故？善现。佛土功德庄严、佛土功德庄严者，如来说非庄严，是故如来说名佛土功德庄严、佛土功德庄严。"

义净译本

"妙生。若有菩萨作如是语'我当成就庄严国土'者，此为妄语。何以故？庄严佛土者，如来说非庄严，由此说为国土庄严。"

庚三、无住生心

【原文】

"是故，须菩提。诸菩萨摩诃萨应如是生清净心，而无所住。不住色生心，不住声、香、味、触、法生心，应无所住而生其心。"

【疏解】

前明菩萨不应取世间净土，世间净土即有为法，有为法则不离六尘之境。故菩萨应于有为法心无所住，方能清净无为，得出世间净土也。

【大义】

佛告诉须菩提道："所以，诸大菩萨应该像这样生起清净之心，而于有为法无所执住。不住于色而生心，不住于声、香、味、触、法而生心，应于有为法无所执住而生其心。"

【异译】

真谛译本

"须菩提。是故菩萨应生如是无住著心，不住色、声、香、味、触、法生心，应无所住而生其心。"

笈多译本

"彼故此，善实。菩萨摩诃萨如是不住心发生应，不色住心发生应，不声、香、味、触、法住心发生应，无所住心发生应。"

玄奘译本

"是故，善现。菩萨如是都无所住应生其心，不住于色应生其心，不住非色应生其心，不住声、香、味、触、法应生其心，不住非声、香、味、触、法应生其心，都无所住应生其心。"

义净译本

"是故，妙生。菩萨不住于事，不住随处，不住色、声、香、味、触、法，应生其心；应生不住事心，应生不住随处心，应生不住色、声、香、味、触、法心。"

己三、报佛无得

【原文】

"须菩提。譬如有人，身如须弥山王。须菩提。于意云何？是身为大不？"

须菩提言："甚大。世尊。何以故？佛说非身，是名大身；彼身非身，是名大身。"

【疏解】

"须弥山"，梵 Sumeru，意译作妙高山，指古印度宇宙观中世界安立的中心。该山位于海中，出水高八万四千由旬，入水深八万四千由旬，乃世间第一高山，故称为须弥山王。

"身如须弥山王"，指报身。今以佛报身，代报佛成就之无量功德。应佛如化，法佛寂静，唯报佛似有身相可见、有法可得。然报佛远离诸漏及有为法，故不取有相之身及所证之法也。

"何以故"，指报佛万德圆满，若身如须弥山王则是有为之相，岂佛报身亦有无常生灭哉？故有此问。

"非身"，指非有为有漏相之身。

"大身"，指佛妙相湛然之无漏报身。

【大义】

佛问须菩提道："譬如有人，身体像须弥山王一样。你觉得这个人的身体是否很大呢？"

须菩提回答道："很大。世尊。为什么呢？佛说非有为有漏之身，是名佛之报身；报身不是有为有漏之身，所以才称之为报身。"

【异译】

真谛译本

"须菩提。譬如有人,体相胜大如须弥山。须菩提。汝意云何?如是体相为胜大不?"

须菩提言:"甚大。世尊。何以故?如来说非有,名为有身;此非是有,故说有身。"

笈多译本

"譬如,善实。丈夫有此如是色我身有,譬如善高山王。彼何意念?善实。虽然,彼大我身有?"

善实言:"大。世尊。大。善逝。彼我身有。彼何所因?我身、我身者,世尊。不有彼如来说彼故说名我身者。不彼,世尊。有彼故说名我身者。"

玄奘译本

佛告善现:"如有士夫具身大身,其色自体假使譬如妙高山王。善现。于汝意云何?彼之自体为广大不?"

善现答言:"彼之自体广大。世尊。广大。善逝。何以故?世尊。彼之自体,如来说非彼体故名自体,非以彼体故名自体。"

义净译本

"妙生。譬如有人,身如妙高山王。于意云何?是身为大不?"

妙生言:"甚大。世尊。何以故?彼之大身,如来说为非身;以彼非有,说名为身。"

戊二、校量福德

【原文】

佛言须菩提："如恒河中所有沙数，如是沙等恒河。于意云何？是诸恒河沙宁为多不？"

须菩提言："甚多。世尊。但诸恒河尚多无数，何况其沙？"

佛言须菩提："我今实言告汝，若有善男子、善女人，以七宝满尔数恒沙数世界①，以施诸佛如来。须菩提。于意云何？彼善男子、善女人得福多不？"

须菩提言："甚多。世尊。彼善男子、善女人得福甚多。"

佛告须菩提："以七宝满尔数恒河沙世界②，持用布施。若善男子、善女人于此法门，乃至受持四句偈等，为他人说，而此福德胜前福德无量阿僧祇。"

【疏解】

"恒河"，梵 Gaṅgā，为恒伽河之略称。该河发源于喜马拉雅山，流入印度洋。因释迦牟尼成道后，大多活动于恒河两岸传教授徒，故佛经之中多见其名。又因该河多细沙，故佛经之中多以恒河沙为喻。龙树

---

① "数恒"，《碛砂藏》本作"数恒河"，《普宁藏》本作"恒河"，《洪武南藏》、《永乐南藏》、《永乐北藏》、《径山藏》、《清藏》作"所恒河"。

② "数"，《洪武南藏》、《永乐南藏》、《永乐北藏》、《径山藏》、《清藏》作"所"。

造、后秦鸠摩罗什译《大智度论》卷七《释初品》中《放光》："问曰：'如阎浮提中种种大河，亦有过恒河者，何以常言恒河沙等？'答曰：'恒河沙多，余河不尔。复次，是恒河是佛生处、游行处，弟子眼见，故以为喻。'"

"阿僧祇"，梵 asaṃkhya，意译为无央数，即不可数之数量。龙树造、后秦鸠摩罗什译《大智度论》卷四《释初品》中《菩萨》："问曰：'几时名阿僧祇？'答曰：'天人中能知算数法，极数不能知，是名一阿僧祇。'"

前已校量"布施福德"与"受持、讲说此经福德"，为何今又校量？前以三千大千世界七宝布施，虽已甚多，然仍有量；今以恒河沙数恒河沙数七宝布施，以显无量。又前云布施，未明受者，今云"施诸佛如来"，又显福德殊胜。"所施之物"与"受施之人"无量殊胜，其福德皆不及"受持、讲说"此经之福德也。

【大义】

佛问须菩提道："比如恒河中所有沙子的数量，再有如此数量的恒河。你觉得恒河沙数恒河中，所有沙子的数量是否很多呢？"

须菩提回答道："很多。世尊。仅就恒河沙数恒河就已经是无数了，更何况这无数恒河中沙子的数量呢？"

佛问须菩提道："我现在以真实之言告诉你，如果有善男子、善女人，以能够充满恒河沙数河中的沙子那么多世界的七宝，用来布施诸佛如来。你觉得这个善男子、善女人所获得福德是否多呢？"

须菩提回答道："很多。世尊。这个善男子、善女人所获福德确实很多。"

佛告诉须菩提道："以充满恒河沙数恒河中的沙子那么多世界的七宝，用来布施。如果有善男子、善女人于此法门，乃至受持四句偈颂等，并为他人讲说，其所获福德要胜于前者所获福德无量阿僧祇倍。"

【异译】

真谛译本

佛告须菩提："汝意云何？于恒伽所有诸沙，如其沙数所有恒伽，诸恒伽沙宁为多不？"

须菩提言："甚多。世尊。但诸恒伽，尚多无数，何况其沙。"

佛言："须菩提。我今觉汝，我今示汝。诸恒伽中所有沙数尔许世界，若有善男子、善女人，以七宝遍满，持施如来、应供、正遍觉知。须菩提。汝意云何？此人以是因缘，得福多不？"

须菩提言："甚多。世尊。甚多。修伽陀。此人以是因缘，生福甚多。"

"须菩提。若善男子、善女人，以七宝遍满尔所恒伽沙世界，持用布施。若善男子、善女人，从此经典乃至四句偈等，恭敬受持，为他正说。是人所生福德，最胜于彼无量无数。"

笈多译本

世尊言："彼何意念？善实。所有恒伽大河沙，彼所有如是恒伽大河有彼中若沙，虽然彼多沙有？"

善实言："彼如是所有。世尊！多恒伽大河有，何况若彼中沙。"

世尊言："欲我汝。善实。知我汝。所有彼中恒伽大河中沙有，彼所有世界有，如是妇女、若丈夫，若七宝满作已，如来等、应等、正遍知等施与。彼何意念？善实。虽然彼妇女、若丈夫，若彼缘多福聚生？"

善实言："多。世尊。多。善逝。彼妇女、若丈夫，若彼缘多福聚生，无量不可数。"

世尊言："若复时。善实。善家子、若善家女，若彼所有世界七宝满作已，如来等、应等、正遍知等施与。若此法本乃至四句等偈受已，为他等分别广说，此如是彼缘多过福聚生，无量不可数。"

玄奘译本

佛告善现："于汝意云何？乃至殑伽河中所有沙数，假使有如是沙等殑伽河，是诸殑伽河沙宁为多不？"

善现答言："甚多。世尊。甚多。善逝。诸殑伽河尚多无数，何况其沙。"

佛言："善现。吾今告汝，开觉于汝，假使若善男子或善女人，以妙七宝盛满尔所殑伽河沙等世界，奉施如来、应、正等觉。善现。于汝意云何？是善男子或善女人，由此因缘所生福聚宁为多不？"

善现答言："甚多。世尊。甚多。善逝。是善男子或善女人，由此因缘所生福聚其量甚多。"

佛复告善现："若以七宝盛满尔所沙等世界，奉施如来、应、正等觉。若善男子或善女人，于此法门乃至四句伽他，受、持、读诵，究竟通利，及广为他宣说开示，如理作意，由此因缘所生福聚，甚多于前无量无数。"

义净译本

"妙生。于汝意云何？如殑伽河中所有沙数，复有如是沙等殑伽河，此诸河沙宁为多不？"

妙生言："甚多。世尊。河尚无数，况复其沙。"

"妙生！我今实言告汝。若复有人，以宝满此河沙数量世界，奉施如来，得福多不？"

妙生言："甚多。世尊。"

"妙生。若复有人，于此经中受持一颂，并为他说，而此福聚，胜前福聚无量无边。"

丁三、成彼胜福 六

【疏解】

前两番校量已明持经福德殊胜，然未明为何持经能够成就如此殊胜福德。故佛再举六事以明成就因缘。

戊一、尊重说处

【原文】

"复次，须菩提。随所有处，说是法门乃至四句偈等，当知此处，一切世间天、人、阿修罗皆应供养，如佛塔庙。"

【疏解】

"天"，指天人，即欲界天、色界天之众生。

"人"，指人类。

"阿修罗"，梵 Asura，意译为非天、无端正。指印度古老之战神，常与帝释天争斗，后成为佛教八部鬼神之一，六道之一。

"塔庙"，梵 stūpa，塔为音译，意译为庙，故梵汉双举作塔庙。指埋藏供养佛舍利之建筑。

【大义】

佛告诉须菩提道："再有，随便在任何地方，讲说此法门乃至四句偈颂等，当知说法之处，一切世间天、人、阿修罗等全都应该供养，如同供养佛之塔庙一样。"

【异译】

真谛译本

"复次，须菩提。随所在处，若有人能从是经典，乃至四句偈等，读诵讲说。当知此处，于世间中即成支提，一切人、天、阿修罗等，皆应恭敬。"

笈多译本

"虽然，复次时，善实。此中地分，此法本乃至四句等偈，为他等说，若分别、若广说，若彼地分支帝有天、人、阿修罗世。"

玄奘译本

"复次，善现。若地方所于此法门乃至为他宣说、开示四句伽他，此地方所尚为世间诸天及人、阿素洛等之所供养，如佛灵庙。"

义净译本

"妙生。若国土中有此法门，为他解说，乃至四句伽他，当知此地，即是制底，一切天、人、阿苏罗等，皆应右绕而为敬礼。"

戊二、尊重持人

【原文】

"何况有人尽能受、持、读诵此经。须菩提。当知是人成就最上第一希有之法。若是经典所在之处则为有佛，若尊重似佛。"

【疏解】

"尽能受、持、读诵此经"，指前两番校量皆云受持此经乃至四句偈颂，即可得无量福德。今若有人能受持全部经义，则福德更为殊胜无比。

"最上第一希有之法"，指此经乃佛法性之身，若能受持全部经义，则能证入真如无为法体，成就最上第一希有之法。

"经典所在之处则为有佛"，指前云此经所在之处，如同有佛塔庙；今又进言此经所在处，如同有佛亲临。

"尊重似佛"，指尽能受持此经之人，乃成就最上第一希有之法之人，此人证入佛之法性，与佛无二，故应如佛尊重供养。

【大义】

佛告诉须菩提道："何况有人能够全部受、持、读诵此经，当知此人成就最上第一希有之法。如果这部经典所在之处则为有佛，应当如佛一样来尊重全部受持此经之人。"

【异译】

真谛译本

"何况有人尽能受、持、读诵如此经典。当知是人，则与无上希有之法而共相应。是土地处，大师在中，或随有一可尊重人。"佛说是已。

笈多译本

"何复言，善实。若此法本，持当、读当、诵当，他等及分别广说当，最胜彼希有具足当有。此中，善实。地分教师游行别异，尊重处相似共梵行。"如是语已。

玄奘译本

"何况有能于此法门具足究竟书写，受、持、读诵，究竟通利，及广为他宣说开示，如理作意，如是有情成就最胜希有功德。此地方所大师所住，或随一一尊重处所若诸有智、同梵行者。"说是语已。

义净译本

"何况尽能受、持、读诵。当知是人，则为最上第一希有。又此方所，即为有佛，及尊重弟子。"

戊三、问名奉持

【原文】

尔时，须菩提白佛言："世尊。当何名此法门？我等云何奉持？"

佛告须菩提："是法门名为《金刚般若波罗蜜》，以是名字，汝当奉持。何以故？须菩提。佛说般若波罗蜜，则非般若波罗蜜。"

【疏解】

此须菩提为利益末世众生，故问佛法门名字及奉持之法。

"是法门名为《金刚般若波罗蜜》"，指佛智慧彼岸功德，其体坚实，犹如金刚，故以此为名。

"以是名字，汝当奉持"，指此法门教人证入佛智慧，达于彼岸功德，故金刚般若波罗蜜亦为奉持之法。

"何以故"，指须菩提闻佛所说法门之名及奉持法后，即欲知为何此法门名《金刚般若波罗蜜》，故有此问。佛冥知其疑，故不待问而直答也。

"佛说般若波罗蜜"，指此智慧彼岸功德，唯佛所证境界。

"非般若波罗蜜"，指佛智慧彼岸功德，非是二乘、凡夫所能证知。

【大义】

这时，须菩提向佛问道："世尊。应当如何命名这个法门？我们这些弟子应当如何奉持这个法门？"

佛告诉须菩提道："这个法门名叫《金刚般若波罗蜜》，以这个名字，你们应当奉持。为什么呢？佛所说之般若波罗蜜，唯佛境界，非是余乘所能证知。"

【异译】

真谛译本

净命须菩提白佛言："世尊。如是经典，名号云何？我等云何奉持？"

佛告须菩提："此经名《般若波罗蜜》，以是名字，汝当奉持。何以故？须菩提。是般若波罗蜜，如来说非般若波罗蜜。"

笈多译本

命者善实世尊边如是言："何名此，世尊。法本？云何及如此持我？”如是语已。

世尊，命者善实边如是言：“《智慧彼岸到》名此，善实。法本如是此持。彼何所因？若如是，善实。智慧彼岸到，如来说彼如是非彼岸到，彼故说名智慧彼岸到者。”

玄奘译本

具寿善现复白佛言：“世尊。当何名此法门？我当云何奉持？”作是语已。

佛告善现言：“具寿。今此法门名为《能断金刚般若波罗蜜多》，如是名字汝当奉持。何以故？善现。如是般若波罗蜜多，如来说为非般若波罗蜜多，是故如来说名般若波罗蜜多。”

义净译本

“世尊。当何名此经？我等云何奉持？”

佛告妙生：“是经名为《般若波罗蜜多》。何以故？佛说般若波罗蜜多，则非般若波罗蜜多，如是应持。”

戊四、诸佛同说

【原文】

“须菩提。于意云何？如来有所说法不？”

须菩提言：“世尊。如来无所说法。”

【疏解】

“如来有所说法不”，指前既云“佛说般若波罗蜜”，此般若法门岂为释迦如来一佛独说焉？为遣此疑，佛故设问。

"如来无所说法"，指无有一法唯一佛独说，此般若法门乃一切诸佛同得同说。

【大义】

佛问须菩提道："你觉得此法门为如来一佛独说吗？"

须菩提回答道："世尊。无有一法为如来一佛独说。"

【异译】

真谛译本

"须菩提。汝意云何？颇有一法一佛说不？"

须菩提言："无有。世尊。无有一法一如来说。"

笈多译本

"彼何意念？善实。虽然，有法若如来说？"

善实言："不如此。世尊。不有。世尊。法，若如来说。"

玄奘译本

佛告善现："于汝意云何？颇有少法如来可说不？"

善现答言："不也。世尊。无有少法如来可说。"

义净译本

"妙生。于汝意云何？颇有少法是如来所说不？"

妙生言："不尔。世尊。无有少法是如来所说。"

戊五、功德无量

【原文】

"须菩提。于意云何？三千大千世界所有微尘，是为多不？"

须菩提言："彼微尘甚多。世尊[①]。"

"须菩提。是诸微尘，如来说非微尘，是名微尘。如来说世界，非世界，是名世界。"

【疏解】

"微尘"，指物质之微细也。此微尘附着清净物上，即成尘垢，经中常以尘喻烦恼。故知微尘当有二义：其一、指微细之尘土，其二、指烦恼之尘垢。而此微尘纯为物质，无有染净之别。

"非微尘"，指非烦恼之尘垢。

"世界"，指物质之整体也。微尘若如此，则世界亦如此也。

前明布施等种种福德虽多，皆是有为烦恼染因；此明奉持般若法门，非是有为烦恼染因，故能得真实彼岸功德。其功德如微尘不可计量，如世界广大无边。

【大义】

佛问须菩提道："你觉得三千大千世界中的所有微尘，数量是不是很多呢？"

须菩提回答道："那些微尘的数量很多。世尊。为什么呢？这些微尘，如来说非是烦恼尘垢，所以称之为微尘。如来说世界，非是烦恼染污世界，所以称之为世界。奉持般若法门之功德，亦如微尘、世界一样不可计量。"

---

① "世尊"下，《普宁藏》本有"何以故"。

【异译】

真谛译本

佛告须菩提："三千大千世界所有微尘，是为多不？"

须菩提言："此世界微尘，甚多。世尊。甚多。修伽陀。何以故？世尊。此诸微尘，如来说非微尘，故名微尘。此诸世界，如来说非世界，故说世界。"

笈多译本

世尊言："所有，善实。三千大千世界地尘有多有？"

善实言："多。世尊。多。善逝。彼地尘。彼何所因？若彼，世尊。地尘如来说，非尘彼如来说，彼故说名地尘者。若彼世界如来说，非界如来说，彼故说名世界者。"

玄奘译本

佛告善现："乃至三千大千世界大地微尘宁为多不？"

善现答言："此地微尘甚多。世尊。甚多。善逝。"

佛言："善现。大地微尘，如来说非微尘，是故如来说名大地微尘。诸世界，如来说非世界，是故如来说名世界。"

义净译本

"妙生。三千大千世界所有地尘，是为多不？"

妙生言："甚多。世尊。何以故？诸地尘，佛说非尘，故名地尘。此诸世界，佛说非界，故名世界。"

戊六、法相非报

【原文】

佛言须菩提："于意云何？可以三十二大人相见如来不？"

须菩提言："不也。世尊。何以故？如来说三十二大人相，即是非相，是名三十二大人相。"

【疏解】

"可以三十二大人相"，指前云"不可以相成就得见如来"，以相成就赅应、报二佛；今以三十二大人相，唯说报佛也。

"何以故"，指一佛三身，其体为一，故知报佛、法佛体无差别，为何不可以报相得见法相？故有此问。

"见如来"，指见佛法身。

"非相"，指非是如来法身之相。

此明报佛、法佛其体虽一，然于因有别，故不可以修得之相，而见无为法性也。

【大义】

佛问须菩提道："你觉得可以通过三十二大人相见到如来法性吗？"

须菩提回答道："不能。世尊。为什么呢？如来说三十二大人相，非是法性之相，所以称之为三十二大人相。"

【异译】

真谛译本

佛告须菩提："汝意云何？可以三十二大人相见如来不？"

须菩提言："不可。世尊。何以故？此三十二大人相，如来说非相，故说三十二大人相。"

笈多译本

世尊言："彼何意念？善实。三十二大丈夫相，如来、应、正遍知见应？"

善实言："不如此。世尊。不三十二大丈夫相，如来、应、正遍知见应。彼何所因？所有，世尊。三十二大丈夫相如来说，非相所有如来说，彼故说名三十二大丈夫相者。"

玄奘译本

佛告善现："于汝意云何？应以三十二大士夫相观于如来、应、正等觉不？"

善现答言："不也。世尊。不应以三十二大士夫相观于如来、应、正等觉。何以故？世尊。三十二大士夫相，如来说为非相，是故如来说名三十二大士夫相。"

义净译本

"妙生。于汝意云何？可以三十二大丈夫相观如来不？"

妙生言："不尔。世尊。不应以三十二相观于如来。何以故？三十二相，佛说非相，是故说为大丈夫相。"

丁四、福德转胜 七

【疏解】

前已明持经殊胜福德及成就因缘，然此法门非一佛独说独证，乃一切诸佛同说同证，故此殊胜福德亦转而成就第一希有功德也。

戊一、校量福德

【原文】

佛言："须菩提。若有善男子、善女人，以恒河沙等身命布施。若复有人于此法门中，乃至受持四句偈等，为他人说，其福甚多，无量阿僧祇。"

【疏解】

"身命"，指身体和生命。

"身命布施"，指前数番校量，唯是财布施；今以身命布施，更显其胜也。

【大义】

佛对须菩提说道："如果有善男子、善女人，以恒河沙数的身体和生命用来布施。如果有人于此法门中，乃至受持四句偈颂等，并为他人讲说，其所获福德甚多，要胜过前者无量阿僧祇倍。"

【异译】

真谛译本

佛告须菩提："若有善男子、善女人，如诸恒河所有沙数，如是沙等身命舍以布施。若有善男子、善女人，从此经典，乃至四句偈等，恭敬受持，为他正说。此人以是因缘，生福多彼无量无数。"

笈多译本

世尊言："若复时，善实。妇女、若丈夫，若日日恒伽河沙等我身舍，如是舍恒伽河沙等劫所有我身舍，若此法本乃至四句等偈，受已，为他等分别。此如是彼缘，多过福聚生无量、不可数。"

玄奘译本

佛复告善现言："假使若有善男子或善女人，于日日分舍施殑伽河沙等自体，如是经殑伽河沙等劫数舍施自体。复有善男子或善女人，于此法门乃至四句伽他，受、持、读诵、究竟通利，及广为他宣说、开示、如理作意，由是因缘所生福聚，甚多于前无量无数。"

义净译本

"妙生。若有男子女人，以殑伽河沙等身命布施；若复有人，于此经中受持一颂，并为他说，其福胜彼无量无数。"

戊二、法门希有

【原文】

尔时，须菩提闻说是经，深解义趣，涕泪悲泣，扪泪而白佛言："希有！婆伽婆。希有！修伽陀。佛说如是甚深法门，我从昔来所得慧眼，未曾得闻如是法门。"

【疏解】

"深解义趣"指须菩提闻说此经，故解诸佛无为法性之身。

"涕泪悲泣"，指须菩提感此法门从未得闻，又感己未能证此法门，故流泪悲泣。

"希有"，指此法门唯佛所证，余乘不知，故为希有。

"希有"，指此法门义趣甚深，难闻难解，故为希有。

"慧眼"，梵 prajñā-cakṣus，指智慧之眼。此眼为二乘所证，以平等性空之慧，照见诸法实相。龙树造、后秦鸠摩罗什译《大智度论》卷三三《释初品》中《到彼岸等》："为实相故，求慧眼。得慧眼，不见众生，尽灭一异相，舍离诸著，不受一切法，智慧自内灭，是名慧眼。但慧眼不能度众生。所以者何？无所分别故，以是故生法眼。法眼令是人行是法，得是道，知一切众生各各方便门，令得道证。"当知须菩提虽解人法二空，然未得真如法空，故只谓所得慧眼，而不云得法眼也。

"未曾得闻如是法门"，指未曾有法（梵 adbhuta-dharma），即希有之法。须菩提虽得慧眼，仍属声闻，故佛常演妙法，而从未得闻也。

【大义】

当时，须菩提听完佛所说的这部经典，深解其中义趣，激动地流泪悲泣，用手擦着眼泪对佛说道："希有！世尊。希有！善逝。佛说如是甚深法门，我从过去以来所得慧眼，未曾得以听闻如是法门。"

【异译】

真谛译本

尔时，净命须菩提由法利疾，即便悲泣，收泪而言："希有！世尊。希有！修伽陀。如此经典如来所说，我从昔来至得圣慧，未曾闻说如是经典。"

笈多译本

尔时，命者善实法疾转力泪出，彼泪拭已，世尊边如是言："希有！世尊。最胜希有！善逝。所有此法本如来说，此我，世尊。智生，不我曾生来，如是色类法本闻先。"

尔时，具寿善现闻法威力，悲泣堕泪，俯仰扪泪而白佛言："甚奇希有！世尊。最极希有！善逝。如来今者所说法门，普为发趣最上乘者作诸义利，普为发趣最胜乘者作诸义利。世尊。我昔生智以来，未曾得闻如是法门。"

义净译本

尔时，妙生闻说是经，深解义趣，涕泪悲泣而白佛言："希有！世尊。我从生智以来，未曾得闻如是深经。"

戊三、智岸难量

【原文】

"何以故？须菩提。佛说般若波罗蜜，即非般若波罗蜜。"

【疏解】

"何以故"，指前须菩提已得慧眼，为何不闻般若法门？故有此问。

"佛说般若波罗蜜，即非般若波罗蜜"，句义如前，指佛所说般若法门，唯佛所得，非如须菩提等二乘之人能够证知。

【大义】

佛告诉须菩提道："为什么你虽得慧眼，仍不能得闻如是法门呢？佛所说般若波罗蜜之法门，唯佛所得，非是二乘所能证知。"

【异译】

真谛译本

"何以故？世尊说般若波罗蜜，即非般若波罗蜜，故说般若波罗蜜。"

"何以故？佛说般若波罗蜜多，则非般若波罗蜜多。"

戊四、心生实相

【原文】

"世尊。若复有人得闻是经，信心清净则生实相，当知是人成就第一希有功德①。世尊。是实相者，则是非相，是故如来说名实相实相。"

【疏解】

"若复有人"，指地前菩萨。

"清净"，指无有疑惑。

"得闻是经，信心清净则生实相"，指地前菩萨既闻此经，对无为法身坚信不疑，决定生起实相之解。

"成就第一希有功德"，指能信此经，依经修持，可证无为法身，故为成就第一希有功德。前诸番校量皆云福德，福德义赅世间福报；而此云功德，但谓出世间成就也。

---

① "人"，原作"名"，从文义，据《金藏》、《碛砂藏》、《普宁藏》、《洪武南藏》、《永乐南藏》、《永乐北藏》、《径山藏》、《清藏》改。

"是实相者"，指如来所得无为法身即是实相。

"非相"，指如来所得实相，非是二乘所得。

"实相实相"，指无为法身实相之理，唯是如来所得实相。

【大义】

须菩提对佛说道："世尊。如果有人得以听闻这部经典，信心清净则能对无为法生起实相之解，当知此人成就第一希有功德。世尊所得无为法身即是实相，非是二乘所得，因此如来所说实相之理，就是如来所得实相。"

【异译】

真谛译本

"世尊。当知是人，则与无上希有之法而共相应，闻说经时，能生实想。世尊。是实想者，实非有想，是故如来说名实想、说名实想。"

笈多译本

"最胜彼，世尊。希有具足众生有当，若此经中说中，实想发生当。彼何所因？若此，世尊。实想彼如是，非想彼故，如来说实想、实想者。"

玄奘译本

"世尊。若诸有情闻说如是甚深经典生真实想，当知成就最胜希有。何以故？世尊。诸真实想真实想者，如来说为非想，是故如来说名真实想真实想。"

义净译本

"世尊。若复有人，闻说是经生实想者，当知是人最上希有。世尊。此实想者，即非实想，是故如来说名实想实想。"

戊五、闻法信解

【原文】

"世尊。我今得闻如是法门，信解受持，不足为难。若当来世，其有众生得闻是法门，信解受持，是人则为第一希有。何以故？此人无我相、人相、众生相、寿者相。何以故？我相即是非相，人相、众生相、寿者相即是非相。何以故？离一切诸相，则名诸佛。"

佛告须菩提："如是。如是。若复有人得闻是经，不惊、不怖、不畏，当知是人甚为希有。"

【疏解】

"不足为难"，指须菩提亲闻佛教，蒙佛冥加，慧眼声闻，故于甚深法门不难信解受持。

"是人则为第一希有"，指登地菩萨。未来无佛之世，若有闻法能信解受持者，必为初地以上之人，胜于地前二乘凡夫，故为世间第一希有。

"何以故"，指为何来世众生有闻法信解受持者，即为第一希有？故有此问。

"此人无我相、人相、众生相、寿者相"，指此人无我等四相，证我空，故能信解受持此经。

"何以故"，指为何唯证我空，就能信解受持此经？故有此问。

"我等四相即是非相"，指此人非是只证我空，亦证法空，方能信解受持此经。

"何以故"，指既云我空、法空，则一切皆空，何来信解受持及生实相？故有此问。

"离一切诸相，则名诸佛"，指我、法二相虚幻不实，非是实相，故为空性，当须远离。然我、法皆空，实相不空，故为诸佛法性也。

"如是，如是"，指前为须菩提所言，恐世人疑声闻如何演说大乘甚深法义，故佛印可其说也。

"不惊"，指此人闻是经已，安住法理，得闻慧解，故心无惊慌。

"不怖"，指此人闻是经已，深信不疑，得思慧解，故心无恐怖。

"不畏"，指此人闻是经已，奉行不谤，得修会解，故心无畏惧。

【大义】

须菩提对佛说道："世尊。我现在得以听闻如是法门，信解受持，并不困难。如果未来之世，其有众生得以听闻如是法门，信解受持，此人就是第一希有。为什么呢？此人没有我相、人相、众生相、寿者相。为什么呢？我相不是实相，人相、众生相、寿者相也不是实相。为什么呢？能够远离一切非实诸相，就能证入诸佛实相境界。"

佛告诉须菩提道："如是。如是。正如你所说，若有人得以听闻这部经典，不惊慌、不恐怖、不畏惧，当知此人甚为希有。"

【异译】

真谛译本

"世尊。此事于我非为希有。正说经时，我生信解。世尊。于未来世，若有众生恭敬受持，为他正说，当知是人，则与无上希有之法而共相应。世尊。此人无复我想、众生想、寿者想、受者想。何以故？我想、众生想、寿者想、受者想，即是非想。何以故？诸佛世尊，解脱诸想尽无余故。"说是言已。

佛告须菩提:"如是。须菩提。如是。当知是人,则与无上希有之法而共相应。是人闻说此经,不惊、不怖、不畏。"

笈多译本

"不我。世尊。希有。若我此法本说中,信我、解我。若彼,世尊。众生有当未来世,此法本受当、持当、读当、诵当,他等及分别广说当,彼最胜希有具足有当。虽然,复次时,世尊。不彼等菩萨摩诃萨我想转当,不众生想、不寿想、不人想转当。彼何所因?若彼,世尊。我想,彼如是非想;若及如是众生想、寿想、人想,彼如是非想。彼何所因?一切想远离,此佛、世尊。"如是语已。

世尊命者善实边如是言:"如是。如是。善实。如是。如是。如言汝,最胜希有具足彼众生有当,若此经说中,不惊当,不怖当,不畏当。"

玄奘译本

"世尊。我今闻说如是法门,领悟信解甚为希有。若诸有情于当来世,后时、后分、后五百岁,正法将灭时分转时,当于如是甚深法门,领悟信解,受、持、读诵,究竟通利,及广为他宣说开示,如理作意,当知成就最胜希有。何以故?世尊。彼诸有情无我想转,无有情想、无命者想、无士夫想、无补特伽罗想、无意生想、无摩纳婆想、无作者想、无受者想转。所以者何?世尊。诸我想即是非想,诸有情想、命者想、士夫想、补特伽罗想、意生想、摩纳婆想、作者想、受者想即是非想。何以故?诸佛世尊离一切想。"作是语已。

尔时,世尊告具寿善现言:"如是。如是。善现。若诸有情闻说如是甚深经典,不惊、不惧、无有怖畏,当知成就最胜希有。"

义净译本

"世尊。我闻是经，心生信解，未为希有。若当来世，有闻是经，能受持者，是人则为第一希有。何以故？彼人无我想、众生想、寿者想、更求趣想。所以者何？世尊。我想、众生想、寿者想、更求趣想，即是非想。所以者何？诸佛世尊离诸想故。"

"妙生。如是。如是。若复有人，得闻是经，不惊、不怖、不畏，当知是人第一希有。"

戊六、第一义胜

【原文】

"何以故？须菩提。如来说第一波罗蜜，非第一波罗蜜。"

【疏解】

"何以故"，指为何信解受持此经，能有如上诸多功德希有？故有此问。此摄前五所说之义。

"第一波罗蜜"，指第一波罗蜜为佛之果德境界。

"非第一波罗蜜"，指非是因中之行及二乘境界。

【大义】

佛告诉须菩提道："为什么信解受持此经为第一希有功德？如来所说第一波罗蜜，为佛之果德境界，非是因中之行及二乘境界。"

【异译】

真谛译本

"何以故？须菩提。此法如来所说，是第一波罗蜜。"

"彼何所因？最胜彼岸到。此，善实。如来说若及。"

"何以故？善现。如来说最胜波罗蜜多，谓般若波罗蜜多。"

"何以故？妙生。此最胜波罗蜜多，是如来所说诸波罗蜜多。"

戊七、正因清净

【原文】

"如来说第一波罗蜜者，彼无量诸佛亦说波罗蜜，是名第一波罗蜜。"

【疏解】

此明第一波罗蜜，非唯一佛果德境界，乃为一切诸佛之果德境界。

【大义】

佛告诉须菩提道："如来所说第一波罗蜜，无量诸佛也都说此波罗蜜，所以称之为第一波罗蜜。"

【异译】

真谛译本

"此波罗蜜如来所说，无量诸佛亦如是说，是故说名第一波罗蜜。"

笈多译本

"善实。如来最胜彼岸到说，彼无量亦佛、世尊说，彼故说名最胜彼岸到者。"

玄奘译本

"善现。如来所说最胜波罗蜜多，无量诸佛世尊所共宣说，故名最胜波罗蜜多。如来说最胜波罗蜜多即非波罗蜜多，是故如来说名最胜波罗蜜多。"

义净译本

"如来说者，即是无边佛所宣说，是故名为最胜波罗蜜多。"

丁五、离相无住 三
戊一、忍辱离相

【原文】

"须菩提。如来说忍辱波罗蜜，即非忍辱波罗蜜。何以故？须菩提。如我昔为歌利王割截身体，我于尔时无我相、无众生相、无人相①、无寿者相，无相亦非无相。何以故？须菩提。我于往昔节节支解时，若有我相、众生相、人相②、寿者相，应生嗔恨。须菩提。又念过去，于五百世作忍辱仙人，于尔所世，无我相、无众生相、无人相、无寿者相。是故，须菩提。菩萨应离一切相发阿耨多罗三藐三菩提心③。"

---

① "无众生相、无人相"，《普宁藏》本作"无人相、无众生相"。下同。
② "众生相、人相"，《普宁藏》本作"人相、众生相"。
③ "心"下，《金藏》本衍"菩萨应离一切相发阿耨多罗三藐三菩提心"。

【疏解】

"忍辱波罗蜜"，梵 kṣānti pāramitā，指外能忍各种侮辱恼害，而内无有怨恨报复之心。

"非忍辱波罗蜜"，指忍辱波罗蜜非是地前凡夫、二乘境界，前虽以恒沙身命布施，然终不及持经福德也。

"何以故"，指为何以恒沙身命布施，非是忍辱波罗蜜？故有此问。依经所示，虽以恒沙身命布施，然有我、人之见，故非是忍辱波罗蜜也。

"歌利王"，梵 Kaliṅgarāja，意译为恶生王。依经典记载，释迦牟尼佛于过去世为忍辱仙人，一日于树下禅坐，歌利王率众出游，宫女舍王去仙人处听法，王遂嫉恶肢解仙人。

"无相"，指不见有歌利王等加害之恶人，亦不见有我受害之身体。

"非无相"，指不见人、我之相，非是无心不见，而是以初地以上转胜真解无漏之心，慈悲等视，不见有人、我之异也。

"何以故"，指为何我为割截身体时无有诸相？故有此问。依经所示，乃因成就忍辱波罗蜜，故能于肢解时无有诸相。

"菩萨"，指地前菩萨。

"菩萨应离一切相发阿耨多罗三藐三菩提心"，指前初地以上菩萨证忍辱波罗蜜，方能于肢解时无有诸相，故今劝地前菩萨，亦应离一切相发起无上菩提之心。

【大义】

佛告诉须菩提道："如来说忍辱波罗蜜，非是地前凡夫、二乘境界。为什么呢？如同我在过去世被歌利王割截身体，我在当时没有我相、众生相、人相、寿者相，以无漏慧解等视众生，不见人、我之别。为什么呢？我在过去世节节肢解身体时，如果有我相、众生相、人相、寿者相，应该产生嗔恨之心。又忆念过去，我曾于五百世作忍辱仙人，在那些世里，没有我相、众生相、人相、寿者相。因此，地前菩萨应该远离一切相而发起无上正等正觉之心。"

【异译】

真谛译本

"复次，须菩提。如来忍辱波罗蜜，即非波罗蜜。何以故？须菩提。昔时我为迦陵伽王斩斫身体，骨肉虽碎。我于尔时，无有我想、众生想、寿者想、受者想，无想非无想。何以故？须菩提。我于尔时，若有我想、众生想、寿者想、受者想，是时则应生嗔恨想。须菩提。我忆过去五百生作大仙人，名曰说忍。于尔所生中，心无我想、众生想、寿者想、受者想。是故，须菩提。菩萨摩诃萨舍离一切想，于无上菩提应发起心。"

笈多译本

"虽然，复次时，善实。若如来忍彼岸到，彼如是非彼岸到。彼何所因？此时我，善实。恶王分别分肉割断，不时我彼中时我想，若众生想、若寿想、若人想，若不我有想非想有。彼何所因？若我，善实。彼中时我想有，嗔恨想亦我彼中时有；众生想、寿想、人想有，嗔恨想亦我彼中时有。念知我，善实。过去世五百生，若我忍语仙人有，彼中亦我不想有，不众生想、不寿想、不人想，不亦我有想非想有。彼故此，善实。菩萨摩诃萨一切想舍离，无上正遍知心发生应。"

玄奘译本

"复次，善现。如来说忍辱波罗蜜多即非波罗蜜多，是故如来说名忍辱波罗蜜多。何以故？善现。我昔过去世曾为羯利王断支节肉，我于尔时都无我想、或有情想、或命者想、或士夫想、或补特伽罗想、或意生想、或摩纳婆想、或作者想、或受者想，我于尔时都无有想亦非无想。何以故？善现。我于尔时若有我想，即于尔时应有恚想；我于尔时若有有情想、命者想、士夫想、补特伽罗想、意生想、摩纳婆想、作者想、受者想，即于尔时应有恚想。何以故？善现。我忆过去五百生中，曾为自号忍辱仙人，我于尔时都无我想、无有情想、无命者想、无士夫想、无补特伽罗想、无意生想、无摩纳婆想、无作者想、无受者想，我于尔时都无有想亦非无想。是故，善现。菩萨摩诃萨远离一切想，应发阿耨多罗三藐三菩提心。"

义净译本

"妙生。如来说忍辱波罗蜜多，即非忍辱波罗蜜多。何以故？如我昔为羯陵伽王割截支体时，无我想、众生想、寿者想、更求趣想，我无是想亦非无想。所以者何？我有是想者，应生嗔恨。妙生。又念过去于五百世作忍辱仙人，我于尔时，无如是等想。是故应离诸想，发趣无上菩提之心。"

戊二、无住生心

【原文】

"何以故？若心有住，则为非住。不应住色生心，不应住声、香、味、触、法生心，应生无所住心，是故佛说菩萨心不住色布施。须菩提。菩萨为利益一切众生，应如是布施。"

【疏解】

"何以故"，指为何劝地前菩萨离相发心？故有此问。

"有住"，指住于世间有为法中。

"非住"，指非是住于出世间无为法中。

"不住六尘生心"，指不住果报。

"应生无所住心"，指不住报恩。

"心不住色布施"，指不住施者、施物、受者三事，亦不住果报、报恩，而行于布施。

"菩萨为利益一切众生，应如是布施"，指若菩萨心无所住而行布施，不见诸事、不见众生，又如何能利益众生？为遣此疑，佛告须菩提，菩萨若心有所住而行布施，执于诸相，尚不能自利，更何况利他？故应心无所住行于布施，方能利益一切众生，如前所说得无量福德也。

【大义】

佛告诉须菩提："为什么要劝地前菩萨离相发心呢？如果心住于世间有为法中，则就不能住于出世间无为法中。不应住于色而生心，不应住于声、香、味、触、法而生心，应生起无所心，所以佛说菩萨心不住于色而行布施。菩萨为利益一切众生，就应该像这样心无所住行于布施。"

【异译】

真谛译本

"不应生住色心，不应生住声、香、味、触心，不应生住法心，不应生住非法心，不应生有所住心。何以故？若心有住，则为非住，故如来说菩萨无所住心应行布施。复次，须菩提。菩萨应如是行施，为利益一切众生。"

笈多译本

"不色住心发生应，不声、香、味、触住心发生应，不法住、非无法住心发生应，无所住心发生应。彼何所因？若无所住，彼如是住。彼故如是，如来说不色住菩萨摩诃萨施与应；不声、香、味、触、法住施与应。虽然，复次时，善实。菩萨摩诃萨如是舍施应，一切众生为故。"

玄奘译本

"不住于色应生其心，不住非色应生其心，不住声、香、味、触、法应生其心，不住非声、香、味、触、法应生其心，都无所住应生其心。何以故？善现。诸有所住，则为非住，是故如来说诸菩萨应无所住而行布施，不应住色、声、香、味、触、法而行布施。复次，善现。菩萨摩诃萨为诸有情作义利故，应当如是弃舍布施。"

义净译本

"不应住色、声、香、味、触、法，都无所住而生其心，不应住法，不应住非法，应生其心。何以故？若有所住，即为非住，是故佛说菩萨应无所住而行布施。妙生。菩萨为利益一切众生，应如是布施。"

戊三、众生非相

【原文】

须菩提言："世尊。一切众生相，即是非相。何以故？如来说一切众生，即非众生。"

【疏解】

前云：“菩萨为利益一切众生，应如是布施。”岂非菩萨仍住有众生之相焉？为遣此疑，须菩提蒙佛冥加而有此说。

“一切众生相”，指众生由五阴假合而成，虚妄不实，唯有假名也。

“非相”，指于五阴假合众生之中，无有真实神我等相可得。

“何以故”，指一切众生相即是非相，为何佛又言利益一切众生？故有此问。

“如来说一切众生”，指佛依世法而说众生，非谓实有众生。

“即非众生”，指众生五阴假合，本来空寂，无有真实众生可得。

【大义】

须菩提说道：“世尊。一切众生乃五阴假合之相，无有真实体相可得。为什么？如来依世法说有一切众生，而众生本来空寂，非有真实众生可得。”

【异译】

真谛译本

“此众生想，即是非想。如是一切众生，如来说即非众生。何以故？诸佛世尊远离一切想故。”

笈多译本

“彼何所因？若如是，善实。众生想，彼如是非想。若如是，彼一切众生如来说，彼如是非众生。”

玄奘译本

“何以故？善现。诸有情想，即是非想。一切有情，如来即说为非有情。”

义净译本

"此众生想，即为非想。彼诸众生，即非众生。何以故？诸佛如来离诸想故。"

丁六、当信佛语

【原文】

"须菩提。如来是真语者、实语者、如语者、不异语者。"

【疏解】

前数番校量，以明住相布施终不及持经福德，七宝、身命、三千、恒沙如此举譬，仍不能尽遣凡俗之疑。故于此作结，当直信佛语，不须疑也。又为何佛语可信？故列四语以表四法也。

"真语者"，指如来为一切智人，证佛果德，以己所证而为人说，故至真不虚也。

"实语者"，指如来为小乘说法，虽非究竟，然亦能证声闻四果，故确实不谬也。

"如语者"，指如来为大乘说法，发菩提心，乃自真如佛性流出，故如理不违也。

"不异语者"，指如来为度化众生，说三世法，真假虚实终无差错，故分别不异也。

【大义】

佛告诉须菩提道："如来是果德智人，故为真语者；为小乘说法，故为实语者；为大成说法，故为如语者；为说三世有为法，故为不异语者。"

【异译】

真谛译本

"须菩提。如来说实、说谛、说如、说非虚妄。"

笈多译本

"彼何所因？真语。善实。如来。实语如来，不异语如来，如语如来，非不如语如来。"

玄奘译本

"善现。如来是实语者、谛语者、如语者、不异语者。"

义净译本

"妙生。如来是实语者、如语者、不诳语者、不异语者。"

丁七、法无实妄

【原文】

"须菩提。如来所得法、所说法，无实、无妄语。"

【疏解】

此即总应前法无取、说之义。

"所得法"，指如来所证之法。

"所说法"，指如来言教之法。

"无实"，指如来若有法可得，则法可取，故知如来依世法而言有所得法，实无有法可得也。

"无妄语"，指如来若有法可说，则法可说，故知如来依世法而言有所说法，实无有法可说也。

【大义】

佛告诉须菩提道："如来所得之法无实，故不可取；如来所说之法无妄，故不可说。"

【异译】

真谛译本

"复次，须菩提。是法如来所觉，是法如来所说，是法非实非虚。"

笈多译本

"虽然，复次时，善实。若如来法证觉说，若思惟，若不彼中实、不妄。"

玄奘译本

"复次，善现。如来现前等所证法、或所说法、或所思法，即于其中非谛非妄。"

义净译本

"妙生。如来所证法及所说法，此即非实非妄。"

丙五、真如无住

【原文】

"须菩提。譬如有人入闇，则无所见；若菩萨心住于事而行布施，亦复如是。须菩提。譬如人有目，夜分已尽，日光明照，见种种色；若菩萨不住于事行于布施，亦复如是。"

【疏解】

前已明真如法性，无相非相，真实不虚，清净无为。故真如法性当恒贯三世，遍一切处，为何有人能得、有人不得？为遣此疑，佛举明暗为喻。

"有人入闇，则无所见"，指若心有所住，则无明生起，故不得见真如也。

"日光明照，见种种色"，指若心无所住，则智慧生起，故得以见真如也。

【大义】

佛告诉须菩提道："譬如有人进入黑暗之中，就一无所见了；如果菩萨心执住于事相而行于布施，如同暗中无见一样，不能证入如来真如法性。譬如人有眼睛，黑夜过去，太阳出来，日光明照，就可以看到各种色彩；如果菩萨心不执住于事相而行于布施，如同目明见色一样，可以证入如来真如法性。"

【异译】

真谛译本

"须菩提。譬如有人，在于盲暗；如是当知菩萨堕相，行堕相施。须菩提。如人有目，夜已晓，昼日光照，见种种色；如是当知菩萨不堕于相，行无相施。"

笈多译本

"譬如，善实。丈夫闇舍入，不一亦见；如是事堕，菩萨见应，若事堕施与。譬如，善实。眼者丈夫，显明夜月出，种种色见；如是菩萨摩诃萨见应，若事不堕施与。"

玄奘译本

"善现。譬如士夫入于闇室，都无所见；当知菩萨若堕于事，谓堕于事而行布施，亦复如是。善现。譬如明眼士夫，过夜晓已，日光出时，见种种色；当知菩萨不堕于事，谓不堕事而行布施，亦复如是。"

义净译本

"妙生。若菩萨心住于事而行布施，如人入闇，则无所见。若不住事而行布施，如人有目，日光明照，见种种色，是故菩萨不住于事应行其施。"

丙六、持经利益 三

【疏解】

以上已尽明真如法相之理，此甚深义趣佛皆说于经中，故前多说持经可得无量福德，然未明持经有何真实利益。为遣此疑，佛谓持经可得闻慧、思慧、修慧三种利益。

丁一、闻慧利益 二
戊一、三种修行

【原文】

"复次，须菩提。若有善男子、善女人，能于此法门受、持、读诵修行，则为如来以佛智慧，悉知是人、悉见是人、悉觉是人，皆得成就无量无边功德聚。"

【疏解】

此明以受、持、读诵三种修行，于此法门可得闻慧利益。

"受修行"，指从外学习领受。

"持修行"，指从内执持不失。

"读诵修行"，指于经精勤读诵。

【大义】

佛告诉须菩提道："如果有善男子、善女人，能够于此法门受、持、读诵修行，则如来就会以佛智慧，全都了知此人、全都照见此人，全都觉察此人，使其全都得以成就无量无边功德聚集。"

【异译】

真谛译本

"复次，须菩提。于未来世，若有善男子、善女人，受、持、读诵修行，为他正说如是经典，如来悉知是人、悉见是人，生长无量福德之聚。"

笈多译本

"虽然，复次时，善实。若善家子、善家女，若此法本，受当、持当、读当、诵当，为他等及分别广说当。知彼，善实。如来佛智；见彼，善实。如来佛眼。一切彼，善实。众生无量福聚生当取当。"

玄奘译本

"复次，善现。若善男子或善女人于此法门受、持、读诵，究竟通利，及广为他宣说开示，如理作意，则为如来以其佛智悉知是人，则为如来以其佛眼悉见是人，则为如来悉觉是人，如是有情一切当生无量福聚。"

"妙生。若有善男子、善女人，能于此经受、持、读诵，为他演说。如是之人，佛以智眼悉知悉见，当生当摄无量福聚。"

戊二、校量福德

【原文】

"须菩提。若有善男子、善女人，初日分以恒河沙等身布施，中日分复以恒河沙等身布施，后日分复以恒河沙等身布施，如是舍恒河沙等无量身，如是百千万亿那由他劫以身布施。若复有人闻此法门，信心不谤，其福胜彼无量阿僧祇，何况书写、受、持、读诵修行，为人广说？"

【疏解】

"那由他"，梵 nayuta，又音译作那庚多。世亲造、唐玄奘译《阿毗达磨俱舍论》卷一二《分别世品》："有一无余数始为一，一十为十，十十为百，十百为千，十千为万，十万为洛叉，十洛叉为度洛叉，十度洛叉为俱胝，十俱胝为末陀，十末陀为阿庚多，十阿庚多为大阿庚多，十大阿庚多为那庚多。"故知那由他当为"千亿"。

"闻此法门，信心不谤"，指得闻慧利益。

此明持经得闻慧利益，所获福德又胜于前。前举以恒沙身布施，今举经历长劫每日三时以恒沙身命布施；前举受持讲说，今举又增闻法生信也。

【大义】

佛告诉须菩提道："如果有善男子、善女人，初日分以恒河沙数的身体布施，中日分又以恒河沙数的身体布施，后日分再以恒河沙数的身体布施，在一天之中舍弃了恒河沙数的无量身体，像这样于百千万那由他劫之中以身体布施。如果再有人听闻此法门，生起信心，不与毁谤，其所获福德胜于前者无量阿僧祇倍，更何况书写、受、持、读诵修行，为他人广泛讲说此经所获福德呢？"

【异译】

真谛译本

"复次，须菩提。若有善男子、善女人，于日前分布施身命，如上所说诸河沙数；于日中分布施身命，于日后分布施身命，皆如上说诸河沙数。如是无量百千万亿劫，以身命布施。若复有人，闻此经典，不起诽谤，以是因缘，生福多彼无数无量。何况有人书写、受、持、读诵，教他修行，为人广说？"

笈多译本

"若复时，善实。妇女、若丈夫，若前分时恒伽河沙等我身舍，如是中分时、如是晚分时恒伽河沙等我身舍。以此因缘，劫俱致那由多百千我身舍。若此法本，闻已不谤，此如是彼缘多过福聚生无量、不可数，何复言若写已、受、持、读诵，为他等及分别广说？"

玄奘译本

"复次，善现。假使善男子或善女人，日初时分以殑伽河沙等自体布施，日中时分复以殑伽河沙等自体布施，日后时分亦以殑伽河沙等自体布施，由此异门，经于俱胝那庾多百千劫以自体布施。若有闻说如是法门不生诽谤，由此因缘所生福聚，尚多于前无量无数，何况能于如是法门具足毕竟书写，受、持、读诵，究竟通利，及广为他宣说开示，如理作意？"

义净译本

"妙生。若有善男子、善女人，初日分以殑伽河沙等身布施，中日分复以殑伽河沙等身布施，后日分亦以殑伽河沙等身布施，如是无量百千万亿劫，以身布施。若复有人，闻此经典，不生毁谤，其福胜彼，何况书写，受、持、读诵，为人解说？"

丁二、思慧利益 三
戊一、功德殊胜

【原文】

"须菩提。以要言之，是经有不可思议、不可称量、无边功德。"

【疏解】

"不可思议"，指此经所说为诸佛无为法身，非是凡夫、二乘所能思议。

"不可称量"，指此经所说为诸佛大人境界，非是凡夫、二乘所能称量。

"无边功德"，指前闻慧仍为福德利益，今思慧及后修慧均为功德利益也。

【大义】

佛告诉须菩提道："简要言之，这部经有不可思议、不可称量、无边功德。"

【异译】

> **真谛译本**
>
> "复次，须菩提。如是经典不可思量，无能与等。"
>
> **笈多译本**
>
> "虽然，复次时，善实。不可思、不可称，此法本彼不可思，如是果报观察应。"
>
> **玄奘译本**
>
> "复次，善现。如是法门不可思议、不可称量，应当希冀不可思议所感异熟。"
>
> **义净译本**
>
> "妙生。是经有不可思议、不可称量、无边功德。"

戊二、为大乘说

【原文】

"此法门如来为发大乘者说，为发最上乘者说。若有人能受、持、读诵修行此经，广为人说，如来悉知是人、悉见是人，皆成就不可思议、不可称、无有边、无量功德聚，如是人等则为荷担如来阿耨多罗三藐三菩提。"

【疏解】

"发大乘者"，指地前发心之人。

"发最上乘者"，指初地以上发心之人。

"荷担"，指肩负承担。

【大义】

佛告诉须菩提道："此法门是如来为发大乘心之人讲说的，是为发最上乘心之人讲说的。如果有人能够受、持、读诵修行此经，广泛为人讲说，如来全都了知此人、全都照见此人，使其全都成就不可思议、不可称、无有边、无量功德聚集，这些人就是在荷担如来无上正等正觉。"

【异译】

真谛译本

"如来但为怜愍利益能行无上乘，及行无等乘人说。若复有人，于未来世，受、持、读诵，教他修行，正说是经。如来悉知是人，悉见是人，与无数、无量、不可思议、无等福聚而共相应。如是等人，由我身分，则能荷负无上菩提。"

笈多译本

"此，善实。法本如来说胜乘发行众生为故，最胜乘发行众生为故。若此法本受当、持当、读当、诵当，为他等及分别广说当。知彼，善实。如来佛智。见彼，善实。如来佛眼。一切彼，善实。众生。无量福聚具足有当，不可思、不可称亦不可量福聚具足有当。一切彼，善实。众生，我肩菩提持当有。"

玄奘译本

"善现。如来宣说如是法门，为欲饶益趣最上乘诸有情故，为欲饶益趣最胜乘诸有情故。善现。若有于此法门受、持、读诵，究竟通利，及广为他宣说开示，如理作意，即为如来以其佛智悉知是人，即为如来以其佛眼悉见是人，则为如来悉觉是人。如是有情一切成就无量福聚，皆当成就不可思议、不可称量无边福聚。善现。如是一切有情，其肩荷担如来无上正等菩提。"

义净译本

"如来为发大乘者说，为发最上乘者说。若有人能受、持、读诵，广为他说，如来悉知悉见是人，皆得成就不可量、不可称、不可思议福业之聚。当知是人，则为以肩荷负如来无上菩提。"

戊三、小乘不持

【原文】

"何以故？须菩提。若乐小法者，则于此经不能受、持、读诵修行，为人解说。若有我见、众生见、人见、寿者见，于此法门能受、持、读诵修行，为人解说者，无有是处。"

【疏解】

"何以故"，指为何此法门如来为发大乘、最上乘者说？故有此问。

"小法"，指小乘法。

【大义】

佛告诉须菩提道："为何此法门如来为发大乘、最上乘者说？如果欣乐小乘法的人，则于此经不能受、持、读诵修行，为他人解说。如果有人执住我见、众生见、人见、寿者见，于此法门又能受、持、读诵修行，为他人解说，这是根本不可能的。"

【异译】

真谛译本

"何以故？须菩提。如是经典，若下愿乐人，及我见、众生见、寿者见、受者见，如此等人能听、能修、读诵，教他正说，无有是处。"

笈多译本

"彼何所因？不能，善实。此法本小信解者众生闻，不我见者、不众生见者、不寿见者、不人见者、不菩萨誓众生能闻受，若持、若读、若诵，若无是处有。"

玄奘译本

"何以故？善现。如是法门非诸下劣信解有情所能听闻，非诸我见、非诸有情见、非诸命者见、非诸士夫见、非诸补特伽罗见、非诸意生见、非诸摩纳婆见、非诸作者见、非诸受者见所能听闻。此等若能受、持、读诵，究竟通利，及广为他宣说开示，如理作意，无有是处。"

义净译本

"何以故？妙生。若乐小法者，则著我见、众生见、寿者见、更求趣见，是人若能读诵、受、持此经，无有是处。"

丁三、修慧利益 四
戊一、供养如塔

【原文】

"须菩提。在在处处，若有此经，一切世间天、人、阿修罗所应供养。当知此处则为是塔，皆应恭敬作礼围绕，以诸华、香而散其处。"

【疏解】

前云"供养如佛塔庙"，乃为持经福德所感世间果报；今云供养如塔，则为持经功德所感出世间果报也。

【大义】

佛告诉须菩提道："在任何地方，只要有此经存在，一切世间天、人、阿修罗都应供养。应当知道此经所在之处就如同有塔，全都应该恭敬作礼围绕，用各种花、香散在那里。"

【异译】

真谛译本

"复次，须菩提。随所在处，显说此经，一切世间天、人、阿修罗等，皆应供养，作礼右绕，当知此处于世间中即成支提。"

笈多译本

"虽然，复次时，善实。此中地分，此经广说，供养彼地分有当天、人、阿修罗世，礼右绕作及彼地分有当，支帝彼地分有当。"

玄奘译本

"复次，善现。若地方所开此经典，此地方所当为世间诸天及人、阿素洛等之所供养，礼敬右绕，如佛灵庙。"

义净译本

"妙生。所在之处，若有此经，当知此处，则是制底。一切世间天、人、阿苏罗所应恭敬作礼围绕，以诸香、花供养其处。"

戊二、三世利益

【原文】

"复次，须菩提。若善男子、善女人，受、持、读诵此经，为人轻贱。何以故？是人先世罪业应堕恶道，以今世人轻贱故，先世罪业则为消灭，当得阿耨多罗三藐三菩提。"

【疏解】

"何以故"，指既说持经有无量福德，为何有持经之人于现世地位卑贱？故有此问。

"恶道"，指畜生、饿鬼、地狱等三种不善之道。

此明持经三世利益，过去世极恶罪业消灭，现在世业轻为人轻贱，未来世当得无上菩提。

【大义】

佛告诉须菩提道："如果善男子、善女人，受、持、读诵此经，但今生又为人轻贱。这是为什么呢？此人在前世所造罪业应该堕入恶道投生，由于持经使重业转轻，只感今世为人轻贱之业，致使先世之罪业得以消灭，所以未来必当证得无上正等正觉。"

【异译】

真谛译本

"须菩提。若有善男子、善女人，受、持、读诵，教他修行，正说如是等经。此人现身受轻贱等。过去世中所造恶业，应感生后恶道果报。以于现身受轻苦故，先世罪业及苦果报则为消灭，当得阿耨多罗三藐三菩提。"

笈多译本

"若彼,善实。善家子、若善家女,若此如是色类经,受当、持当、读当、诵当,为他等及分别广说当,彼轻贱有当极轻贱。彼何所因?所有彼众生,前生不善业作已,恶趣转堕;所有现如是法中,轻贱尽当;佛菩提得当。"

玄奘译本

"复次,善现。若善男子或善女人于此经典,受、持、读诵,究竟通利,及广为他宣说开示,如理作意,若遭轻毁、极遭轻毁。所以者何?善现。是诸有情宿生所造诸不净业应感恶趣,以现法中遭轻毁故,宿生所造诸不净业皆悉消尽,当得无上正等菩提。"

义净译本

"妙生。若有善男子、善女人,于此经典受、持、读诵,演说之时,或为人轻辱。何以故?妙生。当知是人,于前世中造诸恶业应堕恶道,由于现在得遭轻辱,此为善事,能尽恶业,速至菩提故。"

戊三、校量功德

【原文】

"须菩提。我念过去无量阿僧祇阿僧祇劫①,于然灯佛前得值八十四亿那由他百千万诸佛,我皆亲承供养、无空过

---

① "阿僧祇阿僧祇劫",《普宁藏》本作"阿僧祇劫"。

者。须菩提。如是无量诸佛，我皆亲承供养、无空过者。若复有人于后世、末世，能受、持、读诵修行此经，所得功德；我所供养诸佛功德，于彼百分不及一、千万亿分乃至算数、譬喻所不能及。"

【疏解】

为何供养诸佛功德，不及持经功德？释迦牟尼于因地未成佛时，亲值诸佛，故供养不难。而后世、末世众生，无佛可值，若能持经，故甚为希有。

至此，于第一周说法中共有五番校量，义显受持读诵此经福德无边、功德无量。前四为福德，后一为功德；前四举布施校量，后一举供佛校量。校量增巨，显义犹深，今为简明，列表如下：

五番校量

次	主	量	物	行	果
第一番	善男子善女人	满三千大千世界	七宝	布施	福德
第二番		恒河沙数恒河			
第三番		恒河沙数	身命		
第四番		百千万亿那由他劫每日三时恒河沙数			
第五番	佛	八十四亿那由他百千万诸佛		供养	功德

【大义】

佛告诉须菩提道："我忆念过去无量阿僧祇阿僧祇劫，在然灯佛前得以值遇八十四亿那由他百千万诸佛，我都亲自承事供养、没有空过一位。像这样无量诸佛，我全都亲自承事供养、没有空过一位。如果再有人于后世、末世，能够受、持、读诵修行此经，所获得的功德，用我供养诸佛功德与之相比，不及其百分之一，不及其千万亿分之一，乃至算数、譬喻都无法形容。"

【异译】

真谛译本

"须菩提。我忆往昔无数无量过于算数大劫，过去然灯如来阿罗诃三藐三佛陀后八万四千百千俱胝诸佛如来已成佛竟，我皆承事供养恭敬，无空过者。若复有人，于后末世五百岁时，受、持、读诵，教他修行，正说此经。须菩提。此人所生福德之聚，以我往昔承事供养诸佛如来所得功德，比此功德，百分不及一，千万亿分不及一，穷于算数不及其一，乃至威力品类相应譬喻所不能及。"

笈多译本

"彼何所因？念知我，善实。过去世不可数，劫不可数过灯作如来、应、正遍知，他他过四八十佛俱致那由多百千有，若我亲承供养，亲承供养已，不远离。若我，善实。彼佛、世尊亲承供养已，不远离。若后时、后长时、后分五百，正法破坏时中、转时中，此经受当、持当、读当、诵当，为他等及分别广说当。此复时，善实。福聚边。此前福聚，百上亦数不及，千上亦、百千上亦、俱致百千上亦、俱致那由多百千上亦、僧企耶亦、迦罗亦、算亦、譬喻亦、忧波泥奢亦、乃至譬喻亦不及。"

玄奘译本

"何以故？善现。我忆过去于无数劫复过无数，于然灯如来、应、正等觉先复过先，曾值八十四俱胝那庾多百千诸佛我皆承事，既承事已皆无违犯。善现。我于如是诸佛、世尊皆得承事,既承事已皆无违犯。若诸有情后时、后分、后五百岁,正法将灭时、分转时,于此经典受、持、读诵,究竟通利,及广为他宣说开示,如理作意。善现。我先福聚于此福聚,百分计之所不能及,如是千分、若百千分、若俱胝百分、若俱胝那庾多百千分、若数分、若计分、若算分、若喻分、若邬波尼杀昙分亦不能及。"

义净译本

"妙生。我忆过去过无数劫,在然灯佛先得值八十四亿那庾多佛,悉皆供养承事,无违背者。若复有人,于后五百岁正法灭时,能于此经受、持、读诵,解其义趣,广为他说,所得功德,以前功德比此功德,百分不及一、千万亿分、算分、势分、比数分、因分、乃至譬喻亦不能及。"

戊四、果报难思

【原文】

"须菩提。若有善男子、善女人,于后世、末世有受、持、读诵修行此经,所得功德,若我具说者,或有人闻,心则狂乱,疑惑不信。须菩提。当知是法门不可思议,果报亦不可思议。"

【疏解】

"具说者",指持经功德可感世间、出世间二种果报。

"心则狂乱",指执于世间果报。

"疑惑不信"，指疑于出世间果报。

"法门"，指此《金刚般若波罗蜜经》。

"果报"，指出世间果报。

"不可思议"，指此法门及出世间果报，非是凡夫、二乘所能思议，若强加思议必致心狂疑惑也。

【大义】

佛告诉须菩提道："如果有善男子、善女人，于后世、末世有受、持、读诵修行此经，所获得的功德，可以感召世间与出世间二种果报。如果让我把二种果报都说出来，或许有人听了之后，就会对世间果报心意狂乱，对出世间果报疑惑不信，所以我只说出出世间果报。应当知道这个法门是不可思议的，其出世间果报也是不可思议的。"

【异译】

真谛译本

"须菩提。若善男子、善女人，于后末世，受、持、读诵如此等经，所得功德，我若具说，若有善男子、善女人，谛听忆持尔所福聚，或心迷乱及以颠狂。复次，须菩提。如是经典不可思议，若人修行及得果报，亦不可思议。"

笈多译本

"若复，善实。彼等善家子、善家女，我福聚说，此所有彼善家子、善家女，若彼中时中福聚取当，猛众生顺到，心乱到。虽然，复次时，善实。不可思、不可称法本如来说，彼不可思如是果报观察应。"

玄奘译本

"善现。我若具说当于尔时是善男子或善女人所生福聚，乃至是善男子、是善女人所摄福聚，有诸有情则便迷闷、心惑狂乱。是故，善现。如来宣说如是法门不可思议、不可称量，应当希冀不可思议所感异熟。"

义净译本

"妙生。我若具说受、持、读诵此经功德，或有人闻，心则狂乱，疑惑不信。妙生。当知是经不可思议，其受持者应当希望不可思议所生福聚。"

乙二、广断群疑 十六

【疏解】

此为佛第二周说法，演说第一周说法中未尽之义，及遣由此而生诸疑。文句相较，多有类同，然表义殊异，乃引前经而释新疑也。

丙一、无法可名

【原文】

尔时，须菩提白佛言："世尊。云何菩萨发阿耨多罗三藐三菩提心？云何住？云何修行？云何降伏其心？"

佛告须菩提："菩萨发阿耨多罗三藐三菩提心者，当生如是心：'我应灭度一切众生，令入无余涅槃界。'如是灭度一切众生已，而无一众生实灭度者。何以故？须菩提。若菩萨有众生相、人相、寿者相，则非菩萨。何以故？须菩提。实无有法，名为菩萨发阿耨多罗三藐三菩提心者。"

【疏解】

"何以故"，指前第一周说法已明无众生相，今复说又有何义？故有此问。

"若菩萨有众生相、人相、寿者相"，指前第一周说法明菩萨只无众生相，今明菩萨复无我、人、寿者之相也。

"何以故"，指前第一周说法已明此义，今复说又有何义？故有此问。

"实无有法"，指前明菩萨不执我、人、众生之相，今明菩萨不执法相也。若菩萨谓我已发大乘心，我已于大乘中住、修行、降伏，则菩萨即生分别，而障不住道心，故实无有法名菩萨发心也。

【大义】

当时，须菩提向佛问道："世尊。如何菩萨发起无上正等正觉之心？应该如何安住？如何修行？如何降伏他们的心？"

佛告诉须菩提道："菩萨发起无上正等正觉之心，应当生起这样的心：'我应该灭度一切众生，令其进入无余涅槃界。'像这样灭度了一切众生，而没有一个众生实际得到灭度。为什么呢？如果菩萨有众生相、人相、寿者相，就不是菩萨。为什么呢？确实没有法，名为菩萨发无上正等正觉之心。"

【异译】

真谛译本

尔时，须菩提白佛言："世尊。善男子、善女人发阿耨多罗三藐三菩提心，行菩萨乘，云何应住？云何修行？云何发起菩萨心？"

佛告须菩提："善男子、善女人发阿耨多罗三藐三菩提心者，当生如是心：'我应安置一切众生，令入无余涅槃。'如是般涅槃无量众生已，无一众生被涅槃者。何以故？须菩提。若菩萨有众生想，则不应说名为菩萨。"

笈多译本

尔时，命者善实世尊边如是言："云何，世尊。菩萨乘发行住应？云何修行应？云何心降伏？"

世尊言："此，善实。菩萨乘发行如是心发生应：'一切众生无我受余涅槃界灭度应。'如是一切众生灭度，无有一众生灭度有。彼何所因？若，善实。菩萨众生想转，彼不菩萨摩诃萨名说应；乃至人想转，不彼菩萨摩诃萨名说应。"

玄奘译本

尔时，具寿善现复白佛言："世尊。诸有发趣菩萨乘者，应云何住？云何修行？云何摄伏其心？"

佛告善现："诸有发趣菩萨乘者，应当发起如是之心：'我当皆令一切有情于无余依妙涅槃界而般涅槃。'虽度如是一切有情令灭度已，而无有情得灭度者。何以故？善现。若诸菩萨摩诃萨有情想转，不应说名菩萨摩诃萨。所以者何？若诸菩萨摩诃萨不应说言有情想转。如是命者想、士夫想、补特伽罗想、意生想、摩纳婆想、作者想、受者想转，当知亦尔。"

义净译本

复次，妙生白佛言："世尊。若有发趣菩萨乘者，应云何住？云何修行？云何摄伏其心？"佛告妙生："若有发趣菩萨乘者，当生如是心：'我当度脱一切众生，悉皆令入无余涅槃。'虽有如是无量众生证于圆寂，而无有一众生证圆寂者。何以故？妙生。若菩萨有众生想者，则不名菩萨。"

丙二、无法可得

【原文】

"须菩提。于意云何？如来于燃灯佛所有法得阿耨多罗三藐三菩提不？"

须菩提白佛言："不也。世尊。如我解佛所说义，佛于燃灯佛所无有法得阿耨多罗三藐三菩提。"

佛言："如是。如是。须菩提。实无有法，如来于燃灯佛所得阿耨多罗三藐三菩提。须菩提。若有法如来得阿耨多罗三藐三菩提者，燃灯佛则不与我受记：'汝于来世当得作佛，号释迦牟尼。'以实无有法得阿耨多罗三藐三菩提，是故燃灯佛与我受记，作如是言：'摩那婆。汝于来世当得作佛，号释迦牟尼。'何以故。须菩提。言如来者，即实真如。须菩提。若有人言：'如来得阿耨多罗三藐三菩提者。'是人不实语。须菩提。实无有法，佛得阿耨多罗三藐三菩提。须菩提。如来所得阿耨多罗三藐三菩提，于是中不实、不妄语，是故如来说一切法皆是佛法。须菩提。所言一切法，一切法者即非一切法，是故名一切法。"

【疏解】

前明菩萨无法可名，今明菩萨无法可得。

"如来于燃灯佛所"，指释迦牟尼自举过去因地于燃灯佛所，其时尚未成佛，故仍为说菩萨事。

"佛于燃灯佛所无有法得阿耨多罗三藐三菩提"，指佛昔日为菩萨时，于燃灯佛所还未证得真如法性。

"实无有法，如来于燃灯佛所得阿耨多罗三藐三菩提"，指佛昔日为菩萨时，确实未证佛道，故于燃灯佛所未得真如法性。

"若有法如来得阿耨多罗三藐三菩提，燃灯佛则不与我受记"，指如果佛昔日为菩萨时，已证真如法性，既已证道成就，则燃灯佛就不会再给我受未来成佛之记。

"以实无有法得阿耨多罗三藐三菩提，是故燃灯佛与我受记"，指佛昔日为菩萨时，确实未证真如法性，故燃灯佛才给我受未来成佛之记。

"摩纳婆"，梵 māṇava，意译为儒童。指年少之童子。

"何以故"，指前云无法可得，岂非无有真如法性、无有佛道可成？故有此问。

"言如来者，即实真如"，指佛说如来法身，即为确实之真如法性也。

"是人不实语"，指若有人谓佛昔日为菩萨时，即证真如法性，则此为不实之语。

"如来所得阿耨多罗三藐三菩提"，指前云无得，乃谓未证真如法性；此云所得，乃谓已证真如法性。

"于是中不实、不妄语"，指如来所得真如法性，不可取、不可说，即前"无实、无妄语"义。

"如来说一切法皆是佛法"，指如来所说一切真如法性，亦为一切诸佛法身妙有之法。

"所言一切法"，指如来所说一切真如法性。

"即非一切法"，指非是一切有为诸法。

【大义】

佛问须菩提道："你觉得如来在燃灯佛处所为菩萨时，已经证得无上正等正觉之法了吗？"

须菩提回答佛道："没有。世尊。按照我所理解佛所说的要义，佛在燃灯佛处所为菩萨时，没有证得无上正等正觉之法。"

佛对须菩提说道："如是。如是。确实无有法，使如来在燃灯佛处所为菩萨时证得无上正等正觉。如果有法使如来为菩萨时就证得无上正等正觉，燃灯佛就不会给我授记：'你于来世当得作佛，名号为释迦牟尼。'以当时确实无有法使我证无上正等正觉，所以燃灯佛才给我授未来成佛之记，并这样说道：'儒童。你于来世当得作佛，名号为释迦牟尼。'难道说没有真如法性吗？如来法身，就是确实真如法性。如果有人说：'如来为菩萨时就证得无上正等正觉。'此人说的不是真实言语。确实无有法，使佛为菩萨时证得无上正等正觉。如来所证得的无上正等正觉，是不能够如有为法一样取实、妄说的，所以如来说一切真如法性就是诸佛法身。我所说的一切法，是指一切真如法性，非是一切有为诸法，因此才名为一切真如法性。"

【异译】

真谛译本

"须菩提。汝意云何？于然灯佛所颇有一法如来所得名阿耨多罗三藐三菩提不？"

须菩提言："不得。世尊。于然灯佛所无有一法如来所得名阿耨多罗三藐三菩提。"

佛言："如是。须菩提。如是。于然灯佛所无有一法如来所得名阿耨多罗三藐三菩提。须菩提。于然灯佛所，若有一法如来所得名阿耨多罗三藐三菩提，然灯佛则不授我记：'婆罗门。汝于来世，当得作佛，号释迦牟尼多陀阿伽度、阿罗诃、三藐三佛陀。'须菩提。由实无有法如来所得名阿耨多罗三藐三菩提，是故然灯佛与我授记，作如是言：'婆罗门。汝于来世，当得作佛，号释迦牟尼多陀阿伽度、阿罗诃、三藐三佛陀。'何以故？须菩提。如来者，真如别名。须菩提。若有人说：'如来得阿耨多罗三藐三菩提。'是人不实语。何以故？须菩提！实无有法如来所得名阿耨多罗三藐三菩提。须菩提。此法如来所得，无实无虚，是故如来说一切法皆是佛法。须菩提。一切法者，非一切法故，如来说名一切法。"

笈多译本

"彼何意念？善实。有一法若如来灯作如来、应、正遍知边，无上正遍知证觉？"

命者善实世尊边如是言："无有彼。世尊。一法若如来灯作如来、应、正遍知边，无上正遍知证觉。"如是语已。

世尊命者善实如是言："如是。如是。善实。如是。如是。无有彼一法，若如来灯作如来、应、正遍知边，无上正遍知证觉。若复，善实。一法如来证觉有，不我灯作如来应正遍知记说有当'汝行者，未来世，释迦牟尼名如来、应、正遍知'者。是故此，善实。如来、应、正遍知，无有一法若无上正遍知证觉。彼故灯作如来、应、正遍知记说有当：'汝行者，未来世，释迦牟尼名如来、应、正遍知。'彼何所因？

如来者，善实。真如故此即是；如来者，善实。不生法故此即是。世尊者，善实。道断此即是；如来者，善实。毕竟不生故此即是。彼何所因？如是彼实不生，若最胜义。若有，善实。如是语：'如来、应、正遍知，无上正遍知证觉。'彼不如语，诽谤我。彼，善实。不实取。彼何所因？无有彼，善实。一法若如来、应、正遍知，无上正遍知证觉。若，善实。如来法证觉说，若不彼中实不妄，彼故如来说一切法佛法者。彼何所因？一切法、一切法者，善实。一切彼非法，如来说彼故，说名一切法者。"

玄奘译本

佛告善现："于汝意云何？如来昔于然灯如来、应、正等觉所，颇有少法能证阿耨多罗三藐三菩提不？"作是语已。

具寿善现白佛言："世尊。如我解佛所说义者，如来昔于然灯如来、应、正等觉所，无有少法能证阿耨多罗三藐三菩提。"说是语已。

佛告具寿善现言："如是。如是。善现。如来昔于然灯如来、应、正等觉所，无有少法能证阿耨多罗三藐三菩提。何以故？善现。如来昔于然灯如来、应、正等觉所，若有少法能证阿耨多罗三藐三菩提者，然灯如来、应、正等觉不应授我记言：'汝摩纳婆于当来世名释迦牟尼如来、应、正等觉。'善现。以如来无有少法能证阿耨多罗三藐三菩提，是故然灯如来、应、正等觉授我记言：'汝摩纳婆于当来世名释迦牟尼如来、应、正等觉。'所以者何？善现。言如来者，即是真实真如增语；言如来者，即是无生法性增语；言如来者，即是永断道路增语；言如来者，即是毕竟不生增语。何以故？善现。若实无生，即最胜义。善现。若如是说'如来、应、正等觉能证阿耨多罗三藐三菩提'者，当知此言为不真实。所以者何？善现。由彼谤我起不实执。何以故？善现。无有少法，如来、应、正等觉能证阿耨多罗三藐三菩提。善现。如来现前等所证法，或所说法、或所思法，即于其中非谛非妄，是故如来说一切法皆是佛法。善现。一切法、一切法者，如来说非一切法，是故如来说名一切法、一切法。"

义净译本

"妙生。于汝意云何？如来于然灯佛所，颇有少法是所证不？"

妙生言："如来于然灯佛所，无法可证而得菩提。"

佛言："如是。如是。妙生。实无有法，如来于然灯佛所有所证悟，得大菩提。若证法者，然灯佛则不与我授记：'摩纳婆。汝于来世，当得作佛，号释迦牟尼。'以无所得故，然灯佛与我授记：'当得作佛，号释迦牟尼。'何以故？妙生。言如来者，即是实性真如之异名也。妙生。若言'如来证得无上正等觉'者，是为妄语。何以故？实无有法如来证得无上正觉。妙生。如来所得正觉之法，此即非实非虚，是故佛说一切法者即是佛法。妙生。一切法、一切法者，如来说为非法，是故如来说一切法者即是佛法。"

丙三、法身妙大

【原文】

"须菩提。譬如有人，其身妙大。"

须菩提言："世尊。如来说人身妙大，则非大身，是故如来说名大身。"

【疏解】

"譬如有人，其身妙大"，指前以须弥山王以譬佛报身，今以妙大身以譬佛法身。

"妙"，指佛法身离所知障，具足智慧庄严。

"大"，指佛法身离烦恼障，具足功德庄严。

"非大身"，指佛法身无有诸相，非如报身广大诸相。

"大身"，指佛法身以真如为体，功德智慧遍一切处，故为妙大之身也。

前已明真如法性不可取说、不可名得，无形无相，非有非无。若谓之有，则著有为之相；若谓之无，则著断空之相。故知真如法性，不可定言有无，乃妙有妙无也。此乃法身无为之体，非如有为，湛然无相，故为真极大身也。

【大义】

佛对须菩提说道："譬如有人，他的身体十分殊妙广大。"

须菩提向佛说道："世尊。如来所说人身殊妙广大，非为有相报身，所以如来说法身名为大身。"

【异译】

真谛译本

"须菩提。譬如有人，遍身大身。"

须菩提言："世尊。是如来所说遍身大身，则为非身，是故说名遍身大身。"

笈多译本

"譬如，善实。丈夫有具足身、大身。"

148 | 金刚经·心经释义

命者善实言："若彼，世尊。如来丈夫说具足身、大身，非身彼。世尊。如来说彼故，说名足身、大身者。"

玄奘译本

佛告善现："譬如士夫，具身大身。"

具寿善现即白佛言："世尊。如来所说士夫具身大身，如来说为非身，是故说名具身大身。"

义净译本

"妙生。譬如丈夫，其身长大。"

妙生言："世尊。如来说为大身者，即说为非身，是名大身。"

丙四、无我我法 二
丁一、二种菩萨 二
戊一、地前菩萨

【原文】

佛言须菩提："菩萨亦如是。若作是言：'我当灭度无量众生。'则非菩萨。"

佛言须菩提："于意云何？颇有实法名为菩萨？"

须菩提言："不也。世尊。实无有法名为菩萨，是故佛说一切法无我[1]、无众生、无人[2]、无寿者。"

---

① "无我"，原无，从文义，据《普宁藏》本补。
② "无众生、无人"，《普宁藏》本作"无人、无众生"。

【疏解】

"菩萨"，指达于人无我之地前菩萨。

"若作是言：'我当灭度无量众生。'则非菩萨"，指地前菩萨不执我相。

"实无有法名为菩萨"，指于执我等有为法中，确实无有一法可以名为地前菩萨。

"无众生、无人、无寿者"，指地前菩萨无我等四相，达于人无我也。

【大义】

佛对须菩提说道："地前菩萨也是一样。如果菩萨这样说：'我应当灭度无量众生。'则还执有我相，故就不是地前菩萨。"

佛对须菩提说道："你觉得于执我等有为法中，确实有法名为地前菩萨吗？"

须菩提回答道："没有。世尊。确实于执我等有为法中，没有一法名为地前菩萨，所以佛说一切法无我相、无众生相、无人相、无寿者相。"

【异译】

真谛译本

佛言："如是。须菩提。如是。须菩提。若有菩萨说如是言：'我当般涅槃一切众生。'则不应说名为菩萨。"

"须菩提。汝意云何？颇有一法名菩萨不？"

须菩提言："无有。世尊。"

佛言："须菩提。是故如来说一切法无我、无众生、无寿者、无受者。"

笈多译本

世尊言："如是。如是。善实。如是。如是。若菩萨如是语：'有众生般涅槃灭度。'我不彼菩萨名说应。彼何所因？有，善实。有一法若菩萨名？"

善实言："不如此，世尊。"

世尊言："众生、众生者，善实。非众生彼如来说，彼故说名众生者。彼故如来说无我一切法，无众生、无寿者、无长养者、无人一切法者。"

玄奘译本

佛言："善现。如是。如是。若诸菩萨作如是言：'我当灭度无量有情。'是则不应说名菩萨。何以故？善现。颇有少法名菩萨不？"

善现答言："不也。世尊。无有少法名为菩萨。"

佛告善现："有情有情者，如来说非有情，故名有情。是故如来说一切法无有有情、无有命者、无有士夫、无有补特伽罗等。"

义净译本

佛告妙生："如是。如是。若菩萨作是语'我当度众生令寂灭'者，则不名菩萨。妙生。颇有少法名菩萨不？"

答言："不尔。世尊。"

"妙生。是故如来说一切法无我、无众生、无寿者、无更求趣。"

戊二、登地菩萨

【原文】

"须菩提。若菩萨作是言：'我庄严佛国土。'是不名菩萨。何以故？如来说庄严佛土，庄严佛土者即非庄严，是名庄严佛国土。"

【疏解】

"菩萨"，指达于法无我之登地菩萨。

"若菩萨作是言：'我庄严佛国土。'是不名菩萨"，指登地菩萨不执法相。

"何以故"，指登地菩萨不执庄严佛土，为何如来又说庄严佛土？故有此问。

"如来说庄严佛土"，指庄严出世间佛土。

"非庄严"，指非是庄严世间佛土。

【大义】

佛告诉须菩提道："如果菩萨这样说：'我庄严佛土。'则还执有法相，故就不能名为登地菩萨。为什么呢？如来所说庄严佛土，是指庄严出世间佛土，非庄严世间佛土，是名庄严第一义谛真实佛土。"

【异译】

真谛译本

"须菩提。若有菩萨说如是言：'我当庄严清净佛土。'如此菩萨说虚妄言。何以故？须菩提。庄严佛土者，如来说则非庄严，是故庄严清净佛土。"

笈多译本

"若，善实。菩萨如是语：'我佛土庄严成就。'彼亦如是不名说应。彼何所因？国土庄严、国土庄严者，善实。非庄严彼如来说，彼故说名国土庄严者。"

"善现。若诸菩萨作如是言:'我当成办佛土功德庄严。'亦如是说。何以故?善现。佛土功德庄严、佛土功德庄严者,如来说非庄严,是故如来说名佛土功德庄严、佛土功德庄严。"

义净译本

"妙生。若有菩萨言'我当成就佛土严胜、佛土严胜'者,如来说为非是严胜,是故如来说为严胜。"

丁二、名真菩萨

【原文】

"须菩提。若菩萨通达无我、无我法者,如来说名真是菩萨①、菩萨②。"

【疏解】

"无我",指人无我。

"无我法",指法无我。

"菩萨菩萨",指地前菩萨与登地菩萨。会于无为真如法性之菩萨。

【大义】

佛告诉须菩提道:"如果菩萨通达人无我、法无我,如来说其名为真正的地前菩萨与登地菩萨。"

---

① "是",《碛砂藏》、《洪武南藏》、《永乐南藏》、《永乐北藏》、《径山藏》、《清藏》本作"实"。

② "菩萨",《普宁藏》、《径山藏》、《清藏》本无。

真谛译本

"须菩提。若菩萨信见诸法无我、诸法无我，如来应供正遍觉说是名菩萨、是名菩萨。"

笈多译本

"若，善实。菩萨摩诃萨无我法、无我法者信解，彼如来、应、正遍知，菩萨摩诃萨名说。"

玄奘译本

"善现。若诸菩萨于无我法、无我法深信解者，如来、应、正等觉说为菩萨、菩萨。"

义净译本

"妙生。若有信解一切法无性、一切法无性者，如来说名真是菩萨、菩萨。"

　　丙五、知心福多　三
　　丁一、具足五眼

【原文】

　　"须菩提。于意云何？如来有肉眼不？"
　　须菩提言："如是。世尊。如来有肉眼。"
　　佛言："须菩提。于意云何？如来有天眼不？"
　　须菩提言："如是。世尊。如来有天眼。"
　　佛言须菩提："于意云何？如来有慧眼不？"

须菩提言："如是。世尊。如来有慧眼。"

佛言须菩提："于意云何？如来有法眼不？"

须菩提言："如是。世尊。如来有法眼。"

佛言："须菩提。于意云何？如来有佛眼不？"

须菩提言："如是。世尊。如来有佛眼。"

【疏解】

前已明菩萨不见我、众生、佛土等诸法，若菩萨证道成佛，岂非佛亦不见诸法？为遣此疑，佛设问答而明如来具足五眼。

"肉眼"，指凡夫所生之眼，能观人间色法粗相。

"天眼"，指天人所具之眼，能观人间、天界色法细相。

"慧眼"，指声闻、缘觉所具之眼，能观一切有为、无为诸法，有漏、无漏、善、恶、无记差别。

"法眼"，指菩萨所具之眼，能观三乘圣人证果差别。

"佛眼"，指佛所具之眼，能观一切万法差别，真俗并照，以上四眼所不能见之境皆能明了。

"如来有五眼"，指诸佛非是无眼不见诸法，而是有为诸法皆虚妄不实，故有眼而无法可见也。

【大义】

佛问须菩提道："你觉得如来有肉眼吗？"

须菩提回答道："是的。世尊。如来有肉眼。"

佛问须菩提道："你觉得如来有天眼吗？"

须菩提回答道："是的。世尊。如来有天眼。"

佛问须菩提道："你觉得如来有慧眼吗？"

须菩提回答道："是的。世尊。如来有慧眼。"

佛问须菩提道："你觉得如来有法眼吗？"

须菩提回答道："是的。世尊。如来有法眼。"

佛问须菩提道："你觉得如来有佛眼吗？"

须菩提回答道："是的。世尊。如来有佛眼。"

【异译】

真谛译本

"须菩提。汝意云何？如来有肉眼不？"

须菩提言："如是。世尊。如来有肉眼。"

佛言："须菩提。汝意云何？如来有天眼不？"

须菩提言："如是。世尊。如来有天眼。"

佛言："须菩提。汝意云何？如来有慧眼不？"

须菩提言："如是。世尊。如来有慧眼。"

佛言："须菩提。汝意云何？如来有法眼不？"

须菩提言："如是。世尊。如来有法眼。"

佛言："须菩提。汝意云何？如来有佛眼不？"

须菩提言："如是。世尊。如来有佛眼。"

笈多译本

"彼何意念？善实。有如来肉眼？"

善实言："如是。如是。世尊。有如来肉眼。"

世尊言："彼何意念？善实。有如来天眼？"

善实言："如是。如是。世尊。有如来天眼。"

世尊言："彼何意念？善实。有如来慧眼？"

善实言："如是。如是。世尊。有如来慧眼。"

世尊言："彼何意念？善实。有如来法眼？"

善实言："如是。如是。世尊。有如来法眼。"

世尊言："彼何意念？善实。有如来佛眼？"

善实言："如是。如是。世尊。有如来佛眼。"

玄奘译本

佛告善现："于汝意云何？如来等现有肉眼不？"

善现答言："如是。世尊。如来等现有肉眼。"

佛言："善现。于汝意云何？如来等现有天眼不？"

善现答言："如是。世尊。如来等现有天眼。"

佛言："善现。于汝意云何？如来等现有慧眼不？"

善现答言："如是。世尊。如来等现有慧眼。"

佛言："善现。于汝意云何？如来等现有法眼不？"

善现答言："如是。世尊。如来等现有法眼。"

佛言："善现。于汝意云何？如来等现有佛眼不？"

善现答言："如是。世尊。如来等现有佛眼。"

义净译本

"妙生。于汝意云何？如来有肉眼不？"

妙生言："如是。世尊。如来有肉眼。"

"如来有天眼不？"

"如是。世尊。如来有天眼。"

"如来有慧眼不？"

"如是。世尊。如来有慧眼。"

"如来有法眼不？"

"如是。世尊。如来有法眼。"

"如来有佛眼不？"

"如是。世尊。如来有佛眼。"

丁二、观众生心

【原文】

佛言："须菩提。于意云何？如恒河中所有沙，佛说是沙不？"

须菩提言："如是。世尊。如来说是沙。"

佛言："须菩提。于意云何？如一恒河中所有沙，有如是等恒河，是诸恒河所有沙数佛世界，如是世界宁为多不？"

须菩提言："彼世界甚多。世尊。"

佛告须菩提："尔所世界中所有众生，若干种心住，如来悉知。何以故？如来说诸心住，皆为非心住，是名为心住。何以故？须菩提。过去心不可得，现在心不可得，未来心不可得。"

【疏解】

前云佛具五眼，无法不尽，若欲说佛所观境，不可穷尽。然一切诸法最微细难知者，莫过众生之心，故举如来悉知无量众生之心，而表诸佛尽观一切也。

"何以故"，指不知如来悉知众生何种心住？故有此问。

"诸心住"，指心于凡夫六识虚妄法中颠倒而住。

"非心住"，指心非于四念处中无有颠倒真实而住。

"何以故"，指为何众生心为颠倒而住？故有此问。

"过去心不可得"，指过去心灭于过去，故空不可得。

"现在心不可得"，指现在心生灭不住，故空不可得。

"未来心不可得"，指未来心还未生起，故空不可得。

若能了知三世颠倒之心皆不可得，心即住于无颠倒境。

【大义】

佛问须菩提道："你觉得如恒河中所有的沙子，佛说其是沙子吗？"

须菩提回答道："是的。世尊。如来说其是沙子。"

佛问须菩提道："你觉得如同一条恒河中所有沙子的数量，再有如此数量的恒河，所有恒河沙数恒河中全部沙子数量的佛国世界，这些世界的数量是不是很多呢？"

须菩提回答道："这些世界确实很多。世尊。"

佛告诉须菩提道："这些世界中的所有众生，若干种心住，如来全都了知。如来了知的众生心住又是什么呢？如来所说众生各种心住，皆非无颠倒心住，所以称之为颠倒心住。为什么说众生为颠倒心住呢？因为过去、现在、未来之心，皆空不可得。若心能达于三世空性，则即住于无颠倒境。"

【异译】

真谛译本

"须菩提。汝意云何？于恒伽江所有诸沙，如其沙数所有恒伽，如诸恒伽所有沙数世界，如是，宁为多不？"

须菩提言："如是。世尊。此等世界，其数甚多。"

佛言："须菩提。尔所世界中，所有众生，我悉见知心相续住，有种种类。何以故？须菩提。心相续住，如来说非续住，故说续住。何以故？须菩提。过去心不可得，未来心不可得，现在心不可得。"

笈多译本

世尊言："善。善。善实。彼何意念？善实。所有恒伽大河沙，虽然彼沙，彼如来说？"

善实言："如是。如是。世尊。如是。如是。善逝说彼如来彼沙。"

世尊言："彼何意念？善实。所有恒伽大河沙，彼所有恒伽大河有，所有彼中沙，彼所有及世界有，多彼世界有？"

善实言："多。世尊。多。善逝。彼世界有。"

世尊言："所有，善实。彼中世界中众生，彼等我种种有心流注知。彼何所因？心流注、心流注者，善实。非流注。此如来说彼故，说名心流注者。彼何所因？过去，善实。心不可得，未来心不可得，现在心不可得。"

玄奘译本

佛告善现："于汝意云何？乃至殑伽河中所有诸沙，如来说是沙不？"

善现答言："如是。世尊。如是。善逝。如来说是沙。"

佛言："善现。于汝意云何？乃至殑伽河中所有沙数，假使有如是等殑伽河，乃至是诸殑伽河中所有沙数，假使有如是等世界。是诸世界宁为多不？"

善现答言："如是。世尊。如是。善逝。是诸世界其数甚多。"

佛言："善现。乃至尔所诸世界中所有有情，彼诸有情各有种种，其心流注我悉能知。何以故？善现。心流注、心流注者，如来说非流注，是故如来说名心流注、心流注。所以者何？善现。过去心不可得，未来心不可得，现在心不可得。"

义净译本

"妙生。于汝意云何？如殑伽河中所有沙数，复有如是沙等殑伽河，随诸河沙，有尔所世界，是为多不？"

妙生言："甚多。世尊。"

"妙生。此世界中所有众生，种种性行，其心流转，我悉了知。何以故？妙生。心陀罗尼者，如来说为无持，由无持故，心遂流转。何以故？妙生。过去心不可得，未来心不可得，现在心不可得。"

丁三、福德聚多

【原文】

"须菩提。于意云何？若有人以满三千大千世界七宝，持用布施，是善男子、善女人，以是因缘得福多不？"

须菩提言："如是。世尊。此人以是因缘得福甚多。"

佛言："如是。如是。须菩提。彼善男子、善女人，以是因缘得福德聚多。须菩提。若福德聚有实，如来则不说福德聚、福德聚。"

【疏解】

"若有人以满三千大千世界七宝，持用布施"，指以无颠倒心住行于布施。前第一周说法中亦有此文，然为以颠倒心住行于布施，而得有漏福德。

"以是因缘得福甚多"，指以无颠倒心住行于布施，而得无漏福德。

"若福德聚有实"，指如果有漏福德确有真实体性，即与无漏福德无别，也就无所谓有漏与无漏了。所以佛于两周说法，前明有漏福德非趣菩提，今明无漏福德真实无虚也。

"福德聚、福德聚"，指有漏福德、无漏福德。

【大义】

佛问须菩提道："你觉得如果有人以充满三千大千世界七宝，用来布施，这些善男子、善女人，以无颠倒心布施因缘所获得的无漏福德是不是很多呢？"

须菩提回答道："是的。世尊。此人以无颠倒心布施因缘，所获得的无漏福德确实很多。"

佛对须菩提说道："如是。如是。这些善男子、善女人，以无颠倒心布施因缘，所获得的无漏福德聚集甚多。如果有漏福德聚集确有真实体性的话，那如来也就没必要讲说有漏福德聚集与无漏福德聚集了。"

【异译】

真谛译本

"须菩提。汝意云何？若有人以满三千大千世界七宝，而用布施，是善男子、善女人，以是因缘得福多不？"

须菩提言："甚多。世尊。甚多。修伽陀。"

佛言："如是。须菩提。如是。彼善男子、善女人，以是因缘，得福聚多。"

佛言："须菩提。若福德聚，但名为聚，如来则不应说是福德聚、是福德聚。"

笈多译本

"彼何意念？善实。若有善家子、若善家女，若三千大千世界七宝满作已施与，虽然彼善家子、若善家女，若彼缘多福聚生？"

善实言："多。世尊。多，善逝。"

世尊言："如是。如是。善实。如是。如是。多。彼善家子、若善家女，若彼缘多福聚生，无量、不可数。福聚、福聚者，善实。非聚，彼如来说彼故，说名福聚者。若复，善实。福聚有，不如来说福聚、福聚者。"

玄奘译本

佛告善现："于汝意云何？若善男子或善女人，以此三千大千世界盛满七宝，奉施如来、应、正等觉，是善男子或善女人，由是因缘所生福聚宁为多不？"

善现答言："甚多。世尊。甚多。善逝。"

佛言："善现。如是。如是。彼善男子或善女人，由此因缘所生福聚其量甚多。何以故？善现。若有福聚，如来不说福聚、福聚。"

义净译本

"妙生。于汝意云何？若人以满三千大千世界七宝布施，是人得福多不？"

妙生言："甚多。世尊。"

"妙生。若此福聚是福聚者，如来则不说为福聚、福聚。"

丙六、法具身相 二

【疏解】

前第一周说法中，已明不可以相成就见如来、不可以三十二大人相见如来，为何于今又复说不应以色身见、不应以具足诸相见？当知前就三身别异，而说法身非应、报二身；今就三身一体，而说法身具应、报二身。若有法身成就，方有应、报二身，若无法身成就，亦无应、报二身也。

丁一、具足色身

【原文】

"须菩提。于意云何？佛可以具足色身见不？"

须菩提言："不也。世尊。如来不应以具足色身见[①]。何以故？如来说具足色身，即非具足色身，是故如来说名具足色身。"

【疏解】

"具足色身"，指佛应身。

"何以故"，指前第一周说法已明此义，今复说又有何义？故有此问。

"如来说具足色身"，指佛法身成就而显应身。

"非具足色身"，指非离于法身之外而别有应身。

---

① "具足"，原无，从文义，据《金藏》、《资福藏》本补。

【大义】

佛问须菩提道："你觉得佛之法身，可以通过具足色身见到吗？"

须菩提回答道："不能。世尊。如来法身不应通过具足色身得以见到。为什么呢？如来所说法身具足色身，非是离于法身而别有具足色身，所以如来称之为法身具足色身。"

【异译】

真谛译本

"须菩提。汝意云何？可以具足色身观如来不？"

须菩提言："不可。世尊。不可以具足色身观于如来。何以故？此具足色身，如来说非具足色身，是故如来说名具足色身。"

笈多译本

"彼何意念？善实。色身成就如来见应？"

善实言："不如此。世尊。非色身成就如来见应。彼何所因？色身成就、色身成就者，世尊。非成就。此如来说彼故，说名色身成就者。"

玄奘译本

佛告善现："于汝意云何？可以色身圆实观如来不？"

善现答言："不也。世尊。不可以色身圆实观于如来。何以故？世尊。色身圆实色身圆实者，如来说非圆实，是故如来说名色身圆实色身圆实。"

义净译本

"妙生。于汝意云何？可以色身圆满观如来不？"

"不尔。世尊。不应以色身圆满观于如来。何以故？色身圆满、色身圆满者，如来说非圆满，是故名为色身圆满。"

丁二、具足诸相

【原文】

佛言："须菩提。于意云何？如来可以具足诸相见不？"

须菩提言："不也。世尊。如来不应以具足诸相见。何以故？如来说诸相具足，即非具足，是故如来说名诸相具足。"

【疏解】

"具足诸相"，指佛报身。

"何以故"，指前第一周说法已明此义，今复说又有何义？故有此问。

"如来说诸相具足"，指佛法身成就而显报身。

"非具足"，指非离于法身之外而别有报身。

【大义】

佛问须菩提道："你觉得佛之法身，可以通过具足诸相见到吗？"

须菩提回答道："不能。世尊。如来法身不应通过具足诸相得以见到。为什么呢？如来所说法身诸相具足，非是离于法身而别有诸相具足，所以如来称之为法身诸相具足。"

【异译】

真谛译本

佛言："须菩提。汝意云何？可以具足诸相观如来不？"

须菩提言："不可。世尊。不可以具足诸相观于如来。何以故？此具足相，如来说非足相，是故如来说具足相。"

世尊言："彼何意念？善实。相具足如来见应？"

善实言："不如此。世尊。非相具足如来见应。彼何所因？此，世尊。相具足，如来说非相具足，如来说彼故，说名相具足者。"

玄奘译本

佛告善现："于汝意云何？可以诸相具足观如来不？"

善现答言："不也。世尊。不可以诸相具足观于如来。何以故？世尊。诸相具足诸相具足者，如来说为非相具足，是故如来说名诸相具足诸相具足。"

义净译本

"妙生。可以具相观如来不？"

"不尔。世尊。不应以具相观于如来。何以故？诸具相者，如来说非具相，是故如来说名具相。"

丙七、无法可说

【原文】

佛言："须菩提。于意云何？汝谓如来作是念：'我当有所说法耶？'须菩提。莫作是念。何以故？若人言如来有所说法，即为谤佛，不能解我所说故。何以故？须菩提。如来说法、说法者，无法可说，是名说法。"

【疏解】

前诸节虽明法性无名、无得，法身无我、无相等，然皆作"是故如来说"等语，故有人谓如来必有所说法。为遣此疑，佛承前三身一体之相，而明诸法一如之义。

"如来作是念：'我当有所说法耶？'"，指佛法身。

"莫作是念"，指佛法身无所说法。

"何以故"，指佛法身无所说法，应、报二身当有说法？故有此问。

"若有人言如来有所说法"，指佛应、报二身。

"即为谤佛，不能解我所说故"，指佛应、报二身亦无所说法。

"何以故"，指为何佛三身皆不说法？故有此问。

"说法"，指法性之理体。法性清净无为，离一切相，故如来法身无法可说。

"说法者"，指言教之形式。法性虽不可说，然若无言教不可达于法理，故如来应、报二身有所说法。

"无法可说"，指法性本无言教可说，离于法性亦无言教可说。

"是名说法"，指如来法身本不说法，离于如来法身亦无应、报二身而有说法也。

【大义】

佛对须菩提说道："你认为如来产生这样的想法：'我应当有所说法吗？'你千万不要认为如来法身有所说法。那是否如来应身、报身有所说法呢？如果有人说如来应身、报身有所说法，即为谤佛，不能理解我所说的法义。为什么如来三身都不说法呢？如来法性理体本无法可说，离于法性理体亦无言教可说，如来依法性理体而起言教这才称为说法。"

真谛译本

佛言:"须菩提。汝意云何?如来有如是意:'我今实说法耶?'须菩提。若有人言:'如来实能说法。'汝应当知,是人由非实有,及以邪执起诽谤我。何以故?须菩提。说法、说法,实无有法,名为说法。"

笈多译本

世尊言:"彼何意念?善实。虽然,如来如是念:'我法说?'"

善实言:"不如此。世尊。不如来如是念:'我法说。'"

世尊言:"若我,善实。如是语:'如来法说。'诽谤我。彼,善实。不实取。彼何所因?法说、法说者,善实!无有法,若法说名可得。"

玄奘译本

佛告善现:"于汝意云何?如来颇作是念:'我当有所说法耶?'善现。汝今勿当作如是观。何以故?善现。若言如来有所说法,即为谤我,为非善取。何以故?善现。说法、说法者,无法可得,故名说法。"

义净译本

"妙生。于汝意云何?如来作是念:'我说法耶?'汝勿作是见。若言'如来有所说法'者,则为谤我。何以故?言说法、说法者,无法可说,是名说法。"

丙八、闻法生信

【原文】

尔时,慧命须菩提白佛言:"世尊。颇有众生于未来世，闻说是法，生信心不？"

佛言："须菩提。彼非众生，非不众生。何以故？须菩提。众生、众生者，如来说非众生，是名众生。"

【疏解】

"生信心不"，指须菩提所问，亦摄佛答。经文省略，下应答有"能生信心"之义。

"非众生"，指此众生已具圣体，非是凡夫众生也。

"非不众生"，指此众生已具圣体，非不是圣体众生也。

"何以故"，指为何闻法生信乃非、非不众生？故有此问。

"众生、众生者"，指非众生、非不众生。

"是名众生"，指圣体众生。

【大义】

当时，慧命须菩提向佛说道："世尊。是否有众生于未来世，通过听闻讲说此法，而能生起决定信心吗？"

佛回答须菩提道："那些能够于未来世闻法生信的众生，不是凡夫众生，不是非圣体众生。为什么呢？非众生、非不众生，如来说非是凡夫众生，而是称为圣体众生。"

【异译】

真谛译本

尔时，须菩提白佛言："世尊。颇有众生，于未来世，听闻正说如是等相，此经章句，生实信不？"

佛告须菩提："彼非众生，非非众生。何以故？须菩提。彼众生者，如来说非众生、非非众生，故说众生。"

笈多译本

尔时，命者善实世尊边如是言："虽然，世尊。当有未来，颇有众生，后时、后长时、后分五百，正法破坏时中、转时中，若此如是色类法说，闻已信当有？"

世尊言："不彼，善实。众生非不众生。彼何所因？众生、众生者，善实。一切彼非众生，彼如来说彼故，说名众生者。"

玄奘译本

尔时，具寿善现白佛言："世尊。于当来世后时、后分、后五百岁，正法将灭时、分转时，颇有有情，闻说如是色类法已，能深信不？"

佛言："善现。彼非有情、非不有情。何以故？善现。一切有情者，如来说非有情，故名一切有情。"

义净译本

妙生白佛言："世尊。于当来世，颇有众生，闻说是经，生信心不？"

佛告妙生："有生信者，彼非众生、非非众生。何以故？众生、众生者，如来说非众生，是名众生。"

丙九、法无报善 二

【疏解】

前已明如来于燃灯佛所为菩萨时"于法实无所得阿耨多罗三藐三菩提"，又明如来应身"无有定法如来得阿耨多罗三藐三菩提"，今明如来法身、报身也。

丁一、法身无得

佛言："须菩提。于意云何？如来得阿耨多罗三藐三菩
提耶？"

须菩提言："不也。世尊。世尊。无有少法如来得阿耨
多罗三藐三菩提。"

佛言："如是。如是。须菩提。我于阿耨多罗三藐三菩
提，乃至无有少法可得，是名阿耨多罗三藐三菩提。复次，
须菩提。是法平等，无有高下，是名阿耨多罗三藐三菩提。
以无众生、无人、无寿者，得平等阿耨多罗三藐三菩提。"

【疏解】

"无有少法可得"，指如来法身，体自圆满，不依修得，故无少法
可得。

"是法平等，无有高下"，指如来法身，体自圆满，故其性平等，
不因修行而有高下。

"以无众生、无人、无寿者，得平等"，指如来法身，圆满平等，
故无我、人、众生之分别，佛与众生法性不二，皆一体平等也。

【大义】

佛问须菩提道："你觉得如来法身有法证得无上正等正觉了吗？"

须菩提回答道："没有。世尊。世尊。无有少法，可使如来法身证
得无上正等正觉。"

佛对须菩提说道："如是。如是。我于无上正等正觉，乃至没有一

点少法可得，是故名为无上正等正觉。再有，如来法身，体自圆满，其性平等，无有高下，非为修得，是名无上正等正觉。正因为如来法身，无有众生相、人相、寿者相，才能证得一切平等无上正等正觉。"

【异译】

真谛译本

"须菩提。汝意云何？颇有一法如来所得，名阿耨多罗三藐三菩提不？"

须菩提言："不得。世尊。无有一法如来所得，名阿耨多罗三藐三菩提。"

佛言："如是。须菩提。如是。乃至无有如微尘法，如来所舍，如来所得，是故说名阿耨多罗三藐三菩提平等平等。复次，须菩提。诸佛觉知，无有差别，是故说名阿耨多罗三藐三菩提。复次，须菩提。由法无我、无众生、无寿者、无受者等，此法平等，故名阿耨多罗三藐三菩提。"

笈多译本

"彼何意念？善实。虽然，有法若如来无上正遍知证觉？"

命者善实言："无有彼，世尊。有法若如来无上正遍知。"

世尊言："如是。如是善实。如是。如是。微小彼中法无有、不可得，彼故说名无上正遍知者。虽然，复次时，善实。平等正法，彼不中有不平等，彼故说名无上正遍知者。无我故、无寿故、无众生故、无人故，平等无上正遍知。"

玄奘译本

佛告善现："于汝意云何？颇有少法，如来、应、正等觉现证无上正等菩提耶？"

具寿善现白佛言："世尊。如我解佛所说义者，无有少法，如来、应、正等觉现证无上正等菩提。"

佛言："善现。如是。如是。于中少法无有无得，故名无上正等菩提。复次，善现。是法平等，于其中间无不平等，故名无上正等菩提。以无我性、无有情性、无命者性、无士夫性、无补特伽罗等性平等，故名无上正等菩提。"

义净译本

"妙生。于汝意云何？佛得无上正等觉时，颇有少法所证不？"

妙生言："实无有法是佛所证。"

佛告妙生："如是。如是。此中无有少法可得，故名无上正等菩提。妙生。是法平等，无有高下，故名无上正等菩提。以无我、无众生、无寿者、无更求趣性，其性平等，故名无上正等菩提。"

丁二、报身善得

【原文】

"一切善法得阿耨多罗三藐三菩提。须菩提。所言善法、善法者，如来说非善法，是名善法。"

【疏解】

"一切善法得"，指如来报身，因修而有报，故以修一切善法而得。

"善法、善法者"，指善法分为二种，即：有漏善法、无漏善法。

"如来说非善法"，指如来报身所修善法，非是有漏善法。

"是名善法"，指如来报身所修善法，是无漏善法。

【大义】

佛告诉须菩提道："如来报身通过修一切善法证得无上正等正觉。所谓善法，有有漏善法、无漏善法之别。如来所说一切善法非是有漏善法，而是无漏善法。"

【异译】

真谛译本

"复次，须菩提。由实善法具足圆满，得阿耨多罗三藐三菩提。须菩提。所言善法、善法者，如来说非法，故名善法。"

笈多译本

"一切善法证觉。善法、善法者，善实。非法。如是彼如来说彼故，说名善法者。"

玄奘译本

"一切善法无不现证、一切善法无不妙觉。善现。善法、善法者，如来一切说为非法，是故如来说名善法、善法。"

义净译本

"一切善法皆正觉了，故名无上正等正觉。妙生。善法者，如来说为非法，故名善法。"

丙十、持经福胜

【原文】

"须菩提。三千大千世界中所有诸须弥山王，如是等七宝聚，有人持用布施；若人以此《般若波罗蜜经》乃至四句偈等，受、持、读诵，为他人说；于前福德百分不及一、千分不及一、百千万分不及一、歌罗分不及一、数分不及一、优波尼沙陀分不及一，乃至算数、譬喻所不能及。"

【疏解】

前已明如来真如法性无说、无取、无得、无修，而如来所说言教有说、有取、有得、有修，故知言教法性中无，当为无记。为何又云受持此经乃至四句偈，为他人说，福德、功德无量？为遣此疑，佛再举譬校量。

"三千大千世界"，指以有限之数，喻有漏福德。

"歌罗分"，梵 kalā，指微小之数量概念。唐慧琳《一切经音义》卷一〇后魏菩提流支译《金刚般若波罗蜜经》："歌罗分，梵语数名也。后文准此音论自解云：'如析一毛以为百分，一分名歌罗分。'论以义翻名为力胜，言无漏无量善法一歌罗分胜于有漏千分。"

"数分"，指更为微小之数量概念。唐慧琳《一切经音义》卷一〇后魏菩提流支译《金刚般若波罗蜜经》："数分，犹是数中转微细者，乃至少许犹胜于彼，或云不相似胜也。"

"优波尼沙陀分"，梵 upaniṣadam，指极其微小之数量概念。唐慧琳《一切经音义》卷一〇后魏菩提流支译《金刚般若波罗蜜经》："优波尼沙陀分，论中义释名为微细，极至邻虚，名优波尼沙陀分也。"

"乃至算数、譬喻所不能及"，指以无限之数，喻无漏福德。

此经所说甚深法义，非是无记，乃从如来法性中来，可诠法性；依之修行，可发闻、思、修三种智慧，证入如来法性。故受持此经所得无漏福德，非世间有漏福德可以譬喻校量。

【大义】

佛对须菩提说道:"三千大千世界中所有须弥山王,将如此大体量的七宝,有人用来布施;如果有人以此《般若波罗蜜经》乃至四句偈颂等,受、持、读诵,为他人讲说;前所得有漏福德,不及后者所得无漏福德百分之一、千分之一、百千万分之一、歌罗分之一、数分之一、优波尼沙陀分之一,乃至算数、譬喻都无法形容。"

【异译】

真谛译本

"须菩提。三千大千世界所有诸须弥山王,如是等七宝聚,满此世界,有人持用布施;若人从此《般若波罗蜜经》乃至四句偈等,受持读诵为他正说,所得功德;以前功德比此功德,百分不及一,千万亿分不及一,穷于算数不及其一,乃至威力品类、相应譬喻所不能及。"

笈多译本

"若复,善实。所有三千大千世界须弥山王,彼所有聚七宝,普散如来、应、等正遍知施与;若此《智慧彼岸到》乃至四句等偈,受已,为他等分别。此,善实。福聚,彼前者福聚,百上亦数不及、千上亦、百千上亦、俱致百千上亦、俱致那由他百千上亦、僧企耶亦、迦罗亦、算亦、譬喻亦、忧波泥奢亦,乃至譬喻亦不及。"

玄奘译本

"复次,善现。若善男子或善女人集七宝聚,量等三千大千世界其中所有妙高山王,持用布施;若善男子或善女人,于此《般若波罗蜜多经》中乃至四句伽他,受、持、读诵,究竟通利,及广为他宣说开示,如理作意。善现。前说福聚于此福聚,百分计之所不能及,如是千分、若百千分、若俱胝百千分、若俱胝那庾多百千分、若数分、若计分、若算分、若喻分、若邬波尼杀昙分亦不能及。"

义净译本

"妙生。若三千大千世界中，所有诸妙高山王，如是等七宝聚，有人持用布施；若复有人，于此经中乃至一四句颂，若自受持，及为他说。以前福聚比此福聚，假令分此以为百分，彼亦不能及一分，或千分亿分、算分、势分、数分、因分，乃至譬喻亦不能及一。"

丙十一、法身无我

【原文】

"须菩提。于意云何？汝谓如来作是念[①]：'我度众生耶？'须菩提。莫作是念[②]。何以故？实无有众生如来度者。"

佛言："须菩提。若有实众生如来度者，如来则有我、人、众生、寿者相。须菩提。如来说有我者，则非有我，而毛道凡夫生者以为有我。须菩提。毛道凡夫生者，如来说名非生，是故言毛道凡夫生。"

【疏解】

"何以故"，指前云"是法平等，无有高下"，则佛与众生平等无别，又何来佛度众生？故有此问。

---

① "念"，《普宁藏》本作"见"。
② "念"，《普宁藏》本作"见"。

"实无有众生如来度者"，指众生与佛虽凡圣有异，然体皆平等无差。如来真如法性之上，只有众生名字，而别无真实众生异于法性也。

"如来说有我者"，指如来依世谛而言有我。

"非有我"，指非是有真实我体存在。

"毛道凡夫"，指愚痴无有智慧之人。唐慧琳《一切经音义》卷一〇后魏菩提流支译《金刚般若波罗蜜经》："毛道，此言译者误也。案梵云嚩罗，此云毛婆罗，此云愚。以'毛'与'愚'梵音相滥，故误译此为毛，义翻为毛道，或云毛头，皆非也，此译者之失矣。正梵音云婆罗必哩他仡那，'婆罗'此云愚，'必栗托'此云异，'仡那'此云生，唐云'愚生'是也。言毛道凡夫者，义不明也。"

"以为有我"，指愚痴凡夫执取五阴假合之身为我，而生有我之见。

"毛道凡夫生者"，指愚痴凡夫生我见者。

"非生"，指不能生起无漏圣解。

【大义】

佛告诉须菩提道："你认为如来产生这样的想法：'我度化众生吗？'你千万不要这么认为。为什么呢？实无有众生被如来度化。如果确实有众生被如来度化，如来就有我相、人相、众生相、寿者相。如来依世法而说有我，非是有真实我体存在，而毛道凡夫执取五阴假合之身为我。毛道凡夫所生之见，如来说非是无漏圣解，所以谓毛道凡夫生起我执。"

【异译】

真谛译本

"须菩提、汝意云何？如来作是念：'我度众生耶？'须菩提。汝今不应作如是念。何以故？实无众生如来所度。须菩提。若有众生如来所度，即是我执、众生执、寿者执、受者执。须菩提。此我等执，如来说非执，婴儿凡夫众生之所执故。须菩提。婴儿凡夫众生者，如来说非众生，故说婴儿凡夫众生。"

笈多译本

"彼何意念？善实。虽然如来如是念：'我众生度脱不？'复彼，善实。如是见应。彼何所因？有无，善实。无有一众生若如来度脱。若复，善实。有，如是众生有，若彼如来度脱。彼如是，如来我取有，众生取、寿取、人取有。我取、我取者，善实。非取，此如来说彼小儿凡夫生取。小儿凡夫生、小儿凡夫生者，善实。非生，彼如来说彼故，说名小儿凡夫生者。"

玄奘译本

佛告善现："于汝意云何？如来颇作是念：'我当度脱诸有情耶？'善现。汝今勿当作如是观。何以故？善现。无少有情如来度者。善现。若有有情如来度者，如来即应有其我执、有有情执、有命者执、有士夫执、有补特伽罗等执。善现。我等执者，如来说为非执，故名我等执，而诸愚夫异生强有此执。善现。愚夫异生者，如来说为非生，故名愚夫异生。"

义净译本

"妙生。于汝意云何？如来度众生不？汝莫作是见：'如来度众生。'何以故？曾无有一众生是如来度者。若有众生是如来度者，如来则有我见、众生见、寿者见、更求趣见。妙生。我等执者，如来说为非执，而诸愚夫妄为此执。妙生。愚夫众生，如来说为非生，故名愚夫众生。"

丙十二、法身无相

【原文】

"须菩提。于意云何？可以相成就得见如来不？"

须菩提言："如我解如来所说义，不以相成就得见如来。"

佛言："如是。如是。须菩提。不以相成就得见如来。"

佛言："须菩提。若以相成就观如来者，转轮圣王应是如来，是故非以相成就得见如来。"

【疏解】

前云持经福德"乃至算数、譬喻所不能及"，已明持经能入法性，又恐复执如来法身亦为福德所成。为遣此疑，佛再明法体无相也。

"相成就"，指佛报身之相，即因修福德成就之三十二相、八十种随形好。

"转轮圣王"，梵 cakra-varti-rājan，指统治依须弥山所立四大部洲之圣德帝王。

"应是如来"，指转轮圣王亦具有三十二相、八十种随形好。

【大义】

佛问须菩提道："你觉得可以通过相成就来见到如来吗？"

须菩提回答道："按照我所理解如来所说的要义，不能通过相成就得见如来。"

佛对须菩提说道："如是。如是。不能通过相成就得见如来。"

佛对须菩提说道："如果通过报身所成就之三十二相、八十种随形好，可以观见如来法身的话，转轮圣王也具有三十二相、八十种随形好，那转轮圣王岂不就是如来法身了，所以不能通过相成就得见如来法身。"

【异译】

真谛译本

"须菩提。汝意云何？可以具足相观如来不？"

须菩提言："如我解佛所说义，不以具足相应观如来。"

佛言："如是。须菩提。如是。不以具足相应观如来。何以故？若以具足相观如来者，转轮圣王应是如来，是故不以具足相应观如来。"

笈多译本

"彼何意念？善实。相具足如来见应？"

善实言："不如此。世尊！如我世尊说义解，我不相具足如来见应。"

世尊言："善。善。善实。如是。如是。善实。如如语汝，不相具足如来见应。彼何所因？彼复，善实。相具足如来见应，有彼王转轮，如来有彼故，不相具足如来见应。此相非相故，如来见应。"

尔时，命者善实世尊边如是言："如我。世尊。世尊说义解，我不相具足如来见应。"

玄奘译本

佛告善现："于汝意云何？可以诸相具足观如来不？"

善现答言："如我解佛所说义者，不应以诸相具足观于如来。"

佛言："善现。善哉！善哉！如是。如是。如汝所说，不应以诸相具足观于如来。善现。若以诸相具足观如来者，转轮圣王应是如来，是故不应以诸相具足观于如来，如是应以诸相非相观于如来。"

"妙生。于汝意云何？应以具相观如来不？"

"不尔，世尊。不应以具相观于如来。"

"妙生。若以具相观如来者，转轮圣王应是如来，是故不应以具相观于如来，应以诸相非相观于如来。"

丙十三、说偈作结 二

【疏解】

此承前义，佛说二偈以作小结。

丁一、凡夫不见

【原文】

尔时，世尊而说偈言："若以色见我，以音声求我，是人行邪道，不能见如来。"

【疏解】

"以色见我"，指前"非以相成就得见如来"义。

"以音声求我"，指前虽举色相，然亦摄其余，当知亦不可以声、香、味、触见如来法身。

"是人"，指执著有为法相之愚痴凡夫。

"见如来"，指见如来法身。

【大义】

此时，世尊说偈颂道："如果想通过色相看见我，通过音声寻求我，此人是在行邪道，不能得见如来法身。"

【异译】

真谛译本

是时，世尊而说偈言："若以色见我，以音声求我，是人行邪道，不应得见我。"

笈多译本

尔时，世尊彼时此伽陀说："若我色见，若我声求，邪解脱行，不我见彼。"

玄奘译本

尔时，世尊而说颂曰："诸以色观我，以音声寻我，彼生履邪断，不能当见我。"

义净译本

尔时，世尊而说颂曰："若以色见我，以音声求我，是人起邪观，不能当见我。"

丁二、法体无见

【原文】

"彼如来妙体，即法身诸佛，法体不可见，彼识不能知。"

【疏解】

"如来妙体"，指前如来妙大之身。如来法身体虽无相，然绝非无有如来法身。其体圆满，功德具足，故为妙体。

"彼识"，指凡夫虚妄分别之心意识也。

【大义】

世尊又说偈颂道："如来殊妙之体，就是法身诸佛，法体不可以相见，凡夫之识是不能够了知的。"

【异译】

真谛译本

"由法应见佛，调御法为身，此法非识境，法如深难见。"

笈多译本

"法体佛见应，法身彼如来，法体及不识，故彼不能知。"

玄奘译本

"应观佛法性，即导师法身，法性非所识，故彼不能了。"

义净译本

"应观佛法性，即导师法身，法性非所识，故彼不能了。"

丙十四、法非断灭

【原文】

"须菩提。于意云何？如来可以相成就得阿耨多罗三藐三菩提[①]？须菩提。莫作是念：'如来以相成就得阿耨多罗三藐三菩提。'须菩提。汝若作是念：'菩萨发阿耨多罗三

---

① "提"下，《碛砂藏》、《普宁藏》、《洪武南藏》、《永乐南藏》、《永乐北藏》、《径山藏》、《清藏》本有"耶"。

藐三菩提心者，说诸法断灭相。'须菩提。莫作是念。何以故^①？菩萨发阿耨多罗三藐三菩提心者，不说诸法断灭相^②。"

"须菩提。若善男子、善女人，以满恒河沙等世界七宝，持用布施；若有菩萨知一切法无我，得无生法忍，此功德胜前所得福德。须菩提。以诸菩萨不取福德故。"

须菩提白佛言："世尊。菩萨不取福德^③。"

佛言："须菩提。菩萨受福德，不取福德，是故菩萨取福德。"

【疏解】

"何以故"，指如来法身既然不可以相成就，岂菩萨发心修道无有福德果报？故有此问。

"不说诸法断灭相"，指菩萨发心修道不失福德果报。

"无生法忍"，指安住于诸法无生灭之实相理体。此登地菩萨所证境界。

"功德"，指无漏福德，感出世间果报，趣向佛果也。

"福德"，指有漏福德，感世间果报，不趣佛果也。

"诸菩萨不取福德"，指菩萨不取有漏福德。

---

① "何以故"，《碛砂藏》、《普宁藏》、《洪武南藏》、《永乐南藏》、《永乐北藏》、《径山藏》、《清藏》本无。

② "者，不说诸法断灭相"，《普宁藏》本作"说诸法断灭相，何以故？菩萨发阿耨多罗三藐三菩提心者，于法不说断灭相"，《碛砂藏》、《洪武南藏》、《永乐南藏》、《永乐北藏》、《径山藏》、《清藏》本作"说诸法断灭相，何以故？菩萨摩诃萨发阿耨多罗三藐三菩提心者，于法不说断灭相故"。

③ "菩萨"下，《金藏》本有"云何"。

"菩萨不取福德"，指须菩提错解佛意，以为菩萨有漏、无漏福德皆不取也。

"菩萨受福德"，指菩萨取无漏福德。

"不取福德"，指菩萨不取有漏福德。

【大义】

佛对须菩提说道："你认为如来可以通过相成就来证得无上正等正觉吗？你千万不要这么认为：'如来可以通过相成就来证得无上正等正觉。'你如果产生这样的想法：'菩萨发起无上正等正觉之心，是说诸法断灭之相。'你千万不要这么认为。为什么呢？菩萨发起无上正等正觉之心，不说诸法断灭之相。"

佛对须菩提说道："如果善男子、善女人，以充满恒河沙数世界的七宝，用来布施；如果有菩萨了知一切法无我，证得无生法忍，此功德要胜于前者布施所获福德。这是由于诸菩萨不执取有漏福德的缘故。"

须菩提向佛说道："世尊。菩萨不执取任何福德。"

佛对须菩提说道："不要错解我所说义。菩萨接受无漏福德，但不执取有漏福德，所以说菩萨只取无漏福德也。"

【异译】

真谛译本

"须菩提。汝意云何？如来可以具足相得阿耨多罗三藐三菩提不？须菩提。汝今不应作如是见：'如来以具足相得阿耨多罗三藐三菩提。'何以故？须菩提。如来不由具足相得阿耨多罗三藐三菩提。须菩提。若汝作是念：'如来有是说行菩萨乘人，有法可灭。'须菩提。汝莫作此见。何以故？如来不说行菩萨乘人，有法可灭及以永断。须菩提。若有善男子、善女人，以满恒伽沙等世界七宝，持用布施；若有菩萨，于一切法无我、无生，得无生忍，以是因缘，所得福德最多于彼。须菩提。行大乘人，不应执取福德之聚。"

须菩提言："此福德聚，可摄持不？"

佛言："须菩提。此福德聚，可得摄持，不可执取。是故说此福德之聚，应可摄持。"

笈多译本

"彼何意念？善实。相具足，如来无上正遍知证觉？不，复彼，善实。如是见应。彼何所因？不，善实。相具足，如来无上正遍知证觉。复时，彼，善实。有如是语：'菩萨乘发行，有法破灭施设断。'不，复，善实。如是见应。彼何所因？不菩萨乘发行，有法破灭施设不断。若复，善实。善家子、若善家女，若恒伽河沙等世界七宝满作已施与；若菩萨摩诃萨无我、无生中，法中忍得，此如是彼缘多过福聚生。不，复，善实。菩萨福聚取应。"

命者善实言："不。世尊。菩萨福聚取应。"

世尊言："取应。善实。不取应，彼故说名取应。"

玄奘译本

佛告善现："于汝意云何？如来、应、正等觉，以诸相具足现证无上正等觉耶？善现。汝今勿当作如是观。何以故？善现。如来、应、正等觉，不以诸相具足现证无上正等菩提。复次，善现。如是发趣菩萨乘者，颇施设少法若坏、若断耶？善现。汝今勿当作如是观。诸有发趣菩萨乘者，终不施设少法若坏、若断。复次，善现。若善男子或善女人，以殑伽河沙等世界盛满七宝，奉施如来、应、正等觉；若有菩萨于诸无我、无生法中获得堪忍，由是因缘所生福聚甚多于彼。复次，善现。菩萨不应摄受福聚。"

具寿善现即白佛言："世尊。云何菩萨不应摄受福聚？"

佛言："善现。所应摄受，不应摄受，是故说名所应摄受。"

义净译本

"妙生。'诸有发趣菩萨乘者，其所有法是断灭不？'汝莫作是见。何以故？趣菩萨乘者，其法不失。妙生。若有男子、女人，以满殑伽河沙世界七宝布施；若复有人，于无我理、不生法中，得忍解者，所生福聚，极多于彼无量无数。妙生。菩萨不应取其福聚。"

妙生言："菩萨岂不取福聚耶？"

佛告妙生："是应正取，不应越取，是故说取。"

丙十五、法无去来

【原文】

"须菩提。若有人言：'如来若去、若来、若住、若坐、若卧。'是人不解我所说义。何以故？如来者，无所至去，无所从来，故名如来。"

【疏解】

"若有人言：'如来若去、若来、若住、若坐、若卧。'"，指佛法身出于世间，而见佛应身于世间度化众生，故误谓佛法身出入世、出世间而有去来也。

"我所说义"，指佛应身无实，因众生所感，方有度化之用。

"何以故"，指为何于世间度化众生是佛应身而非法身？故有此问。

"无所至去"，指佛法身不是从世间去到出世间证入涅槃。

"无所从来"，指佛法身亦不从出世间来到世间度化众生。

【大义】

佛对须菩提说道："如果有人说：'如来法身若去、若来、若住、若坐、若卧。'此人不能够理解我所说的要义。为什么呢？如来法身，出于世间，如如不动，无所去来，所以称为法身如来。"

【异译】

真谛译本

"须菩提。若有人言：'如来行、住、坐、卧。'是人不解我所说义。何以故？须菩提。如来者，无所行去，亦无所从来，是故名如来应供正遍觉知。"

笈多译本

"虽然，复次时，善实。若有如是语：'如来去若、不去若、住若、坐若、卧若。'如法不我，善实。说义解。彼何所因？如来者，善实。说名无所去、无所来，彼故说名如来、应、正遍知者。"

玄奘译本

"复次，善现。若有说言如来若去、若来、若住、若坐、若卧，是人不解我所说义。何以故？善现。言如来者即是真实、真如增语，都无所去、无所从来，故名如来、应、正等觉。"

义净译本

"妙生。如有说言'如来若来、若去、若坐、若卧'者，是人不解我所说义。何以故？妙生。都无去来，故名如来。"

丙十六、法空无住 四
丁一、不住法相 二
戊一、举譬明空

【原文】

"须菩提。若善男子、善女人，以三千大千世界微尘，复以尔许微尘世界，碎为微尘阿僧祇。须菩提。于意云何？是微尘众宁为多不？"

须菩提言："彼微尘众甚多。世尊。何以故？若是微尘众实有者，佛则不说是微尘众。何以故？佛说微尘众，则非微尘众，是故佛说微尘众。世尊。如来所说三千大千世界，则非世界，是故佛说三千大千世界。何以故？若世界实有者，则是一合相。如来说一合相，则非一合相，是故佛说一合相。"

佛言："须菩提。一合相者，则是不可说，但凡夫之人贪著其事。"

【疏解】

"微尘"，梵 aṇu-raja，指肉眼所见之最微细物质。

"何以故"，指为何谓微尘众甚多？故有此问。

"佛则不说是微尘众"，指微尘众性空无实。

"何以故"，指既然微尘众性空无实，为何佛又举微尘众呢？故有此问。

"佛说微尘众"，指佛依世谛而说微尘众。

"则非微尘众"，指微尘众性空虚妄，非有实体。

"如来所说三千大千世界"，指佛依世谛而说三千大千世界。

"非世界"，指三千大千世界性空虚妄，非有实体。

"何以故"，指微尘是由世界粉碎而来，为何世界亦虚妄无实？故有此问。

"一合相"，指前云世界粉碎为微尘，今复将微尘合为世界。

"若世界实有者，则是一合相"，指世界体性为实方有一合之相，即一合相之前提为世界实有。

"如来说一合相"，指佛依世谛而说一合相。

"非一合相"，指一合相性空虚妄，非有实体。

"一合相者，则是不可说"，指微尘虚妄无实，则世界亦虚妄无实，世界不虚实有，则不能粉碎为微尘。微尘本空，世界不有，实无有世界一合之相，故不可说。

【大义】

佛问须菩提道："如果善男子、善女人，以三千大千世界微尘之数量的世界，再将这些世界粉碎为阿僧祇数微尘，你觉得这些微尘的数量是否很多呢？"

须菩提回答道："这些微尘的数量确实很多。世尊。为什么呢？如果这些微尘体性实有的话，佛就不说微尘众多。为什么呢？佛依世谛而说微尘众，非谓微尘众性有实体，所以佛说微尘众性空无实。世尊。如来依世谛而说三千大千世界，非谓三千大千世界性有实体，所以如来说三千大千世界性空无实。为什么呢？如果世界是实有的，就是一合相。如来依世谛说一合相，非谓一合相性有实体，所以佛说一合相性空无实。”

　　佛告诉须菩提道：“所谓一合相，微尘、世界皆性空不实，本不可说，但凡夫之人贪著其事，执为实有。”

【异译】

真谛译本

　　“须菩提。若善男子、善女人，以三千大千世界地大微尘，烧成灰末，合为墨丸，如微尘聚。须菩提。汝意云何？是邻虚聚，宁为多不？”

　　须菩提言：“彼邻虚聚甚多。世尊。何以故？世尊。若邻虚聚是实有者，世尊则不应说名邻虚聚。何以故？世尊。所说此邻虚聚，如来说非邻虚聚，是故说名为邻虚聚。如来所说三千大千世界，则非世界，故说三千大千世界。何以故？世尊。若执世界为实有者，是聚一执。此聚一执，如来说非执，故说聚一执。”

　　佛世尊言：“须菩提。此聚一执，但世言说。须菩提。是法非可言法，婴儿凡夫偏言所取。”

笈多译本

　　“若复，善实。善家子、若善家女，若所有三千大千世界地尘，彼如是色类墨作已，乃至如是不可数，譬如最小聚。彼何意念？善实。虽然，彼多最小聚有？”

　　善实言：“如是。如是。世尊。多彼最小聚有。彼何所因？彼，世尊。聚有，不世尊说最小聚者。彼何所因？若彼，世尊。最小聚说，非聚彼，如来说彼故，说名最小聚者。若及如来说三千大千世界者，非界，如来说彼故，说名三千大千世界者。彼何所因？彼，世尊。界有，

彼如是抟取有。若如是，如来抟取说非取，彼如来说彼故，说名抟取
者。"

世尊言："抟取如是。善实。不世俗语，不可说，非法、非非法，
彼小儿凡夫生取。"

玄奘译本

"复次，善现。若善男子或善女人，乃至三千大千世界大地极微尘
量等世界，即以如是无数世界色像为墨如极微聚。善现。于汝意云何？
是极微聚宁为多不？"

善现答言："是极微聚甚多。世尊。甚多。善逝。何以故？世尊。
若极微聚是实有者，佛不应说为极微聚。所以者何？如来说极微聚即为
非聚，故名极微聚。如来说三千大千世界，即非世界，故名三千大千世
界。何以故？世尊。若世界是实有者，即为一合执。如来说一合执，即
为非执，故名一合执。"

佛言："善现。此一合执不可言说、不可戏论，然彼一切愚夫异生，
强执是法。"

义净译本

"妙生。若有男子、女人，以三千大千世界土地碎为墨尘。妙生。
于汝意云何？是极微聚，宁为多不？"

妙生言："甚多。世尊。何以故？若聚性是实者，如来不说为极微
聚、极微聚。何以故？极微聚者，世尊说为非极微聚，故名极微聚。世
尊。如来所说三千大千世界，说为非世界，故名三千大千世界。何以
故？若世界实有，如来则有聚执。佛说聚执者，说为非聚执，是故说为
聚执。"

"妙生。此聚执者，是世言论，然其体性，实无可说，但是愚夫异生之所妄执。"

戊二、我法二空

【原文】

"何以故？须菩提。若人如是言：'佛说我见、人见、众生见、寿者见。'须菩提。于意云何？是人所说为正语不？"

须菩提言："不也。世尊。何以故？世尊。如来说我见、人见、众生见、寿者见，即非我见、人见、众生见、寿者见，是名我见、人见、众生见、寿者见。"

【疏解】

"何以故"，指前凡夫为何贪著执取一合相为实有？故有此问。

"若人如是言：'佛说我见、人见、众生见、寿者见。'"，指有人以为佛说我等四相本为实有，观此实有我等四相得无我之解，由此而证我、法二空之见。

"正语"，指离于虚妄不实、符合道理之言语。

"何以故"，指为何说此人所说不为正语？故有此问。

"如来说我见、人见、众生见、寿者见"，指佛说我等四相性本空寂。

"即非我见、人见、众生见、寿者见"，指我等四相性非实有。

"是名我见、人见、众生见、寿者见"，指我等四相本来空寂，尚无我法，何来我、法二空之见。

【大义】

佛问须菩提道："为什么凡夫之人贪著其事呢？如果有人这么说：'佛说有我见、人见、众生见、寿者见。'你觉得此人所说的是正语吗？"

须菩提回答道："不是。世尊。为什么呢？世尊。如来所说我见、人见、众生见、寿者见，非谓我见、人见、众生见、寿者见体性实有，所以如来说我见、人见、众生见、寿者见性空无实。"

【异译】

真谛译本

"须菩提。若有人言：'如来说我见、众生见、寿者见、受者见。'须菩提。汝意云何？是人言说为正语不？"

须菩提言："不正。世尊。不正。修伽陀。何以故？如来所说我见、众生见、寿者见、受者见，即是非见，是故说我见、众生见、寿者见、受者见。"

笈多译本

"彼何所因？若此有，善实。如是说：'我见，如来说，众生见、寿见、人见，如来说。'虽然彼，善实。正说语？"

善实言："不如此。世尊。不如此。善逝。彼何所因？若彼，世尊。我见，如来说非见，彼如来说彼故，说名我见者。"

玄奘译本

"何以故？善现。若作是言：'如来宣说我见、有情见、命者见、士夫见、补特伽罗见、意生见、摩纳婆见、作者见、受者见。'于汝意云何？如是所说为正语不？"

善现答言："不也。世尊。不也。善逝。如是所说非为正语。所以者何？如来所说我见、有情见、命者见、士夫见、补特伽罗见、意生见、摩纳婆见、作者见、受者见即为非见，故名我见乃至受者见。"

义净译本

"妙生。如有说云：'佛说我见、众生见、寿者见、更求趣见'者，是为正说、为不正耶？"

妙生言："不尔。世尊。何以故？若有我见如来说者，即是非见，故名我见。"

戊三、有为法空

【原文】

"须菩提。菩萨发阿耨多罗三藐三菩提心者，于一切法，应如是知、如是见、如是信、如是不住法相。何以故？须菩提。所言法相法相者，如来说即非法相，是名法相。"

【疏解】

"一切法"，指一切有为诸法。

"不住法相"，指不住世间有为法相。前微尘、世界譬喻已明，世间诸法皆虚妄不实，其有、无体性皆空，非因有而无为空，故有、无之相皆不可执住。

"何以故"，指为何不能住于有为法相？故有此问。

"法相、法相者"，指世间有为法相、出世间无为法相。

"即非法相"，指有为法相非是无为法相。

"是名法相"，指出世间无为法相，即真如法性也。

【大义】

佛告诉须菩提道："菩萨发起无上正等正觉之心，于一切世间有为诸法，应该以空性知、见、信、不住于有为法相。为什么呢？所谓法相分有为、无为二种，如来说有为法相非是无为法相，所以称真如法性为无为法相。"

【异译】

真谛译本

"须菩提。若人行菩萨乘，如是应知、应见、应信，一切诸法；如是应修，为令法想不得生起。何以故？须菩提。是法想、法想者，如来说即非想，故说法想。"

笈多译本

世尊言："如是。此，善实。菩萨乘发行，一切法知应、见应、信解应。如信解，如无法想亦住。彼何所因？法想、法想者，善实。非想，此如来说彼故，说名法想者。"

玄奘译本

佛告善现："诸有发趣菩萨乘者，于一切法应如是知、应如是见、应如是信解，如是不住法想。何以故？善现。法想、法想者，如来说为非想，是故如来说名法想、法想。"

义净译本

"妙生。诸有发趣菩萨乘者，于一切法，应如是知、如是见、如是解。如是解者，乃至法想亦无所住。何以故？妙生。法想、法想者，如来说为非想，故名法想、法想。"

丁二、校量福德

【原文】

"须菩提。若有菩萨摩诃萨以满无量阿僧祇世界七宝，持用布施；若有善男子、善女人发菩萨心者，于此《般若波罗蜜经》乃至四句偈等，受、持、读诵，为他人说，其福胜彼无量阿僧祇。"

【疏解】

全经至此，述佛三身，尽表法身无为之体，明辨报身功德之相，唯于应身似无可取之处。然此经为应身所说，众生闻说一切圣教皆应身所讲，往来世间度化众生亦为应身。当知应身乃依法身而有，非离于法身而别有应身，故于应身处发心受持圣教，即同供养法身，所获福德无量无边。

【大义】

佛告诉须菩提道："如果有大菩萨，以充满无量阿僧祇世界的七宝，用来布施；如果有善男子、善女人于佛应身处发菩萨心，于此《般若波罗蜜经》乃至四句偈等，受、持、读诵，为他人讲说，其所获福德要胜于前者无量阿僧祇倍。"

【异译】

真谛译本

"须菩提。若有菩萨摩诃萨，以满无数无量世界七宝持用布施；若有善男子、善女人，从此《般若波罗蜜经》乃至四句偈等，受、持、读诵，教他修行，为他广说。是善男子、善女人，以是因缘，所生福德，最多于彼无量无数。"

笈多译本

"若复时，善实。菩萨摩诃萨无量无数世界七宝满中作已，如来等、应等、正遍知等施与；若善家子、若善家女，若如是《智慧彼岸到》乃至四句等偈，受持、分别、读诵，为他等及分别广说，此如是彼缘，多过福聚生无量、不可数。"

玄奘译本

"复次，善现。若菩萨摩诃萨以无量无数世界盛满七宝，奉施如来、应、正等觉；若善男子或善女人，于此《般若波罗蜜多经》中乃至四句伽他，受、持、读诵，究竟通利，如理作意，及广为他宣说开示，由此因缘所生福聚，甚多于前无量无数。"

义净译本

"妙生。若有人以满无量无数世界七宝，持用布施；若复有人，能于此经乃至受持读诵四句伽他，令其通利，广为他人正说其义，以是因缘所生福聚，极多于彼无量无数。"

丁三、应佛说法

【原文】

"云何为人演说？而不名说，是名为说。"

【疏解】

"云何为人演说"，指佛应身如何说法。

"而不名说"，指应佛说法为何不称己为佛应化之身？若如此，众生闻之，以为应佛为幻化之人，故不能生信。

【大义】

佛告诉须菩提道："应佛如何为众生说法？应佛在为众生说法时，不能称自己为应化之身，否则众生不能生信，应佛就如此为众生说法。"

【异译】

真谛译本

"云何显说此经？如无所显说，故言显说，如如不动，恒有正说。"

笈多译本

"云何及广说？如不广说，彼故说名广说。"

玄奘译本

"云何为他宣说开示？如不为他宣说开示，故名为他宣说开示。"

义净译本

"云何正说？无法可说，是名正说。"

丁四、不住于道

【原文】

尔时，世尊而说偈言①："一切有为法，如星、翳、灯、幻、露、泡、梦、电、云，应作如是观。"

---

① "尔时，世尊"，原无，从文义，据《金藏》、《碛砂藏》、《普宁藏》、《洪武南藏》、《永乐南藏》、《永乐北藏》、《径山藏》、《清藏》本补。

【疏解】

"世尊而说偈言"，指应身佛说法。

此承前譬喻、法空之义，明出世间无为法非世间有为法，亦非离于世间有为法而别有出世间无为法也。诸佛法身虽入涅槃，然应身说法不离世间，故诸佛不住涅槃，亦不住世间也。又诸佛如何示现世间，而有不住一切有为法教化众生呢？为遣此疑，佛说偈颂而举九种正观也。

此九种正观又分三类，即：观相、观受用、观行。观相者，指星喻见、翳喻境、灯喻识；观受用者，指幻喻界、露喻身、泡喻受用；观行者，指梦喻过去、电喻现在、云喻未来。详见附文。

【大义】

当时，世尊说偈颂道："一切有为之法，如同星光、目翳、灯火、幻相、露水、泡影、梦境、闪电、浮云一样虚妄无常，应该作如是观察。"

【异译】

真谛译本

"应观有为法，如暗、翳、灯、幻、露、泡、梦、电、云。"

笈多译本

"星、翳、灯、幻、露、泡、梦、电、云，见如是此有为者。"

玄奘译本

尔时，世尊而说颂曰："诸和合所为，如星、翳、灯、幻、露、泡、梦、电、云，应作如是观。"

义净译本

尔时，世尊说伽他曰："一切有为法，如星、翳、灯、幻、露、泡、梦、电、云，应作如是观。"

甲三、流通分

【原文】

佛说是经已。长老须菩提及诸比丘、比丘尼、优婆塞、优婆夷、菩萨摩诃萨，一切世间天、人、阿修罗、乾闼婆等，闻佛所说，皆大欢喜，信受奉行。

【疏解】

"流通分"，指付嘱闻法弟子信受奉行、流通后世之结束部分。

"比丘"，梵 bhikṣu，意译为乞士，指受具足戒之成年男性出家人。

"比丘尼"，梵 bhikṣuṇī，意译为乞士女，指受具足戒之成年女性出家人。

"优婆塞"，梵 upāsaka，意译为清信士，指皈依三宝、受持五戒之在家男性信众。

"优婆夷"，梵 upāsikā，意译为清信女，指皈依三宝、受持五戒之在家女性信众。

"乾闼婆"，梵 Gandharva，意译寻香，指天上以香气为食之乐神，为佛教八部鬼神之一。

"等"，指还有其他闻法之众。

"信受奉行"，指信受如来圣教而奉行流通，多为佛经结束之语。

【大义】

佛说此经已毕。长老须菩提及诸位比丘、比丘尼、优婆塞、优婆夷、大菩萨，一切世间天、人、阿修罗、乾闼婆等，听闻佛所讲说之微妙法门，全都心中生起极大欢喜，信受如来圣教，奉行流通后世。

【异译】

真谛译本

尔时,世尊说是经已。大德须菩提心进欢喜,及诸比丘、比丘尼、优婆塞、优婆夷众,人、天、阿修罗等,一切世间踊跃欢喜,信受奉行。

笈多译本

此语,世尊,欢喜。上座善实,彼及比丘、比丘尼、优婆塞、优婆夷,彼天、人、阿修罗、乾闼婆等,闻世尊说,大欢喜,归命一切佛、菩萨海等。

玄奘译本

时,薄伽梵说是经已。尊者善现及诸苾刍、苾刍尼、邬波索迦、邬波斯迦,并诸世间天、人、阿素洛、健达缚等,闻薄伽梵所说经已,皆大欢喜、信受奉行。

义净译本

尔时,薄伽梵说是经已。具寿妙生,及诸菩萨摩诃萨、苾刍、苾刍尼、邬波索迦、邬波斯迦,一切世间天、人、阿苏罗等,皆大欢喜,信受奉行。

附

《金刚般若经疏》科释

序

《金刚般若波罗蜜经》，自北魏始译，历经陈、隋，至姚秦鸠摩罗什而大彰也。之后，中土各宗诸祖，累迭注释，阐发幽隐，大义倍弘。然追其最古者，当属天台智者大师之《疏》。该《疏》宗罗什译本，开五重玄义，其间多采天亲、僧肇之古注，加以止观之说。综观全疏，古风浓重，且直入金刚之体，示现般若之性。

此疏流传既久，字词多有脱漏，致使句义不明，有碍研读。今依日本《大正藏》本为底本，对校诸藏，辅校他书，以定疏文。疏中科经判语，参酌划出，以定科文。疏中所引经论，择要考释，以定疏意。此疏虽名《金刚般若经疏》，然只有疏语而全无经文，配经于疏，以利后学。

余潜心智顗著述十载有余，本欲究天台玄旨，探止观奥义，不想因循而游极乐之域，升兜率之宫。《摩诃》、《辅行》未及尽览，《瑜伽》、《智度》却已通读，实乃不思议之境也。故此《金刚般若经疏》，亦非借经而宣一宗之教，学人当以虚谷之心，躬研体会，必能竖超三世，亲闻灵山法味也。

二〇〇九年六月一日王孺童识于北京木樨斋

金刚般若经疏

隋天台智者大师说[①]

甲一、释经题 二

乙一、略释 五

略释经题。

丙一、释名

法譬标名，般若幽玄，微妙难测，假斯譬况，以显深法。"金"即三义：一宝中真上，不可侵毁；二利用自在，摧破诸物；三表里清净，影现分明。"刚"是坚义，谓身、命、财。身，即法身；命，即慧命；财，即法财。

功德助道，用譬三种般若。实相般若，理性常住；观照般若，破五住惑[②]；文字般若，解脱自在。如此三法，不纵不横，非并非别，成秘密藏。佛三种身亦复如是。实相即法身，如大

---

① "隋"，《永乐南藏》、甲本无。"说"，甲本作"疏"。

② "五住惑"，指五住地惑，即：见一处住地、欲爱住地、色爱住地、有爱住地、无明住地。

经》明《金刚身品》①；观照即报身，如金刚三昧，破诸烦恼；文字即应身，随机利益，普现无边。旧云："金刚譬十地后心，因圆之位。"②今言："初心至后，即有六种金刚也③。"

丙二、辨体

体者，"若见诸相非相，即见如来"，是经之正体也。

丙三、明宗

宗者，约实相之慧，行无相之檀。如人有目，日光明照，见种种色是因④，诸相非相是果。此之因果，同约实相。

丙四、论用

用者，破执为用。一切封著，通名为执。破诸相惑，显出功能，亦自无滞，即力用也。

丙五、教相

教相者，有五⑤：一、《摩诃》，二、《金刚》，三、《天王问》，四、《光赞》，五、《仁王》。⑥广略虽异，同名般若。

---

① "明"，甲本无。"《大经》明《金刚身品》"，指北凉昙无谶译《大般涅槃经》卷三《金刚身品》。

② 案此即指金刚后心。菩萨于最后位得金刚定，断最极微细烦恼，然尚有入、住、出三心，其于住位圆满而出定时，名金刚后心。

③ "六种金刚"，案唐宗密《金刚般若经疏论纂要》卷上："又真谛记说六种金刚：一青色能消灾厄，喻般若能除业障；二黄色随人所须，喻无漏功德；三赤色对日出火，慧对本觉出无生智火；四白色能清浊水，般若能清疑浊；五空色令人空中行坐，慧破法执住真空理；六碧色能消诸毒，慧除三毒，傍兼可矣。"

④ "因"下，甲本有"见"。

⑤ "有"，《永乐南藏》本无。

⑥ 案"《摩诃》"，指后秦鸠摩罗什译《摩诃般若波罗蜜经》二十七卷；"《金刚》"，指后秦鸠摩罗什译《金刚般若波罗蜜经》一卷；"《天王问》"，指南朝陈月婆首那译《胜天王般若波罗蜜经》七卷；"《光赞》"，指西晋竺法护译《光赞般

摩诃以广历色心，乃至种智皆摩诃衍。此文略说金刚为喻也。

乙二、广释 三

《金刚般若波罗蜜经》

次广解释。

丙一、释金刚般若

言"金刚般若"①。此乃摧万有于性空，荡一无于毕竟，甚坚甚锐②，名曰"金刚"。智名决断，慧曰解知。万像虽繁，物我无相，有为斯绝，寂其机照，故假名"般若"③。西云跋阇罗，亦云斫迦罗，此翻金刚，云是利铁，亦名破具。引《大经》云："佛告迦叶：'汝今决断，譬若刚刀④。'"⑤又云："劫火起时，一切皆销。"⑥利锐者在下，为金刚际⑦。又云："往古诸佛舍利，变为金刚如意珠。"⑧今通取坚利为譬。旧云："体坚，用利。"体坚，

（续）

若波罗蜜经》十卷；"《仁王》"，指后秦鸠摩罗什译《仁王般若波罗蜜经》二卷。

① "若"下，甲本有"者"。

② "甚锐"，《永乐南藏》本作"锐"。

③ "故"，甲本无。

④ "刀"，甲本作"力"。

⑤ 案北凉昙无谶译《大般涅槃经》卷八《如来性品》："尔时，佛告迦叶菩萨：'（中略）善男子。我示三事即是涅槃，如来者名无上士。譬如人身，头最为上，非余支节手足等也。佛亦如是最为尊上，非法僧也。为欲化度诸世间故，种种示现差别之相，如彼梯橙。是故汝今不应受持，如凡愚人所知三归差别之相。汝于大乘，猛利决断，应如刚刀。'"

⑥ 案后秦鸠摩罗什译《摩诃般若波罗蜜经》卷一《序品》："三千大千国土中，诸火一时皆然，譬如劫尽烧时。菩萨摩诃萨欲一吹令灭者，当学般若波罗蜜。"

⑦ "为"，甲本作"名"。

⑧ 案北魏昙鸾《无量寿经优婆提舍愿生偈注》卷下："诸佛入涅槃时，以方便力，留碎身舍利以福众生。众生福尽，此舍利变为摩尼如意宝珠。"

众惑不侵；用利，能摧万物。

今问："体唯坚不利，用唯利不坚，亦应体则不利，用则不坚。此乃不坚不利，何谓坚利？"《百论》云："眼非知，意非见。别，既非见合，云何见？"①今依《中论》通此问，即无滞义②。今言："坚利者，不坚不利，假言坚利。"如言："苦以不苦为义，无常以常为义，空以不空为义。"此一例语，任运不畏斯难。"般若如大火聚，四边不可触。"③岂可定作体用耶？体用因缘，不一不异。体坚，用亦坚；体利，用亦利④。既其不一，假名义辨。若说体坚，即说用利。此是假名义，一边之说。离用无体，离体无用。用即寂，寂即用。无别有无用之体主于用也，亦无别有无体之用主于体也⑤。不一亦不异，有因缘故亦可说一说异。为破一说异，破异说一，假说一异，令众生悟非一非异⑥，祇名此因缘不一不异，离断常戏论。戏论不得入即是坚，能破断常即是利也。

问："何者为般若如是坚利？"答："一往性空为般若，不断不常，不一不异。性空、毕竟空为般若，万相一无，皆悉尽净。《大论》云：'般若有三种：实相、观照、文字。'⑦实相即理境第

---

① 案后秦鸠摩罗什译《百论》卷下《破情品》："内曰：意非见，眼非知，色非见知，云何见？"

② "义"，《永乐南藏》本作"我"。

③ 案后秦鸠摩罗什译《大智度论》卷六《初品》中《十喻释论》："是实知慧，四边叵捉，如大火聚，亦不可触，法不可受，亦不应受。"

④ "体利，用"，甲本作"用利，体"。

⑤ "用"下，《永乐南藏》、甲本衍一"用"。

⑥ "令"上，甲本有"欲"。

⑦ 案东晋慧远《大乘义章》卷一〇《三种般若义》："三种般若，出《大智论》。言般若者，是外国语，此翻名慧，于法观达目之为慧。慧义不同，一门说

一义谛①，观照即行人智慧。智慧鉴此实相，说智及智处，皆名为般若。文字能为作诠，亦为般若。故云：'无离文字说乎解脱。'②一体三名，同秘密藏。"

问："有翻无翻？"答："翻为智慧。"问："《大论》云：'智慧轻薄，般若深重，云何相翻？'""《释论》七十卷：'释须菩提五叹不可称、不可量、无等等、无有边、如虚空、解不可称句云。'③称名智慧，此是称量檀度，非智慧不能準量，故称名智

（续）────────

三。三名是何？一文字般若，二观照般若，三实相般若。此三种中，观照一种是般若体，文字实相是般若法，法体合说，故有三种。"

① "理境"，甲本作"境理"。

② 案后秦鸠摩罗什译《维摩诘所说经》卷中《观众生品》："天曰：'言说文字，皆解脱相。所以者何？解脱者，不内不外，不在两间；文字亦不内不外，不在两间。是故。舍利弗。无离文字说解脱也。所以者何？一切诸法是解脱相。'"

③ 案后秦鸠摩罗什译《大智度论》卷七〇《释问相品》："释曰：须菩提。深解般若相，于诸法中无著无碍，心生欢喜，白佛言：'世尊。般若波罗蜜为大事故起'等。大事者，破一切众生大苦恼，能与佛无上大法，故名为大事。不可思议，先已答。不可称者，称名智慧；般若定实相甚深极重，智慧轻薄，是故不能称；又般若多，智慧少，故不能称。又般若利益处广，未成，能与世间果报；成已，与道果报。又究竟尽故名称，般若波罗蜜无能称知，若常若无常，若实若虚，若有若无，如是等不可称义，应当知。无量事者，有人言解即是量，有人言取相名为量，是般若波罗蜜不可取相故无量。又菩萨以四无量心行般若，故名无量。又量名智慧；凡夫智慧，二乘智慧，菩萨智慧，无能量般若得边者，名无量。无等等者，无等名涅槃；一切有为法，无有与涅槃等者。涅槃有三分：声闻涅槃、辟支佛涅槃、佛涅槃。般若能与大乘涅槃，故名无等。复次，一切众生无与佛等故，佛名无等。般若波罗蜜利益众生，令与佛相似，故名无等等。复次，诸佛法第一微妙，无能与等，无能及者，无可为匹；般若波罗蜜能令众生得是心故，名无等等。复次，无等名诸法实相，诸观诸行无能及者，无戏论，无能破坏，故名无等；菩萨得是无等，能于众生中生慈悲心，故名无等等。是名无等等义。须菩提。是声闻人，无一切智，而能说是不可思议般若等故，佛可其所说，佛自说五事。众生无量无边，多于十方恒河沙等世界中微尘；诸佛以十力等

慧。般若定实相，此释不可量。何意不可量？欲明佛所得般若，明鉴实相甚深，穷边极底。菩萨因中智慧，不能称量佛果地般若。此是因中智慧轻薄，不能称量果地般若。何得妄引无翻耶？《大经》云：'慧有三种：般若、毗婆舍那、阇那。'同一气类，随名而辨。约人，'般若属众生，毗婆舍那一切圣人，阇那诸佛、菩萨'；就法者，'毗婆舍那总相，般若别相，阇那翻破相①'。②毗婆舍那翻正知见，此即是总相知见；般若翻出离慧，即是属众

法，尽欲救济，是名大事。复有菩萨久得无生法忍，不舍众生故，不入无余涅槃。复次，是菩萨得佛道时，为众生故受五事：一者、受诸劳苦；二者、舍寂定乐；三者、与恶人共事；四者、与人接对；五者、入大众会。佛深得离欲乐，而为众生故，甘受是五事等种种疾苦，如受功德，是为大事。不可思议者，所谓佛法、如来法、自然人法、一切智人法。佛法者，佛名为觉，于一切无明睡眠中最初觉故，名为觉。如来者，如过去诸佛行六波罗蜜得诸法如相，来至佛道，今佛亦如是道来，如诸佛来，是名如来。自然人法者，声闻人亦有觉，亦有知，而从他闻，是弟子法；是故说佛是自然人，不从他闻。一切智人法者，辟支佛亦自然得，不从他闻，而无一切智；是故说佛一切智人得。是四种法，无有人能思惟称量，是故名不可思议、不可称、不可量；更无有法与是法相似者，是故名无等等。须菩提意新学菩萨著是四法，是故白佛言：'但是四法不可思议、无有与等耶？'佛答：'色等诸法亦不可思议、无称、无量、无等等。'佛是中自说因缘，色等一切法不可得故。'如是。须菩提。诸佛法不可思议者，是如上事。是名不可思议'者，结句。论者先广解，佛此中略说：不可思议，过思议相，过等等相。义趣，涅槃法不可思议；名字，世谛故可思议。如虚空不可思议者，如先品中说：虚空相不可思议，是故说不可思议；乃至无等等如虚空，虚空无可喻故，名无等等。般若波罗蜜相即是佛法相；不可思议、无量、无称、无等等，即是佛法相。'是佛法，一切世间天、人、阿修罗无能思议称量'者，六道中但说三道者，三善道众生，尚不能称量，何况三恶道。"

① "翻"，甲本无。

② 案北凉昙无谶译《大般涅槃经》卷三〇《师子吼菩萨品》："善男子。慧有二种：一世间，二出世间。复有三种：一般若，二毗婆舍那，三阇那。般若者名一切众生，毗婆舍那者一切圣人，阇那者诸佛菩萨。又般若者名为别相，毗婆舍那名为总相，阇那者名为破相。"

生①，众生有慧数故；阇那，诸佛、十地菩萨有决断义，故共为一位耳。”

丙二、释波罗蜜

“波罗蜜”，亦阿罗蜜波罗伽等，翻度彼岸，亦彼岸到，亦度无极。此假名无度为度耳。佛已度，智慧度名一切智。菩萨未度，亦不名度，度时亦不名度，不离已度，度未度②。而今言乃度，此假名说度③，一行度，二时度，三果度。六度善修满足为行度④，三僧祇满为时度，得大菩提为果度。彼岸者，生死为此岸，涅槃为彼岸，烦恼为中流，八正为船筏。又悭贪为此岸，佛果为彼岸，布施为河中，正勤为船筏。又取相为此岸，无相为彼岸，智慧为河中，精进为船筏。一往如此。又即生死涅槃俱为此，非生死涅槃俱为彼⑤，故云：“远离此彼岸⑥，乃名波罗蜜。”⑦又前生死涅槃双非中道为二；非生死涅槃中道为不二。二不二，俱为此；非二非不二，俱为彼。故远离二边及以中道，名波罗蜜。

---

① “般若翻出离慧，即是”，《永乐南藏》、甲本作“翻离出慧，即是般若”。

② “度未”，甲本作“未”。

③ “乃度，此”，甲本作“度此乃”。

④ “修”，《清藏》本作“脩”。下同。

⑤ “俱”，原无，从疏意，据甲本补。

⑥ “此彼”，甲本作“彼此”。

⑦ 案后秦鸠摩罗什译《摩诃般若波罗蜜经》卷一五《譬喻品》：“远离此彼岸是檀那波罗蜜相，远离此彼岸是尸罗波罗蜜相，远离此彼岸是羼提波罗蜜相，远离此彼岸是毗梨耶波罗蜜相，远离此彼岸是禅那波罗蜜相，远离此彼岸是般若波罗蜜相。何以故？般若波罗蜜中无是忆念分别。”

丙三、释经

修多罗，翻契经①。"经"字，训法训常，由圣人心口也。

甲二、释部轴

次部轴者。第一部十万偈；第二部二万偈，并不来此土；第三部一万八千偈，即《大品》，亦名《放光》；第四部八千偈，即《小品》，亦名《道行》；第五部四千偈，即《光赞》；第六部二千五百偈，即《天王问》；第七部六百偈，即《文殊问般若》；第八部三百偈，即此《金刚般若》②。叡师云："并是如来随机之说。"③般若，非称量，过诸数量，岂是一多四五之可说？

甲三、释前后

次简前后。言《金刚》前后者，肇师《注》云："五种般若，此说最初。"④又千二百五十人后，说《大品》⑤；大数五千人受化转多，故《摩诃》在后。若《金刚》在后者，《仁王经》云："初《摩诃》，次《金刚》。"⑥又护念付嘱及得慧眼，未闻此经，

---

① "经"，《永乐南藏》本无。

② 案北魏菩提流支译《金刚仙论》卷一："其第一部十万偈，《大品》是；第二部二万五千偈，《放光》是；第三部一万八千偈，《光赞》是；第四部八千偈，《道行》是；第五部四十千偈，《小品》是；第六部二千五百偈，《天王问》是；第七部六百偈，《文殊》是；第八部三百偈，即此《金刚般若》是。"

③ 案东晋僧叡《小品经·序》："斯经正文，凡有四种，是佛异时适化广略之说也。其多者云有十万偈，少者六百偈。此之《大品》，乃是天竺之《中品》也。随宜之言，复何必计其多少，议其烦简耶。"

④ 案肇《注》："四时般若，此最为初，言约义丰，幽旨难见。"

⑤ "又"下，甲本有"说"。

⑥ 案后秦鸠摩罗什译《仁王般若波罗蜜经》卷上《序品》："尔时，诸大众俱共金然生疑，各相谓言：'四无所畏、十八不共法、五眼、法身大觉世尊，前已为我等大众，二十九年说《摩诃般若波罗蜜》、《金刚般若波罗蜜》、《天王问

似宜在后①。俱有证据，由人用耳。对机设教，广略不同②。从得道夜，讫泥洹夕，常说般若，明理一等。若依《光赞》："如来十九出家，三十成道。"③至四十二，二月十五日食后，为诸菩萨

_____

般若波罗蜜》、《光赞般若波罗蜜》。今日如来放大光明，斯作何事？'"

① "宜"，甲本作"如"。

② 案隋吉藏《金刚般若疏》卷一："第四重明二经前后。问：《摩诃般若》、《金刚般若》何者前说？答云：开善法师、会稽基法师、姑苏华山颜法师、大领师等，皆云：如仁王所列：'前说《摩诃》，次说《金刚》。'更以两义证之：一者《大智论》云：'前未说菩萨行。今始欲为弥勒等说菩萨行，故说般若。'若前已说《金刚般若》，则是已说菩萨行，不应言未说也。二者《金刚般若经》初云：'善护念诸菩萨，善付属诸菩萨。'未说《摩诃般若》，则未有菩萨。云何付属护念耶？今说摩诃竟，方有菩萨。故后说《金刚般若》，始得明护念、付属菩萨也。次有人言：'前说《金刚》，后说《大品》。'何以知之？有三义三文往证。三义：一金刚是破相之名，十二年中名有相教，受字之徒生分别相，封执难袪。佛初开此经，明无相深理，破彼相着心，故假金刚强喻空解。二者说此经，止集千二百五十比丘等，不广集天人、菩萨，正为将明甚深空理，化着相众生，欲令亲近弟子在前悟解；因此得便传教义成，便声闻助佛扬化。菩萨理中，近佛事迹更远。又欲令菩萨转教声闻，望岸而退，故前为常随佛者说于此经。三者形小故有大，前说此经甚略，未广明菩萨万行，名为小。后演《放光般若》，此始复广明无解解万行差别，名为《摩诃般若》。以此义往推，故知《金刚般若》是第一时说，《摩诃般若》次在第二。次文证亦有三：一者此经下文，须菩提问佛云：'颇有众生得闻如是言说章句，生实信不？'若尔前已说《大品》，无量众生得信悟解，转教说法，善吉于《大品》教门曾无此疑，今至此经方复致问，在义难解。二者善吉领解云：'我从昔来所得慧眼，未曾得闻如是之经。'若尔前佛说《大品》，岂不能说经转教耶？得言不闻深经，若闻而未悟，岂能转教？三者善吉答佛：'不应以三十二相见如来。'若尔前已闻大品，云何执色相是佛？若生此执，非谓解空。故知直执昔日相教，故谓色身为佛。而开善举两义为证，今须释之：一者《大智论》云'说摩诃已前，未明菩萨行'者，此是未广明菩萨行耳，非不已略说《金刚》。二者云'未说《大品》，故未有菩萨善付属'者，此事不然。今明佛初成道，以三乘度人，岂无菩萨付属？弥勒即是其人。以文义往推，故知前说《金刚般若》也。今明此之二释，未可专判，随宜之言，复何可定其前后？或可一时说多部，或可一部具经多时，至《大品》中更当委释。"

③ 案查《光赞般若波罗蜜经》无释尊出家、成道之说。又日照远《资行

说般若。

甲四、释译者

次译经者。罗什法师，秦弘始三年，即晋安帝十一年译^①。又后魏末，菩提流支译论本八十偈，弥勒作偈，天亲长行^②。释总三卷^③，分文十二分：一序分，二善护念分，三为住分，四修行分，五法身非身分，六信者分，七校量显胜分，八显性分，九利益分，十断疑分，十一不住道分，十二流通分^④。讲说时别，一途开章耳^⑤。

甲五、释经文 三

就此一经，开为三段：序、正、流通。序为缘起，说教之

（续）————————

钞）："记：三十成道，《金刚般若疏》：'若依《光赞经》，十九出家，三十成道。'《普贤菩萨证明功德经》、《惟元三昧经》，同也。《梵网》云：'七岁出家，三十五成道。'今三十成道，天台等意也。"

① 案"秦弘始三年"，即公元四〇一年，当为东晋安帝元兴元年，若从其登基隆安元年（三九七）起算，乃为五年，而非"十一年"。又唐明佺《大周刊定众经目录》卷二："《金刚般若波罗蜜经》一卷，右后秦弘始三年沙门罗什于长安逍遥园译，出《长房录》。"

② 案北魏菩提流支译《金刚仙论》卷一〇："然弥勒世尊但作长行释，论主天亲既从无障碍比丘边学得，复寻此经论之意，更作偈颂，广兴疑问，以释此经，凡有八十偈。及作长行论释，复以此论转教《金刚仙论》师等。此金刚仙转教无尽意，无尽意复转教圣济，圣济转教菩提流支，迭相传授，以至于今，殆二百年许，未曾断绝故。"

③ 案今存北魏菩提流支《金刚仙论》为十卷本，而非"三卷"。

④ 案查北魏菩提流支译《金刚仙论》论本，十二分科目为：序分、善护念分、住分、如实修行分、如来非有为相分、我空法空分、具足功德校量分、明一切众生有真如佛性分、利益分、断疑分、不住道分、流通分。

⑤ "途"，甲本作"涂"。

前，必有由渐，分卫①、放光②、雨华③、献盖等也④。由渐既起，正教宜陈，缘教相感，其犹影响，故有正说。又非止近被一时，乃欲远传来际，故有流通。三段各二：序，有通、有别；正说，前后二周；流通，付嘱、奉行。

———————

① "分卫"，即乞食，此指后秦鸠摩罗什译《金刚般若波罗蜜经》，其《序品》云："尔时，世尊食时，著衣持钵，入舍卫大城乞食。于其城中，次第乞已，还至本处。饭食讫，收衣钵，洗足已，敷座而坐。"

② "放光"，指西晋无罗叉译《放光般若波罗蜜经》，其《放光品》云："尔时，世尊放足下千辐相轮光明，从鹿膞肠上至肉髻，身中支节处处，各放六十亿百千光明，悉照三千大千国土，无不遍者。其光明复照东方、西方、南方、北方、四维上下，如恒边沙诸佛国土众生之类，其见光明者，毕志坚固，悉发无上正真道意。尔时，世尊复放身毛，一一诸毛孔皆放光明，复照三千大千国土，复照十方无数恒边沙国土，一切众生见光明者，毕志发无上正真道意。世尊复以诸如来无所著等正觉法，放大光明，悉遍三千大千国土。复照十方无数恒边沙国土，一切众生见光明者，亦毕志发无上正真道意。尔时，世尊出广长舌遍三千大千国土，遍已从其舌根。复放无央数亿百千光明，一一光明化为千叶宝华，其色如金，一一华者上皆有坐佛，一一诸佛皆说六度无极，一切众生闻说法者，皆发无上正真道意。其舌光明，一一华像，复照十方恒边沙国土，一切众生见其光明闻说法者，亦发无上正真道意。"

③ "雨华"，指后秦鸠摩罗什译《妙法莲华经》，其《序品》云："尔时。世尊。四众围绕，供养恭敬，尊重赞叹。为诸菩萨说大乘经，名《无量义》教《菩萨法佛所护念》。佛说此经已，结加趺坐，入于无量义处三昧，身心不动。是时，天雨曼陀罗华、摩诃曼陀罗华、曼殊沙华、摩诃曼殊沙华，而散佛上及诸大众，普佛世界六种震动。"

④ "献盖"，指后秦鸠摩罗什译《维摩诘所说经》，其《佛国品》云："尔时，毗耶离城有长者子，名曰宝积，与五百长者子，俱持七宝盖，来诣佛所，头面礼足，各以其盖，共供养佛。佛之威神，令诸宝盖合成一盖，遍覆三千大千世界。而此世界广长之相，悉于中现，又此三千大千世界诸须弥山、雪山、目真邻陀山、摩诃目真邻陀山、香山、宝山、金山、黑山、铁围山、大铁围山，大海、江河、川流、泉源，及日月星辰，天宫、龙宫诸尊神宫，悉现于宝盖中；又十方诸佛，诸佛说法，亦现于宝盖中。"

乙一、序分 二

丙一、通序 五

如是我闻，一时佛在舍卫国祇树给孤独园，与大比丘众千二百五十人俱。

通序为五[1]。

丁一、如是

"如是"者，佛所说般泥洹时[2]，侍者请问，答云[3]："一切经初，皆安如是。"[4]

丁二、我闻

"我闻"者，亲承金口[5]，而闻事非谬也。

丁三、一时

"一时"者，言则当理，理亦如言，当理得时[6]，令人开悟。圣不虚说，言必会机，故言一时也[7]。

丁四、佛

"佛"者，大师之名。"佛"者，觉义。异凡夫，故自觉；异二乘，故觉他；异菩萨，故觉满。

---

① "通序为五"，甲本作"文五"。

② "所"，甲本无。

③ "答"上，甲本有"佛"。

④ 案肇《注》："佛临泥洹时，侍者请曰：'一切经首，皆致何等？'佛敕阿难：'应言如是，乃至时、众也。'如我所传，如佛所说，称如是也。"

⑤ "亲"上，肇《注》有"若从他传闻，不必如是。我"。

⑥ "理亦如言，当理"，《永乐南藏》本无。

⑦ 案肇《注》："谓是自闻当理，以不自不当理，传之何为？言则当理，理亦如言，言理不差，故言一也。虽曰当理，容不得时；若不得时，何能悟人？明圣不虚说，言必会机，时哉之说也。"

丁五、处

"在舍卫"者，法王行运，应物而游，一时降集①。在舍卫大城②，憍萨罗国之也③。舍卫，名闻物国，胜物多出此境，嘉名远振诸国，故名闻物。又舍婆提者，昔有二仙，弟名舍婆，此云幼小；兄名阿跋提④，此名不可害。合此二人，以名城也⑤。

"祇树给园"者，须达布园⑥，祇陀施树，共立精舍，广出他经。

"与大比丘"者，圣化无秘⑦，听必有俦，俱闻如林，可明信矣。应有四众，略而不载⑧。比丘，云怖魔⑨、乞士、破恶。

"千二百五十人"者，三迦叶一千，目连、身子二百五十。

丙二、别序 十一

尔时，世尊食时，著衣持钵，入舍卫大城乞食。于其城中，次第乞已，还至本处。饭食讫，收衣钵，洗足已，敷座而坐。

"尔时世尊"下，明别序。上明通序，以证信⑩；今辨别序，

① "一时降集"，原无，从疏意，据肇《注》补。
② "大"，原无，从经文，据肇《注》补。
③ "之也"，原无，从文气，据肇《注》补。
④ "名"，甲本无。
⑤ 案北魏菩提流支译《金刚仙论》卷一："此舍婆提城者，昔劫初有仙兄弟二人，弟名舍婆，魏云幼小；兄阿婆提，魏云不可害。此二人住彼处求道，即因为名。弟略去'婆'，兄略去'阿'，二名双存，故曰舍婆提城。亦言舍卫城。"
⑥ "布"，肇《注》作"市"。
⑦ "秘"，肇《注》作"私"。
⑧ "载"下，肇《注》有"者也"。
⑨ "怖"，《永乐南藏》本作"㤉"。
⑩ "'尔时世尊'下，明别序。上明通序，以证信"，甲本作"此名通序，以证信"。

以发起。

丁一、世尊

具上十号，故曰"世尊"。

丁二、食时

"食时"者，食熟之时。一人家皆有[1]，施心易生。

丁三、著衣

"著衣"，僧伽梨衣也。佛观良田区塍[2]，命出家人著此服也。

丁四、持钵

"持钵"，执四天王所奉应器。

丁五、入舍卫城乞食 二

"入舍卫城乞食"。

戊一、乞食

法身无待，何须乞食[3]？天人妙供[4]，百味日盈[5]，自行分卫[6]，福物之宜[7]。乞食有十利："一见相好，二去疾，三除慢，四为女人监护，五天龙从，六四天王钵，七贫富等[8]，八不杂，九息谤，十常在三昧、其实不食。"[9]

---

① "一"，甲本无。
② "区塍"，肇《注》作"塙"。
③ "乞食"，肇《注》作"何欲"。
④ "天人"，肇《注》作"且人天"。
⑤ "百味"，肇《注》无。
⑥ "自"，肇《注》作"现"。
⑦ "之宜"，肇《注》作"宜之也"。
⑧ "贫富"，甲本作"富品"。
⑨ 案北魏菩提流支译《金刚仙论》卷一："如来所以入城者，为乞食故也。然如来法身，金刚之体，不假食而立。所言如来乞食者，如来现行乞食，有多种

戊二、舍卫城

此城纵广千二百由旬，九亿家。国南城北①，精舍在东。自外以适，故言入也。

丁六、结上

"食时"，如法食。众生有此胜智，机缘将发，以表般若。

"著衣持钵"，衣是被弘誓铠②，慈悲之心；钵是行钵，钵能盛饭。行能趣理，即表解脱。

"城"即法性涅槃之城，观五阴舍，悉皆空寂，不动如城，以表法身③。

（续）————————

利益，是故如来入城乞食。若具辨乞食利益，乃有多种，经中但云二十。今且论其十种：一者如来入城乞食，众生见如来三十二相、八十种好，妙相庄严，如须弥山王，发菩提心，求如来身。二者聋盲喑痖诸苦众生，见如来暂时止苦，发菩提心。三者诸豪贵长者，自恃种性，生于我慢，见如来威德严仪，挺特异世，慢心息，发菩提心。四为守护女人，有三鉴：在家为父母所护，出嫁为夫主所护，老时为子所护；及懈怠者，不能见佛；见如来入城，情怀欢喜，发菩提心。五为释梵四王、天龙八部，导从如来，各各以天香华伎乐，赞叹供养如来；此中诸人见即生念：'诸天尚舍天乐，供养如来。我等何以不尔？'便学诸天神祇，广设供养，发菩提心。六如来入城乞食，四天王各奉一钵；如来受已，合四钵为一；佛现如此不思议事，见者欢喜，发菩提心。七为贫富二人施食，然富人饶食，欲多施如来，便见如来钵空，故得多施；贫者食少，惧不敢施，便见如来钵满，故得少施；令各称意都此希有之事，故发菩提心。八为如来钵中盛百味饮食，皆不杂乱，如异器盛；施一切众僧及诸众生食之，不增不减，见者欢喜，发菩提心。九为未来弟子，为俗人识呵云：'汝师如来，尚不乞食。汝何故乞食？'是故如来现行乞食也。十者如来金刚之体，身内不空，又常在三昧，其实不食；唯有诸天知如来不食，为化众生入城乞食。现行乞食，有此多益，故入城乞食也。"

① "家国"，甲本作"人家园"。
② "持钵，衣"，甲本无。
③ "身"下，甲本有"也"。

丁七、次第乞食

"次第乞食"，不越贫从富①，不舍贱从贵②，大慈平等，故言次第③。即表菩萨次第行、次第学、次第道。

丁八、还至本处

行行因缘④，故为"还至本处"。"本处"，即一切智处，历色心观，至一切智。

丁九、饭食讫，收衣钵

"饭食讫、收衣钵"者，即是果后无复愿行⑤。无誓，故收衣。不复进行，故并钵。

丁十、洗足已

"洗足已"，即是定慧无复垢累⑥，尘沙无明永去。洗水清净，故言洗足。

丁十一、敷座

"敷座"者，即诸法空为座，四无畏处，此说般若也。

别序竟。

乙二、正说分 二

"时长老须菩提"下，第二为正说⑦。文又为二。从初至"果

---

① "与"，肇《注》作"从"。
② "舍贱从贵"，甲本作"舍贵从贱"。
③ "言次第"，甲本无。又"故言次第"，肇《注》作"次第至也"。
④ "缘"，甲本作"圆"。
⑤ "是"，甲本作"表"。
⑥ "是"，甲本作"表"。
⑦ "二"，原作"一"，从疏意，据《永乐南藏》、《清藏》本改。

报不可思议"，名实智道；"重白佛"去，是方便道。或为后来，或为钝根，或可智度。善权为菩萨父母，如判《大品》般若、方便两道分文①。此经略说，亦复如是。

丙一、实智道　二

丁一、问　二

就前段中，初问，次答。问中，前述赞，次正问。

戊一、述赞

时长老须菩提，在大众中，即从座起，偏袒右肩，右膝著地，合掌恭敬，而白佛言："希有。世尊。如来善护念诸菩萨，善付嘱诸菩萨。

"长老须菩提"，是对扬主，有长人之德。夫巨锺虽朗②，非扣不鸣③；圣不孤应，影响唯仁④。"须菩提"，翻空生，亦名善吉，或云东方青龙陀佛⑤。

---

① 案后秦鸠摩罗什译《大智度论》卷一〇〇《释嘱累品》："问曰：'先见《阿閦佛品》中嘱累，今复嘱累有何等异？'答曰：'菩萨道有二种：一者般若波罗蜜道，二者方便道。先嘱累者为说般若波罗蜜体竟，今以说令众生得是般若方便竟。'"据此可知，龙树将《摩诃般若波罗蜜经》第六十六《嘱累品》前判为般若道，而后判为方便道。又从全经九十品总体而言，可分五段：第一至第五品，乃佛与舍利弗谈般若；第六至二十六品，乃佛与须菩提谈般若；第二十七至四十四品，乃佛与帝释、弥勒谈般若，为信解般若；第四十五至第六十六品，乃佛说魔及不退转相，为实相般若；第六十七至九十品，乃佛说菩萨境行果，为方便般若。

② "巨"，甲本、肇《注》作"神"。

③ "扣"下，肇《注》有"而"。

④ "唯"，甲本作"惟"。"仁"下，肇《注》有"师尊道重，故克敬尽恭也"。

⑤ 案唐圆测《解深密经疏》卷九："言善现者，若具梵音名修浮吼底，此云善现。相传说云：其人初生，宅室皆空，父母惊怪，以问相师。相师报云：'现空唯善，无所加也。'故名善现。或云空生，即由此义。无著论中名为善吉，

"从座起"者，请业之仪。即事请道，侧身避席。

"袒右肩"者，随国法以袒为敬①，亦示弟子执作为便②。

"右膝著地"，屈曲伏从，示无违拒之貌。

"合掌"，敛容祗肃，显师尊道重，故克敬尽恭，专一之至。

"白佛言"，述赞。

"希有"者，佛从前代八万四千岁，皆轮王位。至释尊身，若不出家，当二千五百岁作金轮王。而能舍位从门乞食，是为希有。此叹身密，"护念"叹意密，"付嘱"叹口密。

又是述赞，《大品》中意："护念"即般若实道，如母能护念；"付嘱"，即方便权道，如父能教诏付嘱。

戊二、正问

"世尊。善男子、善女人发阿耨多罗三藐三菩提心，应云何住，云何降伏其心？"

"世尊"下，还蹑前述，更起今问。

"发菩提心"者，一切智也。总牒指归③，翻云无上正遍知觉④。标心拟向，远期正觉。

次问"住"⑤，入理般若名为住，即实智⑥。

（续）————————

笈多所翻《直本般若》名为善实，真谛《金刚般若记》云：'东方世界青龙陀佛，于此影响也。'广如彼记。"

① "随"，原作"隋"，据甲本改。

② "示"，《永乐南藏》本作"是"。

③ "牒指"，甲本作"标旨"。

④ "遍"，《清藏》本作"徧"。下同。

⑤ "次问'住'"，甲本作"应云何住"。

⑥ "即"上，甲本有"此"。

次问"降"者①，方便即权智。如善财言："我已先发菩提心，云何修行？云何学道？"②

丁二、佛答 二

"佛言善哉"下，第二佛答。初略许，次广答。

戊一、略许 三

略许中有三：一述，二诚，三愿闻。

己一、述

佛言："善哉！善哉！须菩提。如汝所说，如来善护念诸菩萨，善付嘱诸菩萨。

"善哉"下，述许。"如汝所说"，赞请之仪③，当理会机，尽善尽美④，诚如所言。

己二、诚

"汝今谛听，当为汝说。善男子、善女人发阿耨多罗三藐三菩提心，应如是住，如是降伏其心。"

"汝今谛听"下，诚示听。若不审谛⑤，即漏言遗理⑥。诚令谛

---

① "次问'降者'"，甲本作"云何降伏其心"。
② 案东晋佛驮跋陀罗译《大方广佛华严经》卷四六《入法界品》："时善财童子，从文殊师利闻法欢喜，头面礼足，绕无数匝，瞻仰悲恋，泣涕辞退。渐渐南行，向可乐国，登和合山。于彼山中，十方周徧，一心观察，求觅大师为在何所。如是寻求，乃至七日。尔时，善财见彼比丘乃在山顶，静思经行，见已驰诣，头面礼足，右绕而住，白言：'大圣。我已先发阿耨多罗三藐三菩提心，而未知菩萨云何学菩萨行，修菩萨道。我闻大师善能宣畅，唯愿垂慈，具足演说。'"
③ "请"，肇《注》作"诸"。
④ "尽美"，肇《注》作"之甚"。
⑤ "不审谛"，肇《注》作"听不审"。
⑥ "即"，肇《注》作"则"。

听①，言理弗虚②。

己三、愿闻

"唯然。世尊。愿乐欲闻。"

"唯然"下，受旨愿闻。慈诚许说，敬肃倾心也③。

戊二、广答 二

"佛告"下，第二广答，为三：初明般若体空无所有；次"云何名"下，二明名空无所有；后"忍辱"下，三明力用空无所有。

己一、般若无所有 三

庚一、般若体空无所有 三

还就初中，更为三段：初正明体相空，二信者行深，三信受福重。

辛一、体相空 二

佛告须菩提："诸菩萨摩诃萨，应如是降伏其心。

初体相中，降心约愿，住心约行，皆无所有，为无相因。法身无色，为无得果。问："何故许中④，前住后降⑤；答中，先降次住⑥。"互前后者，般若多含，义非一辙⑦。若约发心，前愿后行，广发誓愿，权引于前，次入实相，以无住法，住于妙理。若约修

---

① "诚"，肇《注》作"或"。
② "虚"下，肇《注》有"也"。
③ "也"，肇《注》无。
④ "问何故"，甲本无。
⑤ "前"，甲本作"先"。
⑥ "次住"，甲本作"后住者"。
⑦ "互前后者，般若多含，义非一辙"，甲本无。

行，要须前修实慧，次用权道，故有二观次第，前住后降。若就证时，权实一心中，悟不复前后。

壬一、答降约愿 四

今就誓愿中，有四心[1]：一广大，二第一，三常心，四不颠倒。菩萨发愿[2]，普济万物，无边旷远，故名大心。欲愿与涅槃寂灭极乐，故名第一。生死道长，众生性多，而诲人不倦，名曰常心。不见能所，名不颠倒。

癸一、释广大心

"所有一切众生之类：若卵生、若胎生、若湿生、若化生；若有色、若无色；若有想、若无想、若非有想非无想，

释广大心者[3]，横亘四生，坚穷三界。四生，是能住三界为所在。依穀谓卵，含藏曰胎，假润称湿，欻现名化[4]。若有色，即欲、色二界。无色，即空处。有想，是识处。无想，不用处。非有想非无想，即最上天。

癸二、释第一心

"我皆令入无余涅槃而灭度之。

"我皆令入"下，释第一心。法不自起，因缘故生；但是因缘，自性皆空[5]。顺理为解[6]，乖宗成惑。惑即生死流转[7]，受身心

---

① "心"，甲本无。
② "菩"上，甲本有"初广大心者"。
③ "广"，原无，从疏意，据补。
④ "名"，甲本作"曰"。
⑤ "空"，肇《注》作"无"。
⑥ "顺"上，肇《注》有"斯则"。
⑦ "即"，肇《注》作"故"。

苦；解即累灭苦尽①，寂然永乐，谓之灭度。小乘涅槃，灰身灭智为无余。大乘以累无不尽，德无不圆，名为无余②。生灭观在，名有余也。

癸三、释常心

"如是灭度无量无数无边众生，实无众生得灭度者。

"如是灭度"下，释常心。若有能所，即懈息。以无休倦，故名常心。度无量无边，实无度者。《大品·度空品》云："度众生如度虚空，明众生无毫末可得。"③只解众生本来无所有即是悟，悟即名度。若有众生可度者，佛菩萨等即得杀罪。于一身理而为论，实无有众生。众生颠倒，妄执谓有。今佛菩萨怜愍说法，令悟本无所有，名此悟为度。实无别有众生异理而度，著涅槃中也。

癸四、释不颠倒心

"何以故？须菩提。若菩萨有我相、人相、众生相、寿者

---

① "受身心苦；解即累灭苦尽"，肇《注》作"解则累灭无为。身心为苦，苦尽为乐；尽苦之道，其唯大解。解极惑尽，身心俱忘"。

② "名"，甲本无。

③ 案后秦鸠摩罗什译《摩诃般若波罗蜜经》卷一九《度空品》："尔时，欲、色界诸天子作是念：'诸有善男子、善女人发阿耨多罗三藐三菩提意，如深般若波罗蜜所说义，行于等法不作实际证，不堕声闻、辟支佛地，应当为作礼。'须菩提语诸天子：'诸菩萨摩诃萨于等法不证，声闻、辟支佛地不为难。诸菩萨摩诃萨大庄严，我当度无量无边阿僧祇众生，知众生毕竟不可得而度众生，是乃为难。诸天子。诸菩萨摩诃萨发阿耨多罗三藐三菩提心，作是愿我当度一切众生，众生实不可得，是人欲度众生，如欲度虚空。何以故？虚空离故，当知众生亦离；虚空空故，当知众生亦空；虚空无坚固，当知众生亦无坚固；虚空虚诳，当知众生亦虚诳。'"

相，即非菩萨。"

"何以故"下，释不颠倒。以失显得①。若有我人②，可言有灭③，但是假名，横计人我④。执我为非，忘我为是，是非既彰，得失明矣⑤。《大品》中，具明十六知见⑥："一我，二众生，三寿者，四命者，五生者，六养育，七众数，八人者，九作者，十使作者，十一起者，十二使起者，十三受者，十四、使受者，十五知者，十六见者。"⑦此中略明四耳。

壬二、答住约行 三

"复次。须菩提。菩萨于法，应无所住行于布施。所谓不住色布施，不住声、香、味、触、法布施。

"复次"下，第二答住。问更为三：初辨行，次举喻格量，后结劝。

癸一、辨行 二

---

① "得"，原作"德"，案下文有"得失明矣"句，故据甲本改。
② "人"，肇《注》作"相"。
③ "灭"下，肇《注》有"既无我人，其谁灭乎"。
④ "横计人我"，肇《注》作"而横计我"。
⑤ "矣"下，肇《注》有"也"。
⑥ "知见"，原无，案下文有"广即十六知见"句，故据甲本改。
⑦ 案后秦鸠摩罗什译《摩诃般若波罗蜜经》卷一《习应品》："佛告舍利弗：'菩萨摩诃萨行般若波罗蜜时，应如是思惟：菩萨但有名字，佛亦但有字，般若波罗蜜亦但有字。色但有字，受、想、行、识亦但有字。舍利弗。如我但有字，一切我常不可得。众生、寿者、命者、生者、养育、众数、人者、作者、使作者、起者、使起者、受者、使受者、知者、见者，是一切皆不可得。不可得空故，但以名字说。菩萨摩诃萨亦如是行般若波罗蜜，不见我、不见众生，乃至不见知者、见者，所说名字亦不可见。菩萨摩诃萨作如是行般若波罗蜜，除佛智慧，过一切声闻、辟支佛上，用不可得空故。所以者何？是菩萨摩诃萨诸名字法，名字所著处亦不可得故。'"

就辨行中二。

子一、无住为本

前标无住为本。依无住本，行于布施，即住般若中也。娑婆世界宜用檀义摄六：资生摄施，无畏摄戒、忍，法摄后三。但举一檀，即摄六也。舍心无吝①，谓之布施。无相可存，何吝之有？施为六度之首，尘为生法之机②。二法皆空，于何不尽？

子二、结成住义

"须菩提。菩萨应如是布施，不住于相。何以故？若菩萨不住相布施，其福德不可思量。"

次"菩萨应如是布施"下，结成住义。施受皆不可得③，不住相也。正以虚心而施，则福不可量④。理既无量，心不应限，称理行施，其福弥广⑤。

癸二、举喻格量

"须菩提。于意云何？东方虚空可思量不？""不也。世尊。""须菩提。南西北方，四维上下，虚空可思不？""不也，世尊。""须菩提。菩萨无住相布施，福德亦复如是不可思量。

"东方虚空"下，第二举喻格量。理行既显⑥，如说而行，其

---

① "吝"，《清藏》本作"悋"。下同。

② "生法之机"，肇《注》作"法生之基"。

③ "施者、受者、财物"，原作"施受"，从疏意，据肇《注》改。

④ "则"，原无，从文气，据肇《注》补。"量"下，肇《注》有"故知不住为是，住相为非。又"。

⑤ "其福弥广"，肇《注》作"故其福弥旷者乎"。

⑥ "显"下，肇《注》有"时听戢心"。

福甚多^①，齐太虚也^②。

癸三、结劝 二

"须菩提。菩萨但应如所教住。"

"但应如所教住"下，第三结劝也。圣言无谬，理不可越。如佛所教，安心住实相也^③。

子一、愿行无相为因

"须菩提。于意云何？可以身相见如来不？"

"可以身相见不"下，明愿行皆无相为因。法身无色，为无得果。菩萨发心，有三义^④：一化众生，二修万行，三向菩提。降伏明化物，辨住示修行^⑤。如来身相，即菩提果体^⑥。若识法身，菩提可登^⑦。若计性实^⑧，乖之远矣。此举法身^⑨，明菩提空也^⑩。

子二、善吉深识法身

"不也，世尊。不可以身相得见如来。何以故？如来所说身相，即非身相。"佛告须菩提："凡所有相，皆是虚妄。若见诸相非相，则见如来。"

---

① "甚"，肇《注》作"为"。"多"下，肇《注》有"为多之况"。
② "齐太虚也"，肇《注》作"齐乎太虚之矣"。
③ "如佛所教，安心住实相也"，肇《注》"但当如佛所教而安心也"。
④ "有三义"，肇《注》作"义兼三端"。
⑤ "降伏明化物，辨住示修行"，肇《注》作"降伏已明化物之仪，辨住则示修行之轨，此章明趣菩提之方"。
⑥ "果"，肇《注》作"之"。
⑦ "菩"上，肇《注》有"则"。
⑧ "性实"，肇《注》作"实菩提"。
⑨ "此"，原无，从文气，据甲本补。又"此举"，肇《注》作"故问"。
⑩ "也"，肇《注》作"者乎"。

"不也"下，善吉深识法身①，故言"不可以身相而见"②。或一身一智，或言真、应，或言法、报、应，皆是明果。若至果理不生，不生而般若生理不生，不生即法身不可说；习、报二果不生，不生即报身不可说；慈誓不生，不生即应身不可说。如此三身皆不可说，那得以身相见如来？以因缘故。若得道人，闻说即悟，得见如来。若闻不悟，虽说身相，即非身相，故不可见。"凡所有相③，皆是虚妄，若见非相④，见如来者⑤。"非因非果，有因缘故，可得言因，亦可言果。如"非初焰⑥、非后焰，不离初、后焰⑦"，即此意也。今只以相为非相，非谓遣相别有一非相。若能如此，即见如来。

---

① "善吉"，肇《注》作"须菩提"。
② "以"下，肇《注》有"实"。"见"下，肇《注》有"也"。
③ "凡"上，甲本有"佛告须菩提"。
④ "非相"，甲本作"诸相非相则"。
⑤ "者"，甲本无。
⑥ "焰"，《清藏》本作"燄"。下同。
⑦ 案后秦鸠摩罗什译《摩诃般若波罗蜜经》卷一七《深奥品》："须菩提白佛言：'世尊。菩萨摩诃萨用初心得阿耨多罗三藐三菩提，用后心得阿耨多罗三藐三菩提。世尊。是初心不至后心，后心不在初心。世尊。如是心、心数法不具，云何善根增益？若善根不增，云何当得阿耨多罗三藐三菩提？'佛告须菩提：'我当为汝说譬喻，智者得譬喻，则于义易解。须菩提。譬如然灯，为用初焰燋炷，为用后焰燋炷？'须菩提言：'世尊。非初焰燋炷，亦非离初焰。世尊。非后焰燋炷，亦非离后焰。''须菩提。于汝意云何？炷为燋不？''世尊。炷实燋。'佛告须菩提：'菩萨摩诃萨如是，不用初心得阿耨多罗三藐三菩提，亦不离初心得阿耨多罗三藐三菩提；不用后心得阿耨多罗三藐三菩提，亦不离后心得阿耨多罗三藐三菩提，而得阿耨多罗三藐三菩提。须菩提。是中菩萨摩诃萨，从初发意行般若波罗蜜，具足十地得阿耨多罗三藐三菩提。'"

辛二、信者行深 三

须菩提白佛言："世尊。颇有众生，得闻如是言说章句，生实信不？"佛告须菩提："莫作是说。如来灭后，后五百岁，有持戒修福者，于此章句能生信心，以此为实。当知是人不于一佛、二佛、三四五佛而种善根，已于无量千万佛所种诸善根，闻是章句，乃至一念生净信者。须菩提。如来悉知悉见，是诸众生得如是无量福德。

"颇有"下，第二明信者行深。文为三：一明行深，二释，三引证。

壬一、行深

初有问答。问："颇有人能信不？"答："如来灭后，后五百岁，有持戒修福者。"二初非一佛二多积者，能信此经。出家持戒，在俗修福，后五百岁者。从六百至一千，亦云最后五百，始有佛法之名。能生信者，非值一两佛也[1]。应以如来灭后，是其得道之时，如优波掘因缘[2]。若寻其本，非一两佛也。净信无

---

① "两"，甲本作"二"。

② "优波掘"，即优婆毱多（梵 Upagupta），意译为近护，中印度摩突罗国（梵 Mathurā）毱多长者之子，为阿育王（梵 Aśoka）之帝师，付法藏之第四祖。案后秦鸠摩罗什《维摩诘所说经注》："以神通加其念力，令不忘也。问曰：'昔时，魔常来下，坏乱学人。今何因不来？'答曰：优波掘恩力故。佛在世时，有外道萨遮尼犍，大聪明，能论议，心大高慢。知佛法尊妙，意欲出家。问佛言：我若出家，智德名闻如佛不？佛言：'不得。'又问：'得如舍利弗不？'佛言：'不得。'如是一一问五百弟子，乃至问：'得如罗睺罗不？'答言：'不得。'于是尼犍言：'我出家，既不得如佛，又不得如弟子，何用出家？'又问：'后当得不？'佛言：'后世无诸大人，然后当得。'尼犍命终已，佛泥洹后百年，阿育王时生，出家学道，得阿罗汉，有大名声，教化国人，令得阿罗汉。除度夫不

所得信也，无相者为净信。五《百论》师，非不持戒，不信大乘。四依久植，故能信耳。既得实相净信，如来以种智知，以佛眼见。见其一念净信①，得无量之福。如一人以花自供佛，一人以花与他供佛，所得福德。问罗汉，不能见。问弥勒，弥勒云："自者毕苦得辟支，与他得成佛。"②是菩萨心，故如来知见。般若为佛母，佛常眼观。此经及受持者，福与虚空齐，非下所测，唯佛能知见耳。

壬二、释 二

"何以故？是诸众生无复我相、人相、众生相、寿者相，无法相亦无非法相。何以故？是诸众生，若心取相，则为著我、人、众生、寿者；若取法相，即著我、人、众生、寿者。何以故？若取非法相，即著我、人、众生、寿者。是故不应取法，不应取非法。

次"何以故"下，第二举二空释成。信者，相有三。何以故？初标，次释，后结。此中文隐，有纵释、反释、传释。

（续）————————

度妇，度妇不度夫，不在数中，但取夫妇俱时得阿罗汉者，以筹子数之，积筹满屋。后泥洹时，以筹子烧身，不假余物。"

① "净"，原无，据甲本补。

② 案东汉迦叶摩腾、竺法兰译《四十二章经》："佛言：'夫人为道务博爱，博哀施德莫大施。守志奉道，其福甚大；觌人施道，助之欢喜，亦得福报。'质曰：'彼福不当减乎？'佛言：'犹若炬火，数千百人，各以炬来，取其火去，熟食除冥。彼火如故，福亦如之。'"明智旭《经解》："恐有愚人正行施时，见他随喜，惧他分我功德，故以炬火如故晓之。盖不惟无减于我，而福报展转殊胜矣。昔有二人采花，一自供佛，一转施人供佛。以问弥勒，弥勒曰：'自供者成辟支佛果，施人者成无上菩提。'盖独乐不若与人，与少不若与众，世出世道，无不皆然也。"

癸一、生空

初列生空，有四："我"是自在之名，"人"为宰主之目[1]，"众生"取续前为义，"寿者"以接后为能。此四同为人执，随用以立四名[2]。广即十六知见，取著此见，不信般若。

癸二、法空

次列法空，但有两句，法、非法也。今言法者，说五阴空为法[3]，五阴相为非法。即以阴空为药名法，阴有为病名非法。阴病既除，空药亦遣，非法既谢，在法亦亡。又持戒为法，破戒为非法。次若持若犯并非法，非持非犯为法，是中道义。此信达中道，离有无二边，乃信此经耳。以是义故，如"筏喻"者。

壬三、引证 六

第三引证。信者行深，有六：初举经为证，二举菩萨正行为证[4]，三举菩萨遍行为证[5]，四举往古时事为证[6]，五举净佛国土为证[7]，六举譬山王为证。

癸一、举经为证

"以是义故，如来常说：'汝等比丘，知我说法，如筏喻者。'法尚应舍，何况非法？"

---

① "宰主"，甲本作"主宰"。
② "四"，《永乐南藏》本作"曰"。
③ "说"，甲本无。
④ "为证"，原无，从疏意，据补。
⑤ "为证"，原无，从疏意，据补。
⑥ "为证"，原无，从疏意，据补。
⑦ "为证"，原无，从疏意，据补。

第一、举经为证者①。譬欲济河②，构筏自运，既登彼岸，弃筏而去。将度生死，假乘万行，既到涅槃，万善俱舍。道法尚舍，而况非法③？初以善舍恶，后则俱舍。

癸二、举菩萨正行为证 三

"须菩提。于意云何？如来得阿耨多罗三藐三菩提耶？如来有所说法耶？"须菩提言："如我解佛所说义，无有定法名阿耨多罗三藐三菩提，亦无有定法如来可说。

"如来得菩提"下，第二举菩萨正行为证。

子一、问答

佛问："有菩提可得，有法可说不？"答："无有定法名菩

---

① "举"，原作"引"，案前疏文作"举"，据改。"举经为证"，指举他经，而非金刚也。"如来常说：'汝等比丘，知我说法，如筏喻者。'"，即如来引面诃阿梨咤比丘语。案中阿含经卷五四东晋瞿昙僧伽提婆译《大品阿梨咤经》："云何我为汝等长夜说筏喻法，欲令弃舍，不欲令受？犹如山水甚深极广，长流驶疾，多有所漂，其中无舡，亦无桥梁。或有人来，而于彼岸有事欲度。彼求度时，而作是念：'今此山水甚深极广，长流驶疾，多有所漂。其中无舡，亦无桥梁，而可度者。我于彼岸有事欲度，当以何方便令我安隐至彼岸耶？'复作是念：'我今宁可于此岸边，收聚草木，缚作桴筏，乘之而度。'彼便岸边收聚草木，缚作桴筏，乘之而度，安隐至彼，便作是念：'今我此筏多有所益，乘此筏已，令我安隐，从彼岸来，度至此岸，我今宁可以筏著右肩或头戴去。'彼便以筏著右肩上，或头戴去。于意云何？彼作如是竟，能为筏有所益耶？"时诸比丘答曰："不也。"世尊告曰："彼人云何为筏所作能有益耶？彼人作是念：'今我此筏多有所益，乘此筏已，令我安隐，从彼岸来，度至此岸，我今宁可更以此筏还著水中，或著岸边而舍去耶？'彼人便以此筏还著水中，或著岸边舍之而去。于意云何？彼作如是，为筏所作能有益耶？"时诸比丘答曰："益也。"世尊告曰："如是。我为汝等长夜说筏喻法，欲令弃舍，不欲令受。若汝等知我长夜说筏喻法者，当以舍是法，况非法耶？"
② "欲"，《永乐南藏》本作"于"。
③ "法"下，肇《注》有"之空也"。

提，亦无有定法如来可说。"无定即是性空，解穷相尽谓之菩提。无相故不有，假名即不无。不有不无，何实可得？何定可说？应化非真佛，亦非说法者。应既不说，真亦复然。离真无应，真应不同。由来真不说，应说。说即不说，不说而说。若知如来常不说，是为具足多闻[1]。

子二、释菩提无相可取

"何以故？如来所说法皆不可取、不可说，非法非非法。所以者何？一切贤圣皆以无为法而有差别。"

"何以故"下，释菩提无相可取，诸法空不可说[2]。非法即不有[3]，非非法即不无[4]，故不可说[5]。有无并无，理之极也。所以者何？理无生灭，谓之无为。无为之理，众圣同解。解会无为，结尽道成。一解脱义[6]，同入法性[7]。无为虽一[8]，解有明昧，浅深差别也[9]。

子三、校量

"须菩提。于意云何？若人满三千大千世界七宝，以用布施，是人所得福德，宁为多不？"须菩提言："甚多。世尊。

---

① "为"，甲本作"谓"。
② "说"下，肇《注》有"故无定实"。
③ "即"，肇《注》作"则"。
④ "即"，肇《注》作"故"。
⑤ "故不可说"，甲本无。
⑥ "一"上，肇《注》有"所谓"。
⑦ "性"下，肇《注》有"者也"。
⑧ "无"上，肇《注》有"然"。
⑨ "浅深差别也"，肇《注》作"明深昧浅，优劣差者也"。

何以故？是福德，即非福德性，是故如来说福德多。若复有人于此经中，受持乃至四句偈等，为他人说，其福胜彼。何以故？须菩提。一切诸佛及诸佛阿耨多罗三藐三菩提法，皆从此经出。须菩提。所谓佛法者，即非佛法。"

"三千七宝"下，校量。前举虚空，此岂不尽①？今一念信解，复一番格量。积宝多而功薄，四句约而福厚。金玉三千，止以养身②；一偈虽约③，妙极资神④。爱佛功德，七住未忘。妙著难觉，宜应虚心也。七宝是事善缘因，天人果报⑤，不动不出。故以动出之慧导之，得成菩提。一念圆信，能导众善，此心为胜。实相能出诸法，法即非法⑥，诸法不生，般若生也。

癸三、举菩萨遍行为证 二

"须陀洹"下，第三举菩萨遍行为证⑦。初举四果，次善吉自陈。

子一、举四果

"须菩提。于意云何？须陀洹能作是念：'我得须陀洹果不？'"须菩提言："不也。世尊。何以故？须陀洹名为入流，而无所入，不入色、声、香、味、触、法，是名须陀洹。""须

---

① "不"，甲本作"可"。
② "止"，肇《注》作"正"。
③ "一偈"，肇《注》作"四句"。
④ "神"下，肇《注》有"岂可同日而等彼者也"。
⑤ "天人"，甲本作"人天"。
⑥ "非法"下，甲本有"者"。
⑦ "为证"，原无，从疏意，据补。

菩提。于意云何？斯陀含能作是念：'我得斯陀含果不？'"须菩提言："不也。世尊。何以故？斯陀含名一往来，而实无往来，是名斯陀含。""须菩提。于意云何？阿那含能作是念：'我得阿那含果不？'"须菩提言："不也。世尊。何以故？阿那含名为不来，而实无不来，是故名阿那含。""须菩提。于意云何？阿罗汉能作是念：'我得阿罗汉道不？'"须菩提言："不也。世尊。何以故？实无有法名阿罗汉。世尊。若阿罗汉作是念：'我得阿罗汉道。'即为著我、人、众生、寿者。

须陀洹，此云修习无漏，亦逆生死流，亦入道流。不入色尘，是逆流。至论在观，无逆无入。言不入色者，即是六尘。过去无明所感，无明不实，所感六尘，那得是实？既其不实，那得作定有无六十二见计①？以不定性，故名不入。海为众流之川，

① "得"，甲本无。"六十二见"，案后秦鸠摩罗什译《摩诃般若波罗蜜经》卷一四《佛母品》："佛言：一切众生心数出、没、屈、申等，皆依色、受、想、行、识生。须菩提。佛于是中知众生心数出、没、屈、申，所谓神及世间常，是事实，余妄语，是见依色；神及世间无常，是事实，余妄语，是见依色；神及世间常亦无常，是事实，余妄语，是见依色；神及世间非常非无常，是事实，余妄语，是见依色。神及世间常，是事实，余妄语，是见依受；神及世间无常，是事实，余妄语，是见依受；神及世间常亦无常，是事实，余妄语，是见依受；神及世间非常非无常，是事实，余妄语，是见依受。神及世间常，是事实，余妄语，是见依想；神及世间无常，是事实，余妄语，是见依想；神及世间常亦无常，是事实，余妄语，是见依想；神及世间非常非无常，是事实，余妄语，是见依想。神及世间常，是事实，余妄语，是见依行；神及世间无常，是事实，余妄语，是见依行；神及世间常亦无常，是事实，余妄语，是见依行；神及世间非常非无常，是事实，余妄语，是见依行。神及世间常，是事实，余妄语，是见依识；神及世间无常，是事实，余妄语，是见依识；神及世间常亦无常，是事实，余妄语，是见依识；神及世间非常非无常，是事实，余妄语，是见依识。世间有边是事实，余妄语，是见依色；世间无边，是事实，余妄语，是见依色；世间有边无

菩提神极之渊。始会无生，必尽源也①。理无乖顺，何入之有？违理故入六尘②，背尘即会于理③。下众果类然④。

斯陀含，此云住薄⑤，亦一往来。欲界思惑九品⑥，已断六品，余三品在，故言薄。人天各一生，便成罗汉，故名一往来。而实无往来⑦，已得生法二空故。

阿那含，此云不还，亦云不来。欲界结尽，上界证无学。应云不来，略以无兼不字者⑧，互文现耳。

罗汉，此云无著，亦曰不生。三界生尽，所作已办。罗汉称

（续）——————

边，是事实，余妄语，是见依色；世间非有边非无边，是事实，余妄语，是见依色。依受、想、行、识亦如是。神即是身，是见依色；神异身异，是见依色。依受、想、行、识亦如是。死后有如去，是事实，余妄语，是见依色；死后无如去，是事实，余妄语，是见依色；死后或有如去或无如去，是事实，余妄语，是见依色；死后非有如去非无如去，是事实，余妄语，是见依色。依受、想、行、识亦如是。如是。须菩提。佛因般若波罗蜜，众生出、没、屈、申如实知。"后秦鸠摩罗什译《大智度论》卷七〇《释佛母品》："佛悉知一切众生所作所行，六十二邪见等诸邪见，九十八结使等诸烦恼，是故说'佛知众生心心数法出、没、屈、申'。"隋智　《仁王护国般若经疏》卷三《观空品》："六十二见，释者不同。且依大论，于五阴上皆作四句：于色阴，云过去色神及世间常是事实，余妄语；无常等三句亦然。余阴亦如是成二十。现在有边、无边等，历五阴上有二十。死后如去、不如去等，亦有二十；成六十。是神与身一，神与身异，成六十二见。"

①　"必尽源也"，肇《注》作"终必尽源"。
②　"六尘"，肇《注》作"色声"。
③　"尘即"，肇《注》作"色声则"。"理"下，肇《注》有"理会无入，非入色声也"。
④　"下"上，肇《注》有"自"。"然"，肇《注》作"可知"。
⑤　"此"，原无，从疏意，据甲本补。
⑥　"思惑九品"，甲本作"九品思惑"。
⑦　"来"下，甲本有"者"。
⑧　"字者"，原无，从疏意，据甲本补。

道，前三言果①。果实通四，而独称道者，以得尽无生二智②，声闻道极，故以道为名。

子二、善吉自陈

"世尊。佛说我得无诤三昧人中，最为第一，是第一离欲阿罗汉。我不作是念：'我是离欲阿罗汉。'世尊。我若作是念：'我得阿罗汉道。'世尊则不说：'须菩提是乐阿兰那行者。'以须菩提实无所行，而名'须菩提是乐阿兰那行'。"

"世尊佛说"下，第二自陈。以己所解，验理非虚。心空恒静③，诤从何起？

"兰那"者，寂静行也④。相尽于外，心息于内，内外俱寂，何时不静⑤？得名不虚，必称实也⑥。"兰那"，此云无事。若自谓是离欲，即是有事，何谓无事？

癸四、举往古时事为证

佛告须菩提："于意云何？如来昔在然灯佛所，于法有所得不？""世尊。如来在然灯佛所，于法实无所得。"

"昔在然灯"下，第四举往古时事为证。次明菩萨，其解亦同。如来在昔佛所行般若时，非但于假名不入色香等，亦不入涅槃，亦不入中道，是故得成菩提。四依齐此，明一念信人降伏其

---

① "言"，甲本作"皆"。
② "以"，甲本无。
③ "空"，肇《注》作"宣"。
④ "也"，原无，从文气，据肇《注》补。
⑤ "静"下，肇《注》有"也"。
⑥ "称"，肇《注》作"积"。

心，无我相等。

癸五、举净佛国土为证

"须菩提。于意云何？菩萨庄严佛土不？""不也。世尊。何以故？庄严佛土者，则非庄严，是名庄严。""是故。须菩提。诸菩萨摩诃萨应如是生清净心，不应住色生心，不应住声、香、味、触、法生心，应无所住而生其心。"

"净佛土"下，第五举净佛国土为证①。一念净信，辨其应住以无所住，住于般若而取佛土，即是四种庄严。若自严净，即是寂光；若论化他，即具四土。相惑此土秽②，虚明即国净③。严国之义④，亦在虚心。如是严净土，应行檀等生清净心。不住色香，其心无住。三番法，非法等。一念净心，无住之住，即是非因而因，而降住等也。

癸六、举譬须弥山王为证

"须菩提。譬如有人，身如须弥山王，于意云何？是身为大不？"须菩提言："甚大。世尊。何以故？佛说非身，是名大身。"

"譬如"下，第六举须弥山王为证⑤。此即非果而果。须弥，翻云安明，四宝所成，是十山中一：一雪山，二香山，三轲梨罗山，四仙圣山，五由干陀山，六马耳山，七尼民陀罗山，八斫迦

---

① "第五"，甲本作"证"。"举净佛国土为证"，原无，从疏意，据补。
② "惑此"，肇《注》作"或必"。又"此"，甲本作"则"。
③ "即"，肇《注》作"则"。
④ "国"，甲本作"土"。
⑤ "举"、"为证"，原无，从疏意，据补。

罗山，九宿慧山^①，十须弥山^②。因大，故果大。得法性五阴，成就法身，故言大如须弥。须弥以譬法性色，色大故般若大，如山大神亦大。习果既圆，报果亦满。法身非身，故言大身。

辛三、信受福重 四

"恒河"下，第三信受福重^③。文有四阶：一福多，二处重，三人尊，四总结。

---

① "慧"，《清藏》本作"惠"。

② 案东晋佛驮跋陀罗译《大方广佛华严经》卷二七《十地品》："佛子。是菩萨十地次第顺行，趣向一切种智。如从阿耨达池四河流出，满足四天下，无有穷尽，乃入大海，菩萨亦如是，从菩萨出于善根大愿之水，以四摄法满足众生而不穷尽，乃至一切种智。佛子。是菩萨十地，因佛智故而有差别。如因大地有十大山王，何等为十？所谓雪山王、香山王、轲梨罗山王、仙圣山王、由干陀山王、马耳山王、尼民陀罗山王、斫迦罗山王、宿慧山王、须弥山王。如雪山王，一切药草集在其中而不可尽；菩萨亦如是，住欢喜地，一切世间经书、技艺、文颂、咒术集在其中，无有穷尽。如香山王，一切诸香集在其中而不可尽；菩萨亦如是，住离垢地，持戒头陀威仪助法集在其中，无有穷尽。如轲梨罗山王，但以宝成，集诸妙华，取不可尽；菩萨亦如是，住于明地，集一切世间禅定、神通、解脱三昧，问不可尽。如仙圣山王，但以宝成，多有五通圣人，不可穷尽；菩萨亦如是，住于焰地，集令众生入道因缘，种种问难，不可穷尽。如由干陀山王，但以宝成，集夜叉大神，不可穷尽；菩萨亦如是，住难胜地，集一切自在如意神通，说不可尽。如马耳山王，但以宝成，集众妙果，取不可尽；菩萨亦如是，住现前地，集深因缘法，说声闻果，不可穷尽。如尼民陀罗山王，但以宝成，集一切大力龙神，不可穷尽；菩萨亦如是，住远行地，集种种方便智慧，说辟支佛道，不可穷尽。如斫迦罗山王，但以宝成，集心自在者，不可穷尽；菩萨亦如是，住不动地，集一切菩萨自在道，说世间性，不可穷尽。如宿慧山王，但以宝成，集大神力诸阿修罗，无有穷尽；菩萨亦如是，住善慧地，集转众生行智，说世间相，不可穷尽。如须弥山王，但以宝成，集诸天神，无有穷尽；菩萨亦如是，住法云地，集如来十力、四无所畏，说诸佛法，不可穷尽。是十宝山，同在大海，因大海水，有差别相；菩萨十地亦如是，同在佛智，因一切智，故有差别相。"

③ "受"，原作"者"，案此段经文中，言"受持四句偈等"，从疏意，据改。

壬一、福多

"须菩提。如恒河中所有沙数，如是沙等恒河，于意云何？是诸恒河沙，宁为多不？"须菩提言："甚多，世尊。但诸恒河尚多无数，何况其沙？""须菩提。我今实言告汝，若有善男子、善女人，以七宝满尔所恒河沙数三千大千世界，以用布施，得福多不？"须菩提言："甚多。世尊。"佛告须菩提："若善男子、善女人，于此经中乃至受持四句偈等，为他人说，而此福德胜前福德。"

"恒河"者，是神名，此河长八千由旬，广四千由旬，甚深，象度皆没。沙细如面，水白如乳。初言"三千不"，即恒河者自少至多。一恒河为本，复数诸恒河，诸恒河之沙[①]，三重为数。舍宝多而福少，持经少而福多者，经之胜用也，故云此福胜前福地[②]。

壬二、处重

"复次。须菩提。随说是经乃至四句偈等，当知此处，一切世间天、人、阿修罗皆应供养，如佛塔庙。何况有人尽能受持读诵？

"复次"下，明处重。一切世间，总明处贵。天、人、修罗，略明三善道。供养如塔，此云方坟，亦名灵庙[③]。尊法身故敬塔，

① "诸恒河"，甲本无。
② "也，故云此福胜前福地"，原无，从疏意，据甲本补。
③ "名"，甲本作"云"。

为重经故贵说经处。《大品》："舍利起塔，不及般若。"①何故说处如塔，其义实尔？但世人敬塔，故令说处如塔。

壬三、人尊

"须菩提。当知是人成就最上第一希有之法。

"是人成就最上"下，明人尊。法妙人称②，理故宜然。希有之法是菩提成就，即人可贵③。如《法华》"说最实事"④，即是第一

---

① 案后秦鸠摩罗什译《摩诃般若波罗蜜经》卷九《宝塔品》："释提桓因白佛言：'世尊。若善男子、善女人，书写般若波罗蜜，华香、璎珞乃至伎乐供养。若有人，佛般涅槃后，若供养舍利，若起塔供养，恭敬尊重赞叹，华香、璎珞乃至伎乐供养，是二何者得福多？'佛告释提桓因：'我还问汝，随汝意答我。于汝意云何？如佛得一切种智、及得是身，从何道学，得是一切种智、得是身？'释提桓因白佛言：'佛从般若波罗蜜中学，得一切种智及相好身。'佛告释提桓因：'如是。如是。憍尸迦。佛从般若波罗蜜中学，得一切种智。憍尸迦。不以是身名为佛，得一切种智故名为佛。憍尸迦。是佛一切种智，从般若波罗蜜中生。以是故，憍尸迦。是佛身，一切种智所依处，佛因是身得一切种智。善男子当作是思惟：是身，一切种智所依处，是故我涅□后舍利，当得供养。复次。憍尸迦。善男子、善女人，若闻是般若波罗蜜，书写、受持、亲近、读诵、正忆念、华香、璎珞、捣香、泽香、幢盖、伎乐，恭敬供养，尊重赞叹，是善男子、善女人，则为供养一切种智。以是故。憍尸迦。若有善男子、善女人，书是般若波罗蜜，若受持、亲近、读诵、说，正忆念，供养恭敬，尊重赞叹，华香、璎珞乃至伎乐；若复有善男子、善女人，佛般涅槃后，供养舍利，起塔恭敬，尊重赞叹，华香乃至伎乐；若有善男子、善女人，是般若波罗蜜，书持供养恭敬，尊重赞叹，华香、璎珞乃至伎乐；是人得福多。何以故？是般若波罗蜜中，生五波罗蜜，生内空乃至无法有法空；四念处乃至十八不共法，一切三昧、一切禅定、一切陀罗尼，皆从般若波罗蜜中生；成就众生，净佛世界，皆从般若波罗蜜中生；菩萨家成就、色成就、资生之物成就、眷属成就、大慈大悲成就，皆从般若波罗蜜中生；刹利大姓、婆罗门大姓、居士大家，皆从是般若波罗蜜中生；四天王天乃至阿迦尼咤天，须陀洹乃至阿罗汉，辟支佛、诸菩萨摩诃萨、诸佛，诸佛一切种智，皆从是般若波罗蜜中生。'"

② "称"，肇《注》作"胜"。

③ "贵"，甲本作"尊"。

④ 案后秦鸠摩罗什译《妙法莲华经》卷三《药草喻品》："迦叶当知，以诸

义谛最上之法也。

壬四、总结

"若是经典所在之处，则为有佛，若尊重弟子。"

"若是经典"下，总明经"所在之处①，则为有佛②，若尊重弟子③"。人能弘法，即人有法④；以法成人，即法有人⑤；人法所处，理当贵矣⑥。非果而果，即为有佛；非因而因⑦，即以尊重弟子，谓普贤、文殊等。

初章竟。

庚二、名空无所有 四

"当何名"下，第二明名空无所有⑧。夫条散难究⑨，本一易寻。会宗领旨，宜正其名⑩。文有四段：初名字空，二受持福多，三信受行深，四如来述成⑪。

辛一、名字空 二

壬一、问答 二

（续）————————

因缘，种种譬喻，开示佛道，是我方便，诸佛亦然。今为汝等，说最实事。诸声闻众，皆非灭度。汝等所行，是菩萨道，渐渐修学，悉当成佛。"

① "下，总明经"，甲本无。
② "则"，原作"即"，据甲本改。
③ "若"，原无，据甲本补。
④ "即"，肇《注》作"则"。
⑤ "即"，肇《注》作"则"。
⑥ "当贵"，肇《注》作"令弘"。
⑦ "非"，甲本作"若"。
⑧ "明"，原作"辨"，从疏意，据改。
⑨ "条"，肇《注》作"修"。
⑩ "名"下，肇《注》有"也"。
⑪ "如来述成"，原作"佛述"，从疏意，据改。

初中有问答。

癸一、问名问持

尔时，须菩提白佛言："世尊。当何名此经？我等云何奉持？"

问名问持，遵修为奉①，任弘为持，在三成范，请问其轨②。

癸二、答名答持

佛告须菩提："是经名为《金刚般若波罗蜜》，以是名字，汝当奉持。

"佛告"下，答名答持，名冠题首③，义已备矣④。境慧相从⑤，通名般若⑥，那要宜别⑦，归乎圣心。挈网举目⑧，诠合义从⑨，名正理显，宜应修习⑩。

壬二、境慧皆空

"所以者何？须菩提。佛说般若波罗蜜，则非般若波罗蜜。""须菩提。于意云何？如来有所说法不？"须菩提白佛言："世尊。如来无所说。"

"所以者何"下，释夫名不虚设，必当其实。金刚所拟，物

---

① "遵"，肇《注》作"尊"。
② "问"，肇《注》作"闻"。
③ "冠题首"，甲本作"贯题目"，肇《注》作"贯首题"。
④ "备"，肇《注》作"修"。
⑤ "境"上，肇《注》有"然"。
⑥ "般"，肇《注》作"波"。
⑦ "那要宜别"，肇《注》作"取要宜"。
⑧ "挈网"，肇《注》作"契经"。
⑨ "诠"，肇《注》作"苓"。
⑩ "习"，肇《注》作"弘"。

莫不碎。此慧所照，法无不空。即非般若①，即慧空也。境灭慧忘，何相不尽？弘持之旨，宜在于此②。

释中初无所有，二亦无所有，而意异故。明不无所有，此简性空义。一者性自是空，二者破性说空。前有所无空，后无所有空。大品云："诸法无所有，如是有、如是无所有。是事不知，名为无明。"③有所无望前，无所有望后。前三藏中说性义皆破，即属破性说空所摄。而此性义，前时为缘为有者，今日悉无，故言有所无。而言无所有，望后明诸法无所有，而复有不无所有义，即明如是有故。经云："不知名无明。"破性说性空，横论破病，一切悉皆洗净。是尽亦尽，是净亦净。竖论入道④，尽复有不尽义。此望道为论，即此尽净为道。道有隔凡成圣之用⑤，不同二头三手之无所有。复有不无所有义，即是如是有义。若是前无所有，一向无所有，无所有亦复无所有。后明无所有，即是不无所有。无所有名虽同，其意有异⑥。

就前中，初明如空，次明如亦空⑦。"所以者何？佛说般若，则非般若⑧。"此是如空。既以性空为般若，般若即非般若。性空，

---

① "即"，肇《注》作"则"。
② "在于此"，肇《注》作"存于此乎"。
③ 案后秦鸠摩罗什译《摩诃般若波罗蜜经》卷三《相行品》："舍利弗白佛言：'世尊。诸法实相云何有？'佛言：'诸法无所有，如是有、如是无所有。是事不知，名为无明。'"
④ "入"，《永乐南藏》本作"八"。
⑤ "隔"，甲本作"革"。
⑥ "其"，甲本作"而"。
⑦ "亦"，甲本作"不"。
⑧ "则"，甲本作"即"。

如亦空。"如来有所说法不？"境慧都空，复何所说？说不说，如不如，二智皆空也。

辛二、受持福多　二

"三千"下，是第二受持福多。

壬一、不无所有　二

不无所有，亦二：初明微尘不无所有，二明身相不无所有。

癸一、明微尘不无所有

"须菩提。于意云何？三千大千世界所有微尘，是为多不？"须菩提言："甚多。世尊。"须菩提："诸微尘，如来说非微尘，是名微尘。如来说世界，非世界，是名世界。"

"佛说微尘，即非微尘，是名微尘。"故是无所有，如是有。大品云："不知名无明。"今明了此如是有，即智慧也。散为微尘，合成世界。世界无性故非，假名即有①。

癸二、明身相不无所有

"须菩提。于意云何？可以三十二相见如来不？""不也。世尊。不可以三十二相得见如来。何以故？如来说三十二相，即是非相，是名三十二相。"

"可以三十二相"下，二明身相不无所有。"非相"，假名身相，只以身为非身，不是遣除身别有非身也。亦非遣相，别有无相。相、无相，不一不异。

---

① "有"，《永乐南藏》、甲本作"是"。"世界无性故非，假名即有"，肇《注》作"无性故非，假名则是"。

壬二、校量

"须菩提。若有善男子、善女人，以恒河沙等身命布施。若复有人于此经中，乃至受持四句偈等，为他人说，其福甚多。"

"恒河沙身命"下，说经名已，复一番校量。前寄舍财以明胜，此寄舍身以辨多。依报易舍，正报难损，自易之难①，示化渐也。身命布施，不免有生。弘持四句，累灭道成。

辛三、信受行深 四

"闻说经深解"下，第三信受行深，有四：初须菩提不闻，二余人能信，三善吉信易，四余人信难②。

壬一、须菩提不闻

尔时，须菩提闻说是经，深解义趣，涕泪悲泣，而白佛言："希有。世尊。佛说如是甚深经典，我从昔来所得慧眼，未曾得闻如是之经。

"深解"、"悲泣"者，嗟我晚悟，兼悲未闻。愍念一切众生，不知此法，故悲。闻此法喜，故悲。深嗟小乘，呜呼自责，故悲。不善观空，名得慧眼。故尔前虽闻而未闻③，如此降伏应住也。

壬二、余人能信

"世尊。若复有人得闻是经，信心清净，则生实相，当知是人成就第一希有功德。世尊。是实相者，则是非相，是故如

① "之"，甲本作"至"。

② "三善吉信易，四余人信难"，两"信"字原作"闻"，案经文意在"信解受持"，从疏意，据改。

③ "而"，原无，从疏意，据甲本补。

来说名实相。

"若复有人得闻"下，第二余人能信。"实相"者，即是非相；若有少相，即非实相；故以无相为实相。如来说此①，而人能信，岂非第一希有？而言生实相者，此是无生生也。《大品》云："色不生，故般若波罗蜜生。"②若解色无生，即是无生。观智起，故般若生也。

壬三、善吉信易

"世尊。我今得闻如是经典，信解受持，不足为难。

"我今得闻"下，第三善吉信易。遇佛道成证圣③，方信何难？生值佛世，亲得解悟，解故信之易也。

壬四、余人信难　四

"若当来世"下，第四余人信难。生不值佛，而能信如是无相之法，斯岂不难④？就文更为四：

癸一、明信者希有

"若当来世后五百岁，其有众生得闻是经，信解受持，是人则为第一希有。

---

① "来"，《永乐南藏》本作"未"。
② 案后秦鸠摩罗什译《摩诃般若波罗蜜经》卷一一《照明品》："舍利弗白佛言：'世尊。云何应生般若波罗蜜？'佛告舍利弗：'色不生，故般若波罗蜜生；受想行识不生，故般若波罗蜜生；檀那波罗蜜不生，故般若波罗蜜生；乃至禅那波罗蜜不生，故般若波罗蜜生。内空乃至无法、有法空，四念处乃至八圣道分，佛十力乃至一切智、一切种智不生，故般若波罗蜜生。如是诸法不生，故般若波罗蜜应生。'"
③ "道成证圣"，肇《注》作"成圣"。
④ "斯"，《永乐南藏》本作"闻"。

初明信者希有。末法时信，最可称美①。

癸二、释信者由无我相，能信此经

"何以故？此人无我相、人相、众生相、寿者相。

二"何以故"下，释信者由无我相，能信此经。若才有少许我②、人等相，即不信也。

癸三、释无相意

"所以者何？我相，即是非相；人相、众生相、寿者相，即是非相。

三"所以者何"下，释无相意。我相即是非相，无片许相可得，故其能不颠倒我、人等。从本以来，无一相可得，故其体本来无相，即为希有。此是反释。

癸四、相尽解极，即是为佛

"何以故？离一切诸相，则名诸佛。"

四"何以故？离一切诸相③，则名诸佛④"。相尽解极，即是为佛⑤。能离有无，毕竟常住。前亦云⑥："若见诸相非相，即见如来。"

辛四、如来述成

佛告须菩提："如是如是。若复有人得闻是经，不惊不怖

---

① "末法时信，最可称美"，肇《注》作"道败时信，此最可称"。

② "才"，《清藏》本作"纔"。

③ "诸"，原无，从经文，据甲本补。

④ "则"，原作"即"，从经文，据改。

⑤ "即"，肇《注》作"则"。又"佛"下，肇《注》有"故知惑见我人，解则无矣"。

⑥ "亦"，原无，从疏意，据甲本补。

不畏，当知是人甚为希有。何以故？须菩提。如来说第一波罗蜜，非第一波罗蜜，是名第一波罗蜜。

"佛告"下，第四如来述成。若善吉自言，容可不定言无我、人即是佛者。佛今印定"如汝所说"，是故非虚。一往怛愕名惊①，心胆怯弱名怖，深恶前事名畏。又惊是始行，怖是二乘，畏是外道。亦初闻经不惊，次思义不怖②，后修行不畏③。

"第一"，即般若诸度中最为第一④。六从后数⑤，亦是第一⑥。

庚三、明力用空无所有 三

"忍辱"下，第三明力用空无所有⑦。然诸法不出体、名、用，今皆无所有。文更为三：初力用无所有；二能如是解，仰参佛慧；三明福多。

辛一、力用无所有 五

就初中复五：一体无所有，二功用，三劝诚，四引证，五举譬。

壬一、体无所有

"须菩提。忍辱波罗蜜，如来说非忍辱波罗蜜。

第一体者。安耐名忍⑧，加毁为辱。既无我人⑨，谁加谁忍？故

---

① "怛"，《清藏》本作"恒"。
② "次"，甲本作"二"。
③ "后"，甲本作"三"。
④ "为"，甲本无。
⑤ "六"，甲本无。"数"下，甲本有"起"。
⑥ "是"，甲本无。
⑦ "明力用空无所有"，原作"明般若功用无所有"，从疏意，据改。
⑧ "名"，肇《注》作"为"。
⑨ "既"，肇《注》无。

非忍为忍^①，忍为非忍，为般若体也。

壬二、功用 二

"何以故"下，第二功用^②，明般若用。以非忍为忍，有大力用。初一世忍，次多世忍。

癸一、一世忍

"何以故？须菩提。如我昔为歌利王割截身体，我于尔时无我相、无人相、无众生相、无寿者相。何以故？我于往昔节节支解时，若有我相、人相、众生相、寿者相，应生瞋恨。

一 "歌利"，此云恶生王。何故忍即非忍^③？引事为证^④。有苦能忍，有忍无苦^⑤。既无我人，割忍何生^⑥？若有人我^⑦，必生忿恚。而能恬然^⑧，无我人明矣^⑨。

癸二、多世忍

"须菩提。又念过去于五百世作忍辱仙人，于尔所世无我相、无人相、无众生相、无寿者相。

二 "又念五百世"下，即多世忍。菩萨知身无所有，舍不足

---

① "故"，甲本无。"为忍"，肇《注》作"之也"。

② "功用"，原无，从疏意，据补。

③ "忍"下，肇《注》有"耶"。

④ "引事为证"，肇《注》作"即引忍事，以为证也"。

⑤ "有苦能忍，有忍无苦"，肇《注》作"有人受割，可名为忍"。

⑥ "生"下，肇《注》有"也"。

⑦ "若"上，肇《注》有"何故尔时无我人相耶"。"人我"，肇《注》作"我人"。

⑧ "恬"，肇《注》作"怡"。

⑨ "人"，原无，从疏意，据肇《注》补。

难。若有此身，舍大难也。尸毗代鸽^①，犹是三藏中事忍^②。前明

① "代"，《永乐南藏》本作"伐"。"尸毗"，即尸毗王（梵 !ibi）。案后秦鸠摩罗什译《大智度论》卷四《初品》中《菩萨释论》："问曰：檀波罗蜜云何满？答曰：一切能施，无所遮碍，乃至以身施时，心无所惜。譬如尸毗王以身施鸽。释迦牟尼佛本身作王，名尸毗。是王得归命救护陀罗尼，大精进，有慈悲心，视一切众生如母爱子。时世无佛，释提桓因命尽欲堕。自念言：'何处有佛一切智人？'处处问难，不能断疑，知尽非佛，即还天上，愁忧而坐。巧变化师毗首羯磨天问曰：'天主何以愁忧？'答曰：'我求一切智人不可得，以是故愁忧。'毗首羯磨言：'有大菩萨，布施、持戒、禅定、智能具足，不久当作佛。'帝释以偈答曰：'菩萨发大心，鱼子庵树华，三事因时多，成果时甚少。'毗首羯磨答曰：'是优尸那种尸毗王，持戒、精进，大慈、大悲，禅定、智能，不久作佛。'释提桓因语毗首羯磨：'当往试之，知有菩萨相不？汝作鸽，我作鹰，汝便佯怖入王腋下，我当逐汝。'毗首羯磨言：'此大菩萨，云何以此事恼。'释提桓因说偈言：'我亦非恶心，如真金应试；以此试菩萨，知其心定不。'说此偈竟，毗首羯磨即自变身作一赤眼赤足鸽，释提桓因自变身作一鹰；急飞逐鸽，鸽直来入王掖底，举身战怖，动眼促声。是时，众多人相与而语曰：'是王大慈仁，一切宜保信，如是鸽小鸟，归之如入舍；菩萨相如是，作佛必不久。'是时鹰在近树上，语尸毗王：'还与我鸽，此我所受。'王时语鹰：'我前受此，非是汝受；我初发意时受此，一切众生皆欲度之。'鹰言：'王欲度一切众生，我非一切耶？何以独不见愍而夺我今日食？'王念言：'汝须何食？我作誓愿：'其有众生来归我者，必救护之。'汝须何食，亦当相给。'鹰言：'我须新杀热肉。'王念言：'如此难得，自非杀生，无由得也。我当云何杀一与一。'思惟心定，即自说偈：'是我此身肉，恒属老病死，不久当臭烂，彼须我当与。'如是思惟已，呼人持刀，自割股肉与鹰。鹰语王言：'王虽以热肉与我，当用道理，令肉轻重得与鸽等，勿见欺也。'王言：'持称来。'以肉对鸽，鸽身转重，王肉转轻。王令人割二股，亦轻不足；次割两跨、两臂、两乳、项脊，举身肉尽，鸽身犹重，王肉故轻。是时近臣、内戚安施帐幔，却诸看人：'王今如此，无可观也。'尸毗王言：'勿遮诸人，听令入看。'而说偈言：'天人阿修罗，一切来观我。大心无上志，以求成佛道。若有求佛道，当忍此大苦；不能坚固心，则当息其意。'是时，菩萨以血涂手，攀称欲上，定心以身尽以对鸽。鹰言：'大王。此事难办，何用如此？以鸽还我。'王言：'鸽来归我，终不与汝。我丧身无量，于物无益，今欲以身求易佛道。'以手攀称。尔时，菩萨肉尽筋断，不能自制，欲上而堕。自责心言：'汝当自坚，勿复迷闷。一切众生堕忧苦大海，汝一人立誓欲度一切，何以闷？此苦甚少，地狱苦多，以此相比，于十六分犹不及一，我今有智慧、精进、持戒、禅定，犹患此苦，何况地狱中人无智慧者？'是时菩萨一心欲上，复

有忍无苦，今明无苦有乐。有慈悲故无恨，无恨故即乐也。

壬三、劝诚 五

"应离"下，第三劝诚。此是般若之中心，故须精解。就文又二：一劝，二诫。文句相参，初劝发心，次劝应住，后劝修行；前诫离相，后诫莫染心施。

癸一、劝发心

"是故须菩提。菩萨应离一切相，发阿耨多罗三藐三菩提心。

今即初劝离相发心。菩萨以相尽为极^①，故宜以忘怀而期心也。

癸二、诫离相

"不应住色生心，不应住声、香、味、触、法生心，

"不应"下，即是前诫"不应住色"^②。心中离一切相^③，不住声、

（续）——————

更攀称，语人：'扶我。'是时菩萨心定无悔。诸天、龙王、阿修罗、鬼神、人民，皆大赞言：'为一小鸟乃尔，是事希有。'即时大地为六种振动，大海波扬，枯树生华，天降香雨及散名华，天女歌赞：'必得成佛。'是时念我四方神　皆来赞言：'是真菩萨，必早成佛。'鹰语鸽言：'终试如此，不惜身命，是真菩萨。'即说偈言：'慈悲地中生，一切智树牙，我曹当供养，不应施忧恼。'毗首羯磨语释提桓因言：'天主。汝有神力，可令此王身得平复。'释提桓因言：'不须我也。此王自作誓愿，大心欢喜，不惜身命感发一切，今求佛道。'帝释语人王言：'汝割肉辛苦，心不恼没耶？'王言：'我心欢喜，不恼不没。'帝释言：'谁当信汝心不没者？'是时菩萨作实誓愿：'若我割肉血流，不瞋不恼，一心不闷以求佛道，我身当即平复如故。'即出语时，身复如本。人天见之，皆大悲喜，叹未曾有：'此大菩萨必当作佛，我曹应当尽心供养。愿令早成佛道，当念我等。'是时释提桓因、毗首羯磨各还天上。如是等种种相，是檀波罗蜜满。'"

　⑨　"犹"，甲本作"由"。

　①　"萨"，肇《注》作"提"。

　②　"应"，甲本无。

　③　"心中"，肇《注》无。"相"下，肇《注》有"者"。

香等也^①。

癸三、劝应住

"应生无所住心。若心有住，则为非住，

"应生无所住心"者，即次劝应住般若。般若无相可缘^②，心何所住？若心有住，即为非住^③。住相即心动^④，故非住也^⑤。

癸四、诫莫染心施

"是故佛说菩萨心不应住色布施。

"是故"下，是后诫，令不住六尘行施。还举前宗，会以成义。政以理无所住^⑥，故应忘心而施^⑦。施不住色^⑧，无财物也。

癸五、劝修行

"须菩提。菩萨为利益一切众生，应如是布施。

"菩萨为利"下，即是后劝。"令为利益而行施"，施不望报，利益必深也^⑨。

壬四、引证 三

"如来说一切诸"下，第四引证。证中有三：

癸一、举佛说为证

---

① "声、香"，肇《注》作"色、声"。
② "般若"，肇《注》无。
③ "即"，肇《注》作"则"。
④ "即"，肇《注》作"则"。
⑤ "也"，肇《注》无。
⑥ "政以理无所住"，原作"理无住"，从疏意，据肇《注》改。
⑦ "施"，肇《注》作"布施也"。
⑧ "施"，原无，从疏意，据肇《注》补。
⑨ "也"，肇《注》无。

"如来说一切诸相，即是非相；又说一切众生，则非众生。

第一举佛说为证。诸相皆无，不见施者。"我说一切相即非相"，不应住相生心行施。"又说一切众生，则非众生①。"既非众生②，受者亦无，不应化众生而受度也。

癸二、举能说人为证

"须菩提。如来是真语者、实语者、如语者、不诳语者、不异语者。

"如来是真语者"下，第二举能说人为证。真是不伪③，实是无虚④，如必当理，不诳非妄⑤，不异即始终恒一⑥。圣言不谬，故宜修行也。

癸三、举所得法为证

"须菩提。如来所得法，此法无实无虚。

"无实无虚"下，第三举所得法为证。寄实以非虚，何实之可得耶⑦？若疑我说法非者，及能说人亦非者。今我所证得法，只自如此心，实作此证。不实不虚两舍，无生无灭等例然。故所说如所得，非虚言也。

壬五、举譬

---

① "则"，原作"即"，从经文，据改。
② "既非众生"，原无，从疏意，据肇《注》补。
③ "是"，肇《注》无。
④ "是"，肇《注》无。
⑤ "非妄"，肇《注》作"则非忘语"。
⑥ "即"，肇《注》作"则"。
⑦ "耶"，肇《注》无。

"须菩提。若菩萨心住于法而行布施，如人入暗则无所见。

"菩萨心住法"下，第五举譬，显住相非晓①，冥若夜游②。前举有得为非，后明无得为是③。若住色、香等行施，不能得见诸法。若不住法行施，如有目日光，能得见色④。无我三事⑤，即不住相也⑥。慧见为目，理境为日⑦。万行显别，为种种色。诸法本来空，菩萨观心，复知其无所有，而行布施者⑧，即所见明了。此中先法后譬，直说譬耳。

辛二、能如是解，仰参佛慧

"须菩提。当来之世，若有善男子、善女人，能于此经受持读诵，则为如来以佛智慧，悉知是人，悉见是人，皆得成就无量无边功德。"

"当来之世"下，第二能如是解，仰参佛慧⑨。当来若能受持，即为佛悉知见，皆得成就无量无边功德。如来所见，理用非谬⑩，

---

① "显"，肇《注》无。
② "冥若"，肇《注》作"则实若"。
③ "明"，甲本作"举"。
④ "若不住法行施，如有目日光，能得见色"，肇《注》作"若菩萨心不住法而行布施，如人有目，日光明照，见种种色"。
⑤ "我"，甲本作"惑"，肇《注》作"或"。
⑥ "即"，肇《注》作"则"。
⑦ "境"，肇《注》作"镜"。
⑧ "布"，甲本无。
⑨ "仰参佛慧"，原作"即仰参佛说"，案经文意在"以佛智慧"，从疏意，据改。
⑩ "用"，肇《注》作"周"。

明劝将来①，宜加勤修也②。

辛三、福多

"须菩提。若有善男子、善女人，初日分以恒河沙等身布施，中日分复以恒河沙等身布施，后日分亦以恒河沙等身布施，如是无量百千万亿劫以身布施。若复有人，闻此经典，信心不逆，其福胜彼，何况书写、受持、读诵、为人解说。

"日三时舍"下，是第三明福多③。若能如是信者，胜一日三时，以恒河沙身之与命布施④。分一日为三分，故言初、中、后分也⑤。施重又多，功德弥旷⑥。"若于此经，生心不逆，福胜前施。"施即有限⑦，信心无极。"何况书写、受持、读诵、为人解说⑧。"但言以信⑨，况复弘持也⑩。

己二、答上无所有 十

"以要言之"下，答上无所有。如是有不可思议事也，能知诸法，本来无所有，而以无所有为有，即不可思议。此文有十：

庚一、经不可思议

---

① "劝"，原无，从疏意，据肇《注》补。
② "勤修"，肇《注》作"修勤"。
③ "明"，原无，从疏意，据补。
④ "河"，甲本无。"之与"，甲本无。
⑤ "分也"，原无，从疏意，据肇《注》补。
⑥ "旷"下，肇《注》有"矣"。
⑦ "即"，肇《注》作"则"。
⑧ "写"，甲本无。又"书写、受持、读诵、为人解说"，原作"书写、持、读诵、说"，从经文，据改。
⑨ "以"，肇《注》作"已"。
⑩ "弘持也"，肇《注》作"持弘者也"。

"须菩提。以要言之，是经有不可思议、不可称量、无边功德。

第一经不可思议。理圆道极，言即尽美①。提宗表实②，约言之耳。物莫能测，不思议也。算数不该③，"不可称量"也④。荡然无涯⑤，"无边"耳⑥。"以要言之"⑦，略此三句矣⑧。文理平等，无所有如是有，非般若为般若，非身相为身相，皆不可思议也⑨。

庚二、为大乘者说，为最上乘者说

"如来为发大乘者说，为发最上乘者说。若有人能受持读诵，广为人说，如来悉知是人、悉见是人，皆得成就不可量、不可称、无有边、不可思议功德。如是人等，则为荷担如来阿耨多罗三藐三菩提。

第二为大乘者说，为最上乘者说。此经在始，便为大乘，不为三乘。广运无涯⑩，谓之"大乘"。超三乘之胜⑪，谓之为"最上"⑫。自非其人，不谬说也。包含名大，无胜最上。"如来悉知

---

① "即"，肇《注》作"不"。
② "表"，甲本作"绩"。
③ "算"，《清藏》本作"筭"，肇《注》作"笇"。"该"，肇《注》作"垓"。
④ "可"，《永乐南藏》本、肇《注》无。
⑤ "涯"，肇《注》作"崖"。
⑥ "耳"，肇《注》作"也"。
⑦ "以"，肇《注》作"取"。
⑧ "略矣"，肇《注》作"备"。"矣"，肇《注》无。
⑨ "可"，原无，从疏意，据甲本补。
⑩ "涯"，肇《注》作"崖"。
⑪ "超"，肇《注》无。
⑫ "为"，甲本、肇《注》无。

见"者，人高道旷，唯佛见之。荷担菩提，千载不坠。由于人弘，任持运行①，"荷担"义也。背荷肩担，非身而身，实相法身，非因非果，即是两肩也。

庚三、三乘不堪闻，不信受乐

"何以故？须菩提。若乐小法者，著我见、人见、众生见、寿者见，则于此经不能听受读诵、为人解说。

第三"何以故"下，三乘不堪闻，不信受乐。小是二乘，著我是凡夫，著见是外道，不能读诵，以失释得也②。

庚四、地是无知，法处故贵

"须菩提。在在处处，若有此经，一切世间天人、阿修罗，所应供养。当知此处，则为是塔，皆应恭敬、作礼、围绕，以诸华香而散其处。

第四"在在处处"下，地是无知，法处故贵。虽复废言息义，此处常有天龙围遶③，如帝王所居之处，人皆宗重。天人供养，此处是塔，恭敬作礼，香花而散也④。

庚五、转障为轻

"复次。须菩提。善男子、善女人受持读诵此经，若为人轻贱，是人先世罪业应堕恶道，以今世人轻贱故，先世罪业则为消灭。当得阿耨多罗三藐三菩提。

---

① "运"，《清藏》本作"连"。
② "也"下，甲本有"故为人不可思议"。
③ "遶"，甲本作"绕"。
④ "香花而散也"，甲本作"而散香华"。

第五转障为轻也①。本有重障，习学般若，先世重罪，现在轻受。若为人轻贱②，过去重罪，即得消灭。罪起由惑，福生于解。福解既积，则宿殃灭矣③。

庚六、当得菩提

"当得阿耨多罗三藐三菩提。

第六"当得菩提"，即受记也。累灭解生，菩提可登，故佛悬记也④。

庚七、能持经者，所得福德胜佛往行

"须菩提。我念过去无量阿僧祇劫，于然灯佛前，得值八百四千万亿那由他诸佛，悉皆供养承事，无空过者。若复有人于后末世，能受持读诵此经，所得功德，于我所供养诸佛功德，百分不及一、千万亿分乃至算数譬喻所不能及。

第七"我念过去"下，明能持经者，所得福德胜佛往行。然灯佛时，始获无生忍。今能无所得心而持经者，得福胜我阿僧祇佛所、值八百四千万亿那由他佛、供养无空过者，福德算数不及⑤。心限即福少，意旷则功德多也⑥。

庚八、若具说，无所得持经所得福

"须菩提。若善男子、善女人于后末世，有受持读诵此经，

① "为轻也"，原无，从疏意，据甲本补。
② "若"，原作"止"，从经文，据改。
③ "则"，原无，从文气，据甲本补。"灭"，肇《注》无。
④ "故佛悬记"，肇《注》无。"也"，原无，从文气，据甲本、肇《注》补。
⑤ "算"，《清藏》本作"筭"。
⑥ "心限即福少，意旷则功德多也"，肇《注》作"心限则福，旷则功多"。

所得功德，我若具说者，或有人闻，心则狂乱，狐疑不信。

第八"于末世"下，明若具说，无所得持经所得福，时人闻则狂乱、狐疑不信。解通人旷，德必无涯①。狂乱不信，不足明道也②。

庚九、义不可思议

"须菩提。当知是经，义不可思议，

第九"义不可思议"。万行渊深，义能谁测③？以无所得无所有，如是有无所有为义，以非般若为般若义④，是故经义不可思议⑤。

庚十、果报亦不可思议

"果报亦不可思议。"

第十"果报亦不可思议"⑥。菩提妙果，岂有心之所议？如《华严经》明"初发心便成正觉"⑦，与微尘法界众生为眷属，故知果报不可思议也。

丙二、方便道 三

---

① "涯"，肇《注》作"崖"。
② "不足明道也"，肇《注》作"足以明道"。
③ "谁"，肇《注》作"难"。又"能谁"，甲本作"谁能"。
④ "为"上，甲本有"而"。"义"，甲本无。
⑤ "是故经义"，原作"故"，从经文，据甲本改。
⑥ "第十"，甲本无。"亦"，原无，从经文，据甲本补。
⑦ 案东晋佛驮跋陀罗译《大方广佛华严经》卷八《梵行品》："如是观察如来十力甚深无量，具足长养大慈悲心，悉分别众生而不舍众生，亦不舍寂灭，行无上业不求果报，观一切法如幻、如梦、如电、如响、如化。菩萨摩诃萨，如是观者，以少方便，疾得一切诸佛功德，常乐观察无二法相。斯有是处，初发心时便成正觉，知一切法真实之性，具足慧身，不由他悟。"

"须菩提"问下，第二周。重说般若，或为后来，或是为钝根者。文亦三段：初"从问"去，至"福德多"，明体。次"佛可以色身见"去，至"前偈"，辨名。后"如来不以具足相故"，至"寿者见"，明用。并无所有。

丁一、明体 三

就体中辨于三假：初受假，次名假，后法假。

戊一、受假 三

受是人，人即有名。此人之与名，有能成之法①。三假是立法，云何将三假释无所有？三假乃是立法，亦是坏法。今欲明无所有故，须将来释。若横论破病②，则实是一无所有。若竖论望道，即无所有而不无所有。此三假亦然，能成能破故。既言假有③，竟何所有？既言假有，何为而不有？

初约释尊因无所有④，次约如来果无所有，后约菩萨化他明无所有。

己一、释尊因无所有 三

就因中，更为三：初"佛告"下，释因无所有；次"然灯"下，引证；后"如是如是"下，佛述。

庚一、释因无所有 三

释中又三：初明得，次明失，后双释得失。

---

① "法"下，甲本有"也"。
② "论"，甲本作"排"。
③ "既"，甲本无。
④ "尊"，甲本作"迦"。

辛一、得

尔时，须菩提白佛言："世尊。善男子、善女人发阿耨多罗三藐三菩提心，云何应住？云何降伏其心？"佛告须菩提："善男子、善女人发阿耨多罗三藐三菩提者，当生如是心：'我应灭度一切众生，灭度一切众生已，而无有一众生实灭度者。'

初明得者①，明发心欲度众生，起弘誓愿："我当灭度一切众生，实无众生得灭度者。"此明菩萨知众生如有何可灭？若实有众生可度，《释论》云："菩萨得杀众生罪。"②又《大品·如化品》："佛语须菩提，诸法本有今无耶？"③此即责须菩提意。众生非本时有、今时无，何须慰喻？始行菩萨，本自无生，今何可灭也？

辛二、失

"何以故？须菩提。若菩萨有我相、人相、众生相、寿者相，则非菩萨。所以者何？

二"何以故"下，明失。若菩萨有我、人等相，即非菩萨。以失明得，理可知矣。

辛三、双释得失

---

① "明得者"，原无，从疏意，据甲本补。

② 案后秦鸠摩罗什译《大智度论》卷一四《释初品》中《尸罗波罗蜜义之余》："复次，众生不可得故，杀罪亦不可得；罪不可得故，戒亦不可得。何以故？以有杀罪故，则有戒；若无杀罪，则亦无戒。"

③ 案后秦鸠摩罗什译《摩诃般若波罗蜜经》卷二六《如化品》："佛告须菩提：'如是。如是。诸法平等，非声闻所作，乃至性空即是涅槃。若新发意菩萨，闻是一切法毕竟性空，乃至涅槃亦皆如化，心则惊怖。为是新发意菩萨，故分别生灭者如化，不生不灭者不如化。'须菩提白佛言。'世尊。云何教新发意菩萨令知性空？'佛告须菩提：'诸法本有今无耶？'"

"须菩提。实无有法发阿耨多罗三藐三菩提者。"

"所以者何"下，双释得失。无发心者，故知无我，即行人空①。计我有惑②，故非菩萨③。

庚二、引证 二

"于意云何"下④，第二引证。证中有问答。

辛一、问

"须菩提。于意云何？如来于然灯佛所，有法得阿耨多罗三藐三菩提不？"

初问中，即引自昔得记之解⑤，以证前说⑥。

辛二、答

"不也。世尊。如我解佛所说义，佛于然灯佛所，无有法得阿耨多罗三藐三菩提。"

次今答中，无有法得菩提。圣心难测，义推可图。得记由于无相，无相之中，即无所得也⑦。

庚三、佛述

佛言："如是如是。须菩提。实无有法，如来得阿耨多罗三藐三菩提。须菩提。若有法如来得阿耨多罗三藐三菩提者，

---

① "即"下，甲本有"是"。
② "有惑"，肇《注》作"为或"。
③ "萨"下，肇《注》有"也"。
④ "于"上，甲本有"须菩提"。
⑤ "昔"，肇《注》无。
⑥ "前说"，肇《注》作"今记"。
⑦ "即"，肇《注》作"则"。

然灯佛则不与我受记：'汝于来世，当得作佛，号释迦牟尼。'以实无有法得阿耨多罗三藐三菩提，是故然灯佛与我受记，作是言：'汝于来世，当得作佛，号释迦牟尼。'

"如是如是"下，第三佛述。"如汝所说"者，在因时已自无所有故，无所得菩提，佛与我记。若见有法，则乖菩提，何容得记？无法得菩提，是故然灯佛受记①。无法则会理，会理则向极，故得记也。

己二、如来果无所有 三

"何以故"下，第二是明如来果无所有②。有三义：初明如，次证，后譬。

庚一、如

"何以故？如来者，即诸法如义。若有人言：'如来得阿耨多罗三藐三菩提。'须菩提。实无有法，佛得阿耨多罗三藐三菩提。须菩提。如来所得阿耨多罗三藐三菩提，于是中无实无虚。

初即此是果人同如，同如故无所有。诸法性空，理无乖异，谓之为"如"。会如解极，故名"如来"也③。"若有人言如来得菩提"下④，若有说如来得菩提者⑤，此人俗间语⑥，非理言也⑦。"实

---

① "故"，《永乐南藏》本无。"佛受"，甲本作"授"。
② "如来"，原无，从疏意，据补。
③ "也"，肇《注》无。
④ "言"，甲本作"说"。
⑤ "有说"，肇《注》作"说有"。
⑥ "人俗间"，肇《注》作"俗闻人"。
⑦ "理"下，肇《注》有"中"。

无有法得菩提①。"佛，人也；菩提，道也。既无人法，谁得菩提②？"无实无虚"者，是非既尽，则会菩提。菩提之中，不见是非。非实即无是③，非虚即无非也④。

庚二、证

"是故如来说一切法皆是佛法。须菩提。所言一切法者，即非一切法，是故名一切法。"

"是故如来说一切法"下，第二证如来无所有。如来在一切数故。凡夫违一切法为邪⑤，圣人顺一切法为正⑥。正即觉悟⑦，故皆佛法矣⑧。

庚三、譬

"须菩提。譬如人身长大。"须菩提言："世尊。如来说人身长大，则为非大身，是名大身。"

"譬如身长大"下，第三说非果而果。直举人身⑨，类上诸法。缘假故长大，无性即非身⑩。既非般若为般若者，宁不以非身为身耶？

---

① "有"，甲本无。
② "提"下，肇《注》有"乎"。
③ "即"，肇《注》作"则"。
④ "即"，肇《注》无。
⑤ "夫"下，肇《注》有"以"。"法"下，肇《注》有"理"。"邪"，肇《注》作"耶"。
⑥ "人"下，肇《注》有"以"。"法"下，肇《注》有"理"。
⑦ "即"，肇《注》作"则"。
⑧ "法"下，肇《注》有"者"。
⑨ "直"，肇《注》作"旨"。
⑩ "即"，肇《注》作"则"。

己三、菩萨化他明无所有 三

"若菩萨作是言"下，第三明菩萨化他明无所有①。初明化人，次引佛说为证，后明严土。

庚一、化人

"须菩提。菩萨亦如是。若作是言：'我当灭度无量众生。'则不名菩萨。何以故？须菩提。实无有法，名为菩萨。

初"灭度众生，不名菩萨"者②。元无众生，横见众生③。见即乖道④，非菩萨也⑤。"何以故"下，释菩萨自无，何有众生？

庚二、引证

"是故佛说一切法无我、无人、无众生、无寿者。

二"是故佛说"下⑥，引证。无菩萨亦无众生⑦，一切法都无我人也。

庚三、严土

"须菩提。若菩萨作是言：'我当庄严佛土。'是不名菩萨。何以故？如来说庄严佛土者，即非庄严，是名庄严。

三"若菩萨言庄严佛土"者，虚襟进道⑧，严土济物。济物

---

① "明无所有"，原无"明"，从疏意，据补。
② "者"，原无，从文气，据甲本补。
③ "元无众生，横见众生"，肇《注》作"无众生而横见众生，犹无身而见身耳"。
④ "即"，甲本、肇《注》作"则"。
⑤ "萨"下，肇《注》有"者"。
⑥ "二"，甲本无。
⑦ "无菩萨"上，肇《注》有"以"。
⑧ "襟"，肇《注》作"矜"。

之行，方便慧也。解空无相，谓之为慧；缘假不著，谓之方便①。若言我能庄严国土，众生可化，见惑违道，何名菩萨也②。"何以故③？如来说庄严佛土者，即非庄严④，是名庄严"者，无存于化，而土自严也⑤。明应住义。

受假竟。

戊二、名假 二

"若菩萨通达无我法者"下⑥，第二明名假无所有。文二：

己一、通达无我

"须菩提。若菩萨通达无我法者，

初"通达无我"。既云一切法皆无所有，何名菩萨？今实无一切诸法。而今言菩萨但有其名，今明此名亦无所有，故何名此为菩萨⑦？通达诸法无我等相故名菩萨，真菩萨故所以能通达无我也⑧。

己二、立名真解

"如来说名真是菩萨。"

二立真解。通达非伪⑨，真菩萨也。

---

① "缘假不著，谓之方便"，原无，案此乃分释前"方便慧"，据肇《注》补。

② "也"，肇《注》作"之耳"。

③ "何以故"，甲本无。

④ "庄严佛土者，即"，原无，从经文，据补。

⑤ "也"，肇《注》无。

⑥ "若"上，甲本有"须菩提"。

⑦ "故"，甲本无。

⑧ "也"，原无，从文气，据甲本补。

⑨ "通达"，肇《注》作"解通"。

名假竟。

戊三、法假 三

"五眼"下，第三明法假无所有，即上"如来悉知悉见是人"①。其文又三：初明智慧，次明心，后明功德。

己一、智慧无所有

"须菩提。于意云何？如来有肉眼不？""如是。世尊。如来有肉眼。""须菩提。于意云何？如来有天眼不？""如是。世尊。如来有天眼。""须菩提。于意云何？如来有慧眼不？""如是。世尊。如来有慧眼。""须菩提。于意云何？如来有法眼不？""如是。世尊。如来有法眼。""须菩提。于意云何？如来有佛眼不？""如是。世尊。如来有佛眼。"

法虽多，不过功德、智慧二种。严心为其体，故备空也。此是初明智慧空②。智慧虽多，不过五眼。旧云："肉眼见障内，天眼见障外，慧眼见真，法眼见俗，佛眼通知内外法。"今言：但是一智，差别说之，故有五耳。释论云："法眼知声闻、缘觉等法，故名法眼。"③是以知俗名法眼。然此中本明智慧空，而直辨五眼。不言其空者，意现于后。后既将智体心空，智宁不空？后明功德空，前智岂不空？以前明智有，后明功德无。无有虽殊，智不乖也④。

---

① "悉见"，原无"悉"，从经文，据甲本补。

② "此是初明智慧空"，甲本无。

③ 案后秦鸠摩罗什译《大智度论》卷四〇《释往生品》："菩萨法眼有二种：一者分别知声闻、辟支佛方便得道门，二者知菩萨方便行道门。"

④ "智"，原作"致"，从疏意，据甲本改。

己二、心无所有

"须菩提。于意云何？恒河中所有沙，佛说是沙不？""如是。世尊。如来说是沙。""须菩提。于意云何？如一恒河中所有沙，有如是等恒河，是诸恒河所有沙数佛世界，如是宁为多不？""甚多。世尊。"佛告须菩提："尔所国土中，所有众生，若干种心，如来悉知。何以故？如来说诸心，皆为非心，是名为心。所以者何？须菩提。过去心不可得，现在心不可得，未来心不可得。"

二"恒河中"去，是明心无所有。以举恒沙等来，为欲校量，取心明其空耳。如来说心，皆为非心。只以非心为心，此与前不异。五眼照极①，理无不周。备举色心②，收境尽矣③。"三世不可得"，所以说非心名心何者④？以三世心无性可得，故可从缘而生心也⑤。

己三、功德无所有

"须菩提。于意云何？若有人满三千大千世界七宝以用布施，是人以是因缘，得福多不？""如是。世尊。此人以是因缘，得福甚多。""须菩提。若福德有实，如来不说得福德多。以福德无故，如来说得福德多。"

三"若人满三千七宝布施"下，明功德无所有。明福有实，

---

① "极"，原无，从疏意，据肇《注》补。
② "备"，肇《注》作"略"。
③ "收"，肇《注》作"于"。
④ "所以"，原无，从疏意，据肇《注》补。"何者"，肇《注》作"者何"。
⑤ "也"，肇《注》无。

此即有量①，岂得多耶？以无福为福，故多也。金玉无性，故可积满三千②。福德无实，则可旷施而多。心之无性，惑灭解生也③。

法假竟。

丁二、辨名 二

"佛可以色身见"下，第二明经名。初名，次行。

戊一、名 三

名中有三：初身相，次说法，后福多。

己一、身相

"须菩提。于意云何？佛可以具足色身见不？""不也。世尊。如来不应以具足色身见。何以故？如来说具足色身，即非具足色身，是名具足色身。""须菩提。于意云何？如来可以具足诸相见不？""不也。世尊。如来不应以具足诸相见。何以故？如来说诸相具足，即非具足，是名诸相具足。"

色身者，法身如空月，色身若水像。世间之色，无实可覩，寻其本实，即法身也。慧为万善之主，施为众行之首。因备道成，理之必然④。总为丈六金容，别则众相之姿⑤。云娑婆随现则为相⑥，岂可一方尽极乎⑦？

---

① "即"，甲本作"则"。
② "千"下，肇《注》有"大千"。
③ "也"，肇《注》作"矣"。
④ "因备道成，理之必然"，原无，从疏意，据肇《注》补。
⑤ "之姿"，原无，从疏意，据肇《注》补。
⑥ "云娑婆"，肇《注》作"妙集非有，故身感构"。
⑦ "乎"，原无，从文气，据肇《注》补。

已二、说法 二

"我当有所说法"下，第二明说法。又二：

庚一、正对上名

"须菩提。汝勿谓如来作是念：'我当有所说法。'莫作是念。何以故？若人言如来有所说法，即为谤佛，不能解我所说故。须菩提。说法者，无法可说，是名说法。"

尔时，慧命须菩提白佛言："世尊。颇有众生于未来世，闻说是法，生信心不？"佛言："须菩提。彼非众生，非不众生。何以故？须菩提。众生众生者，如来说非众生，是名众生。"①

初正对上名。道成应出②，说法化人③。谬传毁圣，名为谤佛。"无法可说，是名说法。"故传说法之意④。向言无说，非杜默不语⑤，但无存而说。即说满天下⑥，无乖法理之过也⑦。

庚二、习应 二

"佛得菩提"下，第二明习应。

辛一、问答 二

有问答。前应，后习。

壬一、问

---

① 案此番问答，智顗无有疏科。
② "成"，甲本作"感"。
③ "人"下，肇《注》有"也"。
④ "故传说法之意"，肇《注》作"教传者，说法之意也"。
⑤ "默不语"，肇《注》作"嘿而不语也"。
⑥ "即"，肇《注》作"则"。
⑦ "理"，《永乐南藏》本无。"也"，肇《注》作"矣"。

须菩提白佛言：“世尊。佛得阿耨多罗三藐三菩提，为无所得耶？”

佛，人也。菩提，道也。佛得道，故说以示人①。而言无法可说，未审佛得道不②？

壬二、答

“如是如是。须菩提。我于阿耨多罗三藐三菩提，乃至无有少法可得，是名阿耨多罗三藐三菩提。”

答中“乃至无有少法可得”，相尽虚通，谓之菩提。菩提无相，有何可得？寂灭无得，道之至也。

辛二、结成菩提义

“复次。须菩提。是法平等，无有高下，是名阿耨多罗三藐三菩提。以无我、无人、无众生、无寿者，修一切善法，则得阿耨多罗三藐三菩提。须菩提。所言善法者，如来说非善法，是名善法。”

“是法平等”下，结成菩提义也。人无贵贱，法无好丑。荡然平等③，菩提义也。“无我无人，修一切善”者④，即是修义。夫形端故影直，声和则响顺⑤。忘我人而修因，必克无相之菩提⑥。

---

① “以”，肇《注》无。
② “佛”，原无，从疏意，据肇《注》补。“不”下，肇《注》有“也”。
③ “荡然”，原无，从文气，据肇《注》补。
④ “者”，甲本无。
⑤ “响”，肇《注》作“向”。
⑥ “提”下，肇《注》有“也”。

"所言善法者"①，人既不有，善何得实耶②？善是离恶之名，法是轨持之义。

己三、福多

"须菩提。若三千大千世界中，所有诸须弥山王，如是等七宝聚，有人持用布施。若人以此《般若波罗蜜经》乃至四句偈等，受持读诵，为他人说。于前福德，百分不及一，百千万亿分乃至算数譬喻所不能及。"

"三千世界中山王七宝"下，第三明福多。聚宝有尽，妙解无穷，一偈法宝，胜无量珍也。

"须菩提。于意云何？汝等勿谓如来作是念：'我当度众生。'须菩提。莫作是念。何以故？实无有众生如来度者。若有众生如来度者，如来则有我、人、众生、寿者。须菩提。如来说有我者，则非有我，而凡夫之人以为有我。须菩提。凡夫者，如来说，则非凡夫。"

"我当度众生"下，菩提无得为果③，故以忘言而说④。"勿谓如来见众生可度。"若见有众生，则为我见，何谓如来⑤？但说假名我耳，故非实我⑥。"而凡夫"者，闻说假名，不达言旨，以为

---

① "者"，甲本作"下"。
② "耶"，肇《注》无。
③ "提"下，肇《注》有"以"。
④ "故"，肇《注》作"教"。
⑤ "来"下，肇《注》有"耶"。
⑥ "故"，原无，从文气，据甲本补。"我"下，肇《注》有"也"。

实我。"如来说非凡夫"者，凡夫不实，故可化而成佛也①。

戊二、辨行 五

"可以三十二相观如来"下，二辨行。就文有五：一正观问，二邪答，三佛难，四领解，五佛举正义为释。

己一、正观问

"须菩提。于意云何？可以三十二相观如来不？"

初以问疑者，谓众生是有，可化而成圣②。法身不无，可以妙相而期，故问之也③。

己二、邪答

须菩提言："如是如是。以三十二相观如来。"

次邪答者。听者实尔，用三十二相是如来④，而观求也⑤。

己三、佛难

佛言："须菩提。若以三十二相观如来者，转轮圣王则是如来。"

三佛难⑥。轮王是佛，即以近事质之，令其自解。

己四、领解

须菩提白佛言："世尊。如我解佛所说义，不应以三十二相观如来。"

---

① "佛"，肇《注》作"圣"。
② "成"，原无，从疏意，据甲本补。
③ "问之"，甲本作"发问"。又"问之"下，肇《注》有"云尔"。
④ "是"，甲本作"见"。
⑤ "而观求"，原无，从疏意，据肇《注》补。
⑥ "佛"，原无，从疏意，据补。

四信解不应。时情谓然，我解不尔。

己五、佛举正义为释

尔时，世尊而说偈言："若以色见我，以音声求我，是人行邪道，不能见如来。"

五佛举正义为释者①。五色焕眼而非形②，八音盈耳而非声。偏谬为邪，愚隔不见也③。

丁三、明用 二

"若作念"下，第三功用无所有，即是有不断灭义。

戊一、般若方便用 二

有因有果，一切宛然，即是般若方便用。《论》云："得般若气分。"④故有居空涉有之用，无复滞碍。此下去，不说诸法断灭，就文有二：初果，次因。

己一、果 二

有义虽多，不过因果，得菩提是果也⑤。明果中二：初诫，次明有⑥。

庚一、诫

---

① "义为"，原无，从疏意，据补。
② "五色"，甲本、肇《注》作"金容"。
③ "愚"下，原衍"邪"字，据肇《注》删。
④ 案后秦鸠摩罗什译《大智度论》卷四三《释行相品》："是时，舍利弗作是念：'般若波罗蜜是空相，诸三昧种种分别相。云何学诸三昧，是为学般若波罗蜜？'是故问。佛答舍利弗：'如是学般若波罗蜜，皆以不可得故。以般若波罗蜜气分相，皆在诸三昧中。能如是学，是为学般若波罗蜜，乃至十八不共法，佛即可之。'"
⑤ "得菩提是果也"，原无，从疏意，据甲本补。
⑥ "明"，甲本无。

"须菩提。汝若作是念：'如来不以具足相故，得阿耨多罗三藐三菩提。'须菩提。莫作是念。

"汝莫作是念"①，诚也。勿言诸法，一向无所有。

庚二、有

"如来不以具足相故，得阿耨多罗三藐三菩提。"

故谓"不以具足相故得菩提"②，不偏在色声，故向言非；非不身相，故复言是之也③。

己二、因　二

"发阿耨"下，第二明因，亦二：前诚，后明有。

庚一、诚

"须菩提。若作是念：'发阿耨多罗三藐三菩提者，说诸法断灭相。'莫作是念。

诚④，莫起断灭。

庚二、有

"何以故？发阿耨多罗三藐三菩提心者，于法不说断灭相。"

相尽寂灭故不有，道王十方非谓无⑤，应毕而谢即不常⑥，

---

①　"是"，原无，从经文，据甲本补。
②　"故"，原无，从经文，据甲本补。
③　"之"，原无，从文气，据肇《注》补。
④　"诚"，原无，从疏意，据甲本补。
⑤　"王"，甲本作"至"。
⑥　"即"，肇《注》作"则"。

感至随现故不断①。体合中道②，轨物之式③，限之一方④，岂不谬哉⑤！

戊二、结般若成忍 三

"若人满恒沙七宝"下，结般若成忍。就文复三：初明体道成忍之行无所有，次明体道证忍之人无所有，三明体道行忍之用无所有。

己一、体道成忍之行无所有 二

以行成人，人故有用，备明无所有。

庚一、校量

"须菩提。若菩萨以满恒河沙等世界七宝布施，就忍行中，先校量施宝⑥。

庚二、成忍之行无所有

"若复有人知一切法无我得成于忍，此菩萨胜前菩萨所得功德。须菩提。以诸菩萨不受福德故。"

次"若复有人"下，明成忍之行无所有。忘我则忍成，超出故胜也。

己二、体道证忍之人无所有 二

"白佛"下，第二明体道证忍之人无所有。初明因人不受，

---

① "感"，肇《注》作"灭"。
② "合中道"，肇《注》作"令中"。
③ "式"，肇《注》作"拭也"。
④ "限"上，肇《注》有"而"。
⑤ "哉"，肇《注》无。
⑥ "施宝"，原无，从疏意，据甲本补。

后明果人不受。

庚一、因人不受

须菩提白佛言："世尊。云何菩萨不受福德？""须菩提。菩萨所作福德，不应贪著，是故说不受福德。"

初明因中有问答，乃云不受亦不受受。期报种[①]，已名贪著。无存我人，邪染何生[②]？

庚二、果人不受

"须菩提。若有人言：'如来若来若去、若坐若卧。'是人不解我所说义。何以故？如来者无所从来，亦无所去，故名如来。"

次"若来若去"下，明果人不受。若言从真如实际中来，善逝自及化人去至涅槃[③]，皆是不解佛所说义。如来道荫之主，世界权应之宅[④]，众生慈育之子。举此三事，大旨彰矣。无来无去，故名如来。解极会如，体无方所。缘至物见[⑤]，来无所从。感毕为隐，亦何所去也。

己三、体道行忍之用无所有 四

若"三千碎尘"下，第三明体道行忍之用，有四：初明碎尘用，二碎界用，三碎合相用，四碎诸见用。

以微尘成世界有合，世界有合故起见，见者即失[⑥]。谓有此四

---

① "期"，原作"其"，从疏意，据肇《注》补。
② "邪"，肇《注》作"取"。
③ "涅"上，甲本有"般"。
④ "应"，肇《注》无。
⑤ "见"，甲本作"现"。
⑥ "即"，甲本作"则"。

妄想得者，非见为见，乃至非尘为尘为得。此四并是般若用，尘界等是依报，见是正报，合通色心。

庚一、碎尘用

"须菩提。若善男子、善女人，以三千大千世界碎为微尘。于意云何？是微尘众，宁为多不？""甚多。世尊。何以故？若是微尘众实有者，佛则不说是微尘众。所以者何？佛说微尘众，则非微尘众，是名微尘众。"

即此下，是碎尘用。善男子并是大行，同华严中说①，佛说非微尘为微尘②。

庚二、碎界用

"世尊。如来所说三千大千世界，则非世界，是名世界。

次"三千"下，明成世界用。微尘非实，故可碎而为多。世界非有，则可假借而成也。

庚三、碎合相用

"何以故？若世界实有者，则是一合相。如来说一合相，则非一合相，是名一合相。""须菩提。一合相者，则是不可说，但凡夫之人贪著其事。"

三"一合相"下，破一合相。以非合为合，故是不可说。只复言是合，此复非复是，故假名说合。何为而非合，以非合为

① "中说"，甲本无。
② "为微尘"，甲本无"微"。

合，竟何有合？《大经》四句①，皆不可说②。有因缘故，亦可得说。今亦无合，假说合耳。《中论》、《大品》皆破合，当知无合。今经中说合，顺俗假说耳。凡夫贪著其事，不知事即理。理无所有，即是事无所有。何故非世界名世界耶③？若是实有④，即应一性合不可分⑤。假众生名，一无合可得⑥。假名无体，不可实说⑦。疑惑则凡夫⑧，贪著故计实。

庚四、碎诸见用

"须菩提。若人言：'佛说我见、人见、众生见、寿者见。'须菩提。于意云何？是人解我所说义不？""世尊。是人不解如来所说义。何以故？世尊说我见、人见、众生见、寿者见，即非我见、人见、众生见、寿者见，是名我见、人见、众生见、寿者见。"

四"佛说我见"下，明碎诸见用⑨。凡夫谓诸见，决定是见。今佛说非见，以本来无所有。诸见非实，可改为正。众生虚假，

---

① 案北凉昙无谶译《大般涅槃经》卷二一《光明遍照高贵德王菩萨品》："善男子。有不闻闻，有不闻不闻，有闻不闻，有闻闻。"

② 案隋智顗《妙法莲华经文句》卷三上《释方便品》："又《大经》四句，皆不可说也。"北宋有严《法华文句记笺难》卷一："《大经》四句，二十一云：有不闻闻，有不闻不闻，有闻不闻，有闻闻。"

③ "耶"，原无，从文气，据肇《注》补。

④ "是实"，甲本作"实是"。

⑤ "即"，肇《注》无。"合"下，肇《注》有"而"。"分"下，肇《注》有"也"。

⑥ "假众生名，一无合可得"，肇《注》作"假众为一，无合可得耳"。

⑦ "实"，肇《注》作"定"。

⑧ "疑"，肇《注》作"痴"。

⑨ "碎"，原作"破"，从疏意，据改。

从凡至圣^①。

正说竟^②。

乙三、流通分 二

从"发菩提"去，第三流通段。非止近益当时，亦乃远传千载^③。文为二：初付嘱，次奉行。

丙一、付嘱流通 三

付嘱又三：初正付嘱，次校量，后方法。

丁一、正付嘱

"须菩提。发阿耨多罗三藐三菩提心者，于一切法，应如是知、如是见、如是信解，不生法相。须菩提。所言法相者，如来说即非法相，是名法相。

始终既毕，故指宗劝人^④。凡欲发心成佛、净国土、化众生，当如上所说理而生知见也^⑤。"如是信解"者，理深未明，推信为解耳^⑥。"不生法相"，但是虚假，非实法也。"如来说非法相，是名法相"，相穷理尽^⑦，明其唯如来说言非实，故应从信矣^⑧。

丁二、校量

"须菩提。若有人以满无量阿僧祇世界七宝持用布施，若

---

① "从凡至圣"，肇《注》作"凡至圣也"。
② "竟"，原作"意"，形误，据《永乐南藏》、《径山藏》、《清藏》本改。
③ "乃"，甲本作"且"。
④ "指宗劝人"，肇《注》作"旨宗以劝人也"。
⑤ "见"下，肇《注》有"之"。
⑥ "推"上，肇《注》有"政应"。"耳"，肇《注》无。
⑦ "相"，肇《注》无。
⑧ "从"，《永乐南藏》本无。

有善男子、善女人发菩萨心者，持于此经乃至四句偈等，受持读诵，为人演说，其福胜彼。

二"阿僧祇七宝"下，校量流通。七宝有竭，四句无穷。明以无所得心，持经一偈①，其福胜彼有所得施。

丁三、方法 二

三"云何为人"下，后方法。

初标，次释。

戊一、标

"云何为人演说？

戊二、释 二

释中有止有观。

己一、止

"不取于相，如如不动。

弘通此经，若为方法，须不取法相，须如真如。上如是智，下如是境。心境符合②，故得不动，不动空、有等法。

己二、观

"何以故？一切有为法，如梦幻泡影，如露亦如电，应作如是观。"

"何以故"下，一偈明观也③。观诸法梦幻等，而为人说。句偈有真实，及有此假有也。

---

① "持"，原作"指"，从经文，据甲本改。
② "符"，《永乐南藏》本作"扶"，甲本作"快"。
③ "也"，原无，从文气，据甲本补。

《大品》十喻：一幻，二焰，三水月，四虚空，五响，六干城，七梦，八影，九镜像，十化①。此中举六，《论》本明九②。然

① 案后秦鸠摩罗什译《摩诃般若波罗蜜经》卷一《序品》："解了诸法，如幻、如焰、如水中月、如虚空、如响、如揵闼婆城、如梦、如影、如镜中像、如化。"

② 案北魏菩提流支译《金刚仙论》卷一〇："'一切有为法，如星翳灯幻'等，此一偈经，是如来所说，非论主所造。'一切有为法'者，将欲引九种喻，喻九种有为法故，总举一切有为法也。如星、翳、灯，此三喻偈，论合云见、相、识；幻、露、泡，中三喻偈，论合云器、身、受用；梦、电、云，下三喻偈，论合云过、现、未来。明上六种有为，三世中转也。前微尘喻，直说六尘境中，以明有为法体空也。此九种譬喻，据能缘内心，以明法体空。问：此九种若明内心体空，何故亦有世界身等外无记法？答：意虽通明外色等法，大意举境，明心空也。如星者：喻内能见心，所以内能见心，喻之星。外道凡夫，多计日月星辰是常故实，亦计内心是常是实。是故就其情计以破之，明日月星辰迭相形夺，迁转不定，故所以不实，心法亦然。少分相似，故喻之如天上星宿。日未出时，处空显现，有昭物之用。日既出已，光明悉灭，虽有不现，以大小相夺，故能见。心法亦复如是，未有出世证智、无漏圣解起时，妄想心法有取境之用。圣解既起，妄想心法殄灭无余，以其不实故也。如是观时，解能见六识本来空寂，皆何等法也。二如翳者：亦喻能见心。此第二意，何异于初？有小乘人计云：何以得知心、心法是实？以其能见前境，能取六尘，故是如实，故喻之如翳。以小乘人取谓翳、揵闼婆城等是虚妄不实，能见六识及所见六尘是实故，如来就其所解，引以喻之，破其所执也。如人目上有翳，于虚空中，妄见毛轮等色，以之为实。观有为法，心亦复如是。于色等有为虚妄法中，谓不实为实，以心倒取境故也。三如灯者：亦喻能见心。此第三何异前二也？解云：二乘外道，皆见皆知水流、灯炎迁转不停，故就其所识以晓之，故以灯喻之内识也。如世人燃灯，要以清油、净炷及以灯炉，三法相假，后方得燃。识法亦尔，要假根、尘和合，因贪爱等或识法起，有取境之用。证智起时，此识寂然，无取境之用，以其即体不实虚妄故也。此能见心既不实，如是背何等法、趣何等法也。四如幻者：如世间幻师，幻作四兵及男女等，种种随意，自在悉见，而无真实。器世间亦如是，以诸众生造善恶业种种不同，随彼众生善恶之业，感得净秽等土，亦有万品差别。斯由业见有殊，非是实有。如似有人以虚空为地，以地为虚空，有人以水为火用，火为水用。知何者为实？如婆罗堕婆罗门，以火为食，虚空中眠，斯即其事也。五如露者：如草上朝露。见日则落。阴身亦然，生已即灭，念念迁谢，暂时不住，以体虚不实，无常故也。六如泡者：如因天上雨渧，击地上水，则成泡

流通方法，不出止观，故今略举。即止为观，故见一切皆空梦幻；即观而止，故一切梦幻等皆悉如如也①。

丙二、奉行流通

"佛说是经已。长老须菩提，及诸比丘、比丘尼、优婆塞、优婆夷，一切世间天人、阿修罗，闻佛所说，皆大欢喜，信受奉行《金刚般若波罗蜜经》。

"佛说是经"下，第二奉行流通。闻法欢喜，既能信受，复如说行。说人如法，受者得解。般若真正之法，非是有所得、断常等法。三事具足。说人是佛，一切智人。所说之法，即中道正法，般若无所得法。受者最上乘人，久种三多②，持戒修福，三德

（续）——————————

沫。愚痴小儿，谓流离珠，心生爱著，须臾即灭，不得久立。三受亦尔，从根、尘、识三和，后起苦、乐等受，暂有不停，速于泡沫。此世界身，苦、乐等受，不实若此，背何等法、趣何等法。七如梦者：前六种有为虚妄之法，已谢于住。如人梦受五欲，及见种种色物，寤已则无。唯可念知，不可重观。过去迁灭，如梦寤不异也。八如电者：如电光暂现，理无久住。六种有为，现在峻转，疾极于电，故以为喻也。九如云者：如虚空中，清净无云，以众生不可思议业，有龙为本故，于虚空中，未现云现，现已还灭。六种有为未起之法亦复如是，由有无始阿梨耶识、根本种子、无明住地勋故，能令未现法现，现已即谢。以其不实，故喻之如云。然此六种有为法，既为三世所转，妄情谓有，其体无实，如九喻无别。若然背何等法、趣何等法也。'应如是观'者，九种有为，如九种喻，作不实而观。应云'一切有为法如星，应作如是观'，乃至如云，皆如是说。此有为法，既不实如此，则本来寂灭。本来寂灭，则唯一真如。真如寂灭，即是涅槃。是故诸佛如来，见世间即涅槃，故不同二乘、厌背生死、乐住涅槃，化众生，见涅槃即世间故，不同凡夫众生、死而无厌、不求出世涅　解脱之果也。"此乃依菩提流支所译《金刚般若波罗蜜经》"偈"："一切有为法，如星、翳、灯、幻、露、泡、梦、电、云，应作如是观。"

① "幻"、"皆"，原无，从疏意，据甲本补。
② "三多"，依天台之释，乃指：多供养佛、多事善友、多问法要。

斯备。闻不惊怖，即能信解，是故欢喜。道蕴圣心，待孚则彰[1]，宿感冥构，不谋而集，同听齐悟，法喜荡心，服玩遵式[2]，永崇不朽者矣[3]。

---

① "待孚"，甲本作"持授"。

② "式"，甲本作"承"，肇《注》作"拭"。

③ "崇"，甲本无。"者矣"，《永乐南藏》、甲本、肇《注》作"也"。

《金刚》"九喻"瑜伽述义

《金刚经》自姚秦鸠摩罗什始译已来，经唐六祖慧能禅师推重讲说，遂大行于中土。该经又以"四句偈喻"，最为著名，影响深远。然此"四句偈喻"，只列喻体，未明本体，致使后世历代祖师，各抒己意。如隋智顗于《金刚般若经疏》中，即判此"四句偈喻"为止观之说[①]；又如唐慧能于《金刚经解义》中，谓"梦者是妄身，幻者是妄念，泡者是烦恼，影者是业障"[②]等云。如此注说不一，释尊偈喻难明，故当溯本追源，以求真义。

一、源流略述

《金刚经》入传中土以前，印度早有注疏行世。于今可考之最古者，为弥勒所说之"七十七偈"。此"七十七偈"乃弥勒于兜率天宫，为前来请益《金刚经》义之无著所讲说。后无著转授

---

① 《大正藏》第33卷，第84页上。
② 《卍续藏》第24卷，第532页中。

其弟天亲，天亲加归敬二偈及结偈，以成"八十偈"。二人又本弥勒之偈，各自造论，以释《金刚经》义。

唐义净《略明般若末后一颂赞述》：

> 无著菩萨昔于睹史多天慈氏尊处，亲受此八十颂，开般若要门，顺瑜伽宗理，明唯识之义。遂令教流印度，若金乌之焰赫扶桑；义阐神州，等玉兔之光浮雪岭。然而能断金刚，西方乃有多释。考其始也，此颂最先。即世亲（即天亲）大士躬为其释。[1]

北魏菩提流支译《金刚仙论》卷一〇：

> 弥勒世尊，愍此阎浮提人，作《金刚般若经义释》并《地持论》，赍付无障碍（即无著）比丘，令其流通。然弥勒世尊但作长行释，论主天亲既从无障碍比丘边学得。复寻此经论之意，更作偈论，广兴疑问，以释此经。凡有八十偈。及作长行论释，复以此论转教金刚仙论师等。此金刚仙转教无尽意，无尽意复转教圣济，圣济转教菩提留支，迭相传授，以至于今，殆二百年许，未曾断绝故。[2]

故知此瑜伽行派之《金刚经》注论，传承有续，无有间断，直达中土。

弥勒之"七十七偈"，今见于天亲所造论释，其汉译本有二，即：北魏菩提流支译《金刚般若波罗蜜经论》三卷、唐义净译《能断金刚般若波罗蜜多经论释》三卷。后凡引二译本者，皆注明

---

① 《大正藏》第 40 卷，第 783 页上。
② 《大正藏》第 25 卷，第 874 页下。

"菩提流支译本"与"义净译本"以作简别。无著所造论释，即：隋达摩笈多译《金刚般若波罗蜜经论》三卷。

二、义赅二派

印度大乘佛教分为"中观学派"与"瑜伽行派"两大系统。《金刚经》最早之传译者鸠摩罗什，为著名之中观学派译经家。其所翻译之《金刚经》，流传最广，影响最大，致使后世将其误判为专门宣扬"中观"思想之经典。

释尊讲说般若之经，其义圆融，赅摄二派，乃一真大乘宗也。印度始有龙树、弥勒依之造论，中土方有鸠摩罗什、玄奘各译其经。后世学人，不能贯通其义，明彻般若三昧，妄生论诤，割裂二派，以成水火。

唐义净《略明般若末后一颂赞述》：

> 瑜伽则真有俗无，以三性为本；中观乃真无俗有，寔二谛为先。般若大宗，含斯两意，致使东夏则道分南北，西方乃义隔有空。既识介纲，理无和杂，各准圣旨，诚难乖竞。①

这种因对大乘佛教教义不同理解，而产生之矛盾分歧，致使《金刚经》在印度就有多种梵本流传。现存六种汉译本中，除鸠摩罗什是依中观学派诵本译出外，其余五译皆是依瑜伽行派诵本译出。

---

① 《大正藏》第40卷，第783页上—中。

三、六九之辨

关于《金刚经》中"四句偈喻"，六译本经文如下：

姚秦鸠摩罗什译《金刚般若波罗蜜经》："一切有为法，如梦、幻、泡、影，如露亦如电，应作如是观。"①

北魏菩提流支译《金刚般若波罗蜜经》："一切有为法，如星、翳、灯、幻、露、泡、梦、电、云，应作如是观。"②

南朝陈真谛译《金刚般若波罗蜜经》："应观有为法，如暗、翳、灯、幻、露、泡、梦、电、云。"③

隋达磨笈多译《金刚能断般若波罗蜜经》："星、翳、灯、幻、露、泡、梦、电、云，见如是此有为者。"④

唐玄奘译《能断金刚般若波罗蜜多经》（即《大般若波罗蜜多经》卷五七七《能断金刚分》）："诸和合所为，如星、翳、灯、幻、露、泡、梦、电、云，应作如是观。"⑤

唐义净译《佛说能断金刚般若波罗蜜多经》："一切有为法，如星、翳、灯、幻、露、泡、梦、电、云，应作如是观。"⑥

其中，只有中观学派译本为"六喻"，而另外五种瑜伽行派译本均为"九喻"。那么，到底哪一种翻译更符合梵本呢？

---

① 《大正藏》第 8 卷，第 752 页中。
② 《大正藏》第 8 卷，第 757 页上。
③ 《大正藏》第 8 卷，第 766 页中。
④ 《大正藏》第 8 卷，第 771 页下。
⑤ 《大正藏》第 7 卷，第 985 页下。
⑥ 《大正藏》第 8 卷，第 775 页中。

唐慧立撰、彦悰笺《大唐大慈恩寺三藏法师传》卷七：

帝又问："《金刚般若经》，一切诸佛之所从生，闻而不谤，功逾身命之施，非恒沙珍宝所及，加以理微言约，故贤达君子多爱受持。未知先代所翻文义具不？"法师对曰："此经功德，实如圣旨。西方之人，咸同爱敬。今观旧经，亦微有遗漏。据梵本具云《能断金刚般若》，旧经直云《金刚般若》。欲明菩萨以分别为烦恼，而分别之惑坚类金刚，唯此经所诠无分别慧乃能除断，故曰《能断金刚般若》，故知旧经失上二字。又如下文，三问阙一，二颂阙一，九喻阙三。如是等，什法师所翻舍卫国也，留支所翻婆伽婆者少可。"帝曰："师既有梵本，可更委翻，使众生闻之具足。然经本贵理，不必须饰文而乖义也。"故今新翻《能断金刚般若》委依梵本，奏之，帝甚悦。①

依玄奘"九喻阙三"之说，当知梵本实为"九喻"，而鸠摩罗什"六喻"之译，乃失译三喻也。

四、说偈因缘

1.释疑说偈

在《金刚经》中，释尊为何要演说"四句偈喻"呢？其说偈的目的又是什么呢？这需要看一下，引出"四句偈喻"的经文，

①《大正藏》第50卷，第259页上。

讲的是什么内容。

姚秦鸠摩罗什译《金刚般若波罗蜜经》："云何为人演说？不取于相，如如不动。何以故？"①

北魏菩提流支译《金刚般若波罗蜜经》："云何为人演说？而不名说，是名为说。而说偈言："②

南朝陈真谛译《金刚般若波罗蜜经》："云何显说此经？如无所显说，故言显说，如如不动，恒有正说。"③

隋达磨笈多译《金刚能断般若波罗蜜经》："云何及广说？如不广说，彼故说名广说。"④

唐玄奘译《能断金刚般若波罗蜜多经》："云何为他宣说开示？如不为他宣说开示，故名为他宣说开示。尔时，世尊而说颂曰："⑤

唐义净译《佛说能断金刚般若波罗蜜多经》："云何正说？无法可说，是名正说。尔时，世尊说伽他曰："⑥

诸译文词虽异，然义实一，乃谓"说法"之事。《金刚经》中有云诸佛为利益众生，而于世间为众生说法；又云诸佛入于涅槃。诸佛若常为众生说法，又如何能入于涅槃？诸佛若入于涅槃，又如何能常为众生说法？释尊为断此疑，而说偈喻。

---

① 《大正藏》第 8 卷，第 752 页中。
② 《大正藏》第 8 卷，第 757 页上。
③ 《大正藏》第 8 卷，第 766 页中。
④ 《大正藏》第 8 卷，第 771 页下。
⑤ 《大正藏》第 7 卷，第 985 页下。
⑥ 《大正藏》第 8 卷，第 775 页中。

故天亲曰："复有疑：若诸佛如来常为众生说法，云何言如来入涅槃？为断此疑，是故如来说彼偈喻。"①（菩提流支译本）

2. 不住不离

弥勒偈曰：

非有为非离，诸如来涅槃。②（菩提流支译本）

如来涅槃证，非造亦不殊。③（义净译本）

释尊"断疑"所说偈喻为比类曲答，而此弥勒所说之偈乃直答也。偈中义谓：如来所证之涅槃境界，并非造作而得之有为法，然其与有为法又不相殊离。故知诸佛虽证涅槃，而以化身应世说法；虽为利益众生于世间说法，而不住世间；虽入涅槃，而不住涅槃也。

故天亲曰："此义云何？诸佛涅槃非有为法，亦不离有为法。何以故？以诸佛得涅槃，化身说法，示现世间行，为利益众生故。此明诸佛以不住涅槃，以不住世间故。"④（菩提流支译本）

五、正观喻法

1. 断疑启观

---

① 《大正藏》第 25 卷，第 796 页下。
② 《大正藏》第 25 卷，第 796 页下。
③ 《大正藏》第 25 卷，第 884 页中。
④ 《大正藏》第 25 卷，第 796 页下。

前虽谓诸佛之所以能不违涅槃于世间说法，乃因诸佛示现世间而不住有为；然未明诸佛成就何等功德智慧，而能示现世间不住有为。此即释尊演说偈喻根本，而弥勒以偈释答。

弥勒偈曰：

九种有为法，妙智正观故。①（菩提流支译本）

此集造有九，以正智观故。②（义净译本）

偈中义谓：诸佛皆以殊妙智慧，正观世间九种有为之境，遂能示现世间不住有为。

故天亲曰："何故诸佛示现世间行，而不住有为法中？偈言：'九种有为法，妙智正观故。'"③（菩提流支译本）

2. 说喻对法

释尊演说"四句偈喻"，只明"九喻"，未言弥勒偈中所谓"九种有为法"。当知，释尊"九喻"乃是喻体，弥勒"九法"乃是本体。"九喻"所喻指之对象，即是"九法"。

故天亲曰："如星宿等相对法。"④（菩提流支译本）

3. 正观境界

释尊所举"九喻"，其目的是以世间九种事相，喻指世间九种有为之法。既然是有为法，必不为诸佛所住。那么，弥勒偈中所谓"正观"境界，到底是什么呢？须知，喻体、本体，皆非正

---

① 《大正藏》第 25 卷，第 796 页下。
② 《大正藏》第 25 卷，第 884 页中。
③ 《大正藏》第 25 卷，第 797 页上。
④ 《大正藏》第 25 卷，第 797 页上。

观；要以喻观本，观本成喻，方为正观。

故天亲曰："九种正观故，此九种正观，于九种境界。"① （菩提流支译本）

六、九种正观

引说至此，当正论九种正观。

（一）总标

弥勒偈曰：

见相及于识，器身受用事；过去现在法，亦观未来世。② （菩提流支译本）

见相及与识，居处身受用；过去并现存，未至详观察。③ （义净译本）

前文已明，释尊所举"九喻"，未明所喻之本。今弥勒说偈，以示释尊所喻九种有为之法。即：星喻见，翳喻境，灯喻识，幻喻界，露喻身，泡喻受用，梦喻过去，电喻现在，云喻未来。其中，"界"在偈中作"器"、"居处"，即指身所居之器世界。

（二）分释

对于"九种正观"之科分，弥勒与无著开合略有不同。

1. 弥勒三分

---

① 《大正藏》第25卷，第797页上。
② 《大正藏》第25卷，第797页上。
③ 《大正藏》第25卷，第884页中。

弥勒偈曰：

观相及受用，观于三世事。^①（菩提流支译本）

由观察相故，受用及迁流。^②（义净译本）

弥勒于此偈中，依本体所示将"九法"科分为三，即：观相、观受用、观行。

（1）观相

观相者，由正观见、境、识三有为法故，而得正观诸有为法集聚、造作有为之相。

> 故天亲曰："观有为法，以观见、相、识。"^③（菩提流支译本）"由观见、境、识故，即是观察集造有为之相。"^④（义净译本）

①星喻见

星者，唯于黑夜，方见其明；日出天光，其辉则隐。此喻凡夫自谓已见，能正观万物，然不知此见实乃妄见；以妄见所观万物之相，必为虚妄颠倒之相，而非实相。若证真智发起，犹如大日当空，群暗尽破，实相自现。凡夫无智，执见为实，世尊说星喻破之。

> 故天亲曰："譬如星宿，为日所映有而不现，能见心法亦复如是。"^⑤（菩提流支译本）"此中应观见如星宿，谓是心

---

① 《大正藏》第 25 卷，第 797 页上。
② 《大正藏》第 25 卷，第 884 页下。
③ 《大正藏》第 25 卷，第 797 页上。
④ 《大正藏》第 25 卷，第 884 页下。
⑤ 《大正藏》第 25 卷，第 797 页上。

法，正智日明，亦既出已，光全灭故。"①（义净译本）

②翳喻境

翳者，目前之病障也。此喻凡夫执取妄见所缘外境是实，然不知此缘境亦乃虚妄不实之境。犹如病目之人，因翳障目，观万物皆有毛轮之色。缘境如翳，因缘假和而有其相，此相非实。若证真智发起，犹如翳去目清，万物洞然，实相自现。凡夫无智，执境为实，世尊说翳喻破之。

故天亲曰："又如目有翳，则见毛轮等色，观有为法亦复如是，以颠倒见故。"②（菩提流支译本）"应观所缘境相，如翳目人睹发团等，是妄现故。"③（义净译本）

③灯喻识

灯者，照明之物也。举油灯为例，必以灯油灌于灯身，且使灯油常盈不亏，灯光方能长明。若无灯油、灯身，或缺其一，灯无光明。故知灯乃和合而有，本无自性。此喻凡夫内所生识，必赖见、境相合而有；又因依止贪爱力故，恒执见所缘境，而使此识常生不断。当知此识，实以妄见执取妄境而生，故其体亦为妄识。凡夫无智，执识为实，世尊说灯喻破之。

故天亲曰："又如灯，识亦如是，依止贪爱法住故。"④（菩提流支译本）"应观其识，犹若于灯，此能依见，由爱腻

---

① 《大正藏》第 25 卷，第 884 页中。
② 《大正藏》第 25 卷，第 797 页上。
③ 《大正藏》第 25 卷，第 884 页中。
④ 《大正藏》第 25 卷，第 797 页上。

力而得生故。"①（义净译本）

（2）观受用

观受用者，由正观界、身、受用三有为法故，而得正观诸有为法依何处住、以何身受用等有为之相。

故天亲曰："观受用，以观器世间等，以何处住、以何等身受用何等。"②（菩提流支译本）"由观器界、身及所用故，即是观其受用，于此由彼所受用也。"③（义净译本）

④幻喻界

幻者，假相也，本无实体。此喻凡夫所居住之器世界，因缘和合，种种差别，体性不实，犹如幻化。凡夫无智，执界为实，世尊说幻喻破之。

故天亲曰："又如幻，所依住处亦如是，以器世间种种差别无一体实故。"④（菩提流支译本）"应观居处，犹如于幻，即器世间有多奇质，性不实故。"⑤（义净译本）

⑤露喻身

露者，朝露也，日出即蒸腾而逝，不久住也。此喻凡夫根身，虽得百年暂住，终归无常，犹如朝露。凡夫无智，执身为实，世尊说露喻破之。

---

① 《大正藏》第 25 卷，第 884 页中—下。
② 《大正藏》第 25 卷，第 797 页上。
③ 《大正藏》第 25 卷，第 884 页下。
④ 《大正藏》第 25 卷，第 797 页上。
⑤ 《大正藏》第 25 卷，第 884 页下。

故天亲曰："又如露，身亦如是，以少时住故。"①（菩提流支译本）"应观其身，譬如露渧，暂时住故。"②（义净译本）

⑥泡喻受用

泡者，水沤也。因渧、水、风三者和合，故有水泡。此喻凡夫受用苦乐之境，乃为根、境、识三法和合而有，亦无自性。凡夫无智，执受为实，世尊说泡喻破之。

故天亲曰："又如泡，所受用事亦如是，以受想因三法不定故。"③（菩提流支译本）"观所受用，犹若水泡，其受用性，是三事合所生性故。"④（义净译本）

（3）观行

观行者，行乃迁流义。由正观过去、现在、未来三有为法故，而得正观诸有为法三世迁流变化不住等有为之相。

故天亲曰："观有为行，以何等法三世转差别。"⑤（菩提流支译本）"由观三世差别转故，即是观其迁流不住。"⑥（义净译本）

⑦梦喻过去

梦者，睡眠所生妄想也。梦境无实，唯靠意念生起。此喻过去之事，已成旧往，于今无实。凡夫无智，执过去为实，世尊说

---

① 《大正藏》第 25 卷，第 797 页上。
② 《大正藏》第 25 卷，第 884 页下。
③ 《大正藏》第 25 卷，第 797 页上。
④ 《大正藏》第 25 卷，第 884 页下。
⑤ 《大正藏》第 25 卷，第 797 页上。
⑥ 《大正藏》第 25 卷，第 884 页下。

梦喻破之。

故天亲曰："又如梦，过去法亦如是，以唯念故。"①（菩提流支译本）"应观过去所有集造同于梦境，但唯念性故。"②（义净译本）

⑧电喻现在

电者，云雷之光也。乍现不住，刹那生灭。此喻现在之事，虽有不住，疾生灭性。凡夫无智，执现在为实，世尊说电喻破之。

故天亲曰："又如电，现在法亦如是，以刹那不住故。"③（菩提流支译本）"应观现在事同于电，疾灭性故。"④（义净译本）

⑨云喻未来

云者，空中水气也。其形变化无常，其性聚散无度；本是万里晴空，须臾浮云满天；忽而乌云降雨，亦或云开日见。此喻未来之事，皆为众生阿赖耶识所含藏诸法种子变现而成，然其种子虽能持摄未来诸法境界，但变现不定。凡夫无智，执未来为实，世尊说云喻破之。

故天亲曰："又如云，未来法亦如是，以于子时阿黎耶识，与一切法为种子根本故。"⑤（菩提流支译本）"应观未至

---

① 《大正藏》第 25 卷，第 797 页上。
② 《大正藏》第 25 卷，第 884 页下。
③ 《大正藏》第 25 卷，第 797 页上。
④ 《大正藏》第 25 卷，第 884 页下。
⑤ 《大正藏》第 25 卷，第 797 页上。

体若重云，阿赖耶识在种子位，体能摄藏诸种子故。"① （义净译本）

3. 无著三分

无著于《金刚般若波罗蜜经论》中，依喻体所显将"九喻"科分为四，即：自性相、著所住味相、随顺过失相、随顺出离相。

《金刚般若波罗蜜经论》卷下：

（一）于中自性相者，共相、见、识。（1）此相如星，应如是见。何以故？无智闇中，有彼光故；有智明中，无彼光故。（2）人、法我见如瞖，应如是见。何以故？以取无义故。（3）识如灯，应如是见。何以故？渴爱润取缘故炽然。

（二）于中著所住味相者，味著颠倒境界，（4）故彼如幻，应如是见。何以故？以颠倒见故。

（三）于中随顺过失相者，无常等随顺故。（5）彼露譬喻者，显示相体无有，以随顺无常故。（6）彼泡譬喻者，显示随顺苦体，以受如泡故。若有受皆是苦，以三苦故，随有应知：彼苦生故是苦苦，破灭故是坏苦，不相离故是行苦。复于第四禅及无色中，立不苦不乐受，以胜故。

（四）于中随顺出离相者，随顺人、法无我，以攀缘故，得出离故，说无我以为出离也。（7）随顺者，谓过去等行，以梦等譬喻，显示彼过去行，以所念处故如梦。（8）现在者，不久时住，故如电。（9）未来者，彼粗恶种子似虚空引心出，

---

① 《大正藏》第25卷，第884页下。

故如云。如是知三世行转生已，则通达无我。此显示随顺出离相故。①

通过标列论文可知，除将幻喻与露、泡喻开为二相外，其余与弥勒科分无异。就其论义，除增随顺过失、出离二义，详于人、法二我见及苦受外，其余亦与弥勒偈颂及天亲释大同。惟其将"星喻相（境）、瞖喻见"，与弥勒配适颠倒。

七、正观利益

已说九种有为法相，若正观察，能得成就何等功德智慧？

弥勒偈曰：

于有为法中，得无垢自在。②（菩提流支译本）

于有为事中，获无垢自在。③（义净译本）

依"九法"正观世间诸法，必于一切有为法中，获得无垢自在。

故天亲曰："观如是九种法，得何等功德？成就何智？如是观一切法，于世间法中得自在故。"④（菩提流支译本）
"由此观故，便能于诸有为法中，获无障碍随意自在。为此纵居生死尘劳，不染其智；设证圆寂灰烬，宁味其悲。"⑤

---

① 《大正藏》第25卷，第780页下—781页上。
② 《大正藏》第25卷，第797页上。
③ 《大正藏》第25卷，第884页下。
④ 《大正藏》第25卷，第797页上。
⑤ 《大正藏》第25卷，第884页下。

（义净译本）

八、瑜伽义胜

上本弥勒之偈，依无著、天亲之论，而详辩《金刚》"九喻"之义。然此瑜伽行派之释，能否直指释尊本怀呢？

现存虽无印度中观学派之《金刚经》注疏，然有龙树菩萨《大智度论》传世，该论亦为鸠摩罗什所译。考察论中有关"九喻"之说，即可窥知中观学派之释。

星喻：譬如众星，日光既出，则没不现。[1]（卷九）

翳喻：譬如人眼翳，见妙珍宝，谓为不净。[2]（卷六七）

如人目翳，视清净珠，见其目影，便谓珠不净。[3]（卷九五）

灯喻：又如灯明大者，必知苏油亦多。[4]（卷二一）

譬如酥油丰饶，灯炷清净，光明亦盛。[5]（卷二六）

幻喻：一切处，求不可得，如幻。[6]（卷四）

知三界如梦。[7]（卷四〇）

一切世间颠倒，颠倒果报不实如幻。[8]（卷六二）

---

[1] 《大正藏》第 25 卷，第 121 页中。

[2] 《大正藏》第 25 卷，第 528 页下。

[3] 《大正藏》第 25 卷，第 723 页上。

[4] 《大正藏》第 25 卷，第 220 页上。

[5] 《大正藏》第 25 卷，第 250 页中。

[6] 《大正藏》第 25 卷，第 93 页上。

[7] 《大正藏》第 25 卷，第 354 页上。

[8] 《大正藏》第 25 卷，第 498 页下。

露喻：譬如日出时，朝露一时失。^①（卷一八）

譬如朝露，见日则消。^②（卷三五）

泡喻：受如泡。^③（卷六）

观受如泡。^④（卷八一）

知诸受相，如水中泡，一起一灭，是为知受相。^⑤（卷八九）

梦喻：如梦者，如梦中无实事，谓之有实。^⑥（卷六）

见过去、未来事，如梦中所见。^⑦（卷三十三）

电喻：人命无常，财物如电。^⑧（卷二二）

云喻：无。

"云喻"譬如未来，义指阿赖耶识，乃瑜伽行派独有之见。除此之外，其余八喻，二派之释亦无大异。故瑜伽行派之释乃以阐发释尊言教为本，而非一家之见。然龙树之说，毕竟只言片语，且非就《金刚经》义而言。今欲求《金刚》"九喻"之真义者，当以瑜伽行派之释为指归。

（原载《法音》2009 年第 10 期，总第 302 期）

---

① 《大正藏》第 25 卷，第 190 页下。
② 《大正藏》第 25 卷，第 322 页中。
③ 《大正藏》第 25 卷，第 103 页中。
④ 《大正藏》第 25 卷，第 627 页上。
⑤ 《大正藏》第 25 卷，第 689 页上。
⑥ 《大正藏》第 25 卷，第 103 页下。
⑦ 《大正藏》第 25 卷，第 306 页下。
⑧ 《大正藏》第 25 卷，第 226 页下。

心经释义

目录

凡例　313

《心经》贯解　315

《心经》集释　319

　甲一、序分　319

　甲二、正宗分　321

　　乙一、观音说法　321

　　　丙一、显说　321

　　　　丁一、菩萨行因　322

　　　　　戊一、行　322

　　　　　戊二、境　333

　　　　　　己一、诸法皆空　333

　　　　　　　庚一、五蕴性空　333

　　　　　　　庚二、舍利问法　343

　　　　　　　庚三、蕴空不二　344

　　　　　　　庚四、法空六相　359

己二、空无诸法　364

庚一、无三科　364

辛一、无五蕴　364

辛二、无十二处　367

辛三、无十八界　373

庚二、无十二支　376

庚三、无四谛　381

庚四、无智无得　385

戊三、果　388

丁二、涅槃佛果　391

戊一、行　391

戊二、境　392

戊三、果　395

丙二、密说　400

丁一、标咒名　400

丁二、显咒用　403

丁三、说咒体　407

丙三、作结　410

乙二、世尊赞叹　411

甲三、流通分　412

附

《心经释要》"五玄"述义　414

凡例

一、本书经本"原文"，为唐玄奘译《般若波罗蜜多心经》。此经诸藏本文词无异，故取日本《大正藏》为底本，辅以诸"异译"略作"校勘"。

二、本经文短，更显层次之要，故加"科目"以明次第也。

三、本书所列"异译"，为后秦鸠摩罗什译《摩诃般若波罗蜜大明咒经》（简称"罗什译本"）、唐法月译《普遍智藏般若波罗蜜多心经》（简称"法月译本"）、唐般若、利言等译《般若波罗蜜多心经》（简称"般若利言译本"）、唐智慧轮译《般若波罗蜜多心经》（简称"智慧轮译本"）、唐法成译《般若波罗蜜多心经》（简称"法成译本"）、北宋施护译《佛说圣佛母般若波罗蜜多经》（简称"施护译本"）。

四、本书"集解"，取唐窥基《般若波罗蜜多心经幽赞》、唐圆测《佛说般若波罗蜜多心经赞》、唐靖迈《般若波罗蜜多心经疏》三家注疏，并对其中引文略作查考。此三人皆为玄奘弟子，故能秉承师教，以显唯识之义。

五、本书"释义"，除注释必要名相外，乃就"集解"未涉之义略作讲说。

《心经》贯解

《心经》者，大般若心要之经也。此经自玄奘于唐贞观二十三年（649）译出后，由其文辞精巧，义理深邃，而得广为受持。该经字字珠玑，显密圆通，历代各家注疏不绝。今又欲开其解，勘同诸译，汇集释义，恐于分条缕析之余，有碍初学窥之全貌。故先随文贯述大义，以资浅薄；而后归宗详科查考，以利深究。

本经为观自在菩萨为舍利子演说之无上甚深般若之法，大分为二：一、显说，二、密说。于"显说"之中，讲述菩萨、佛二乘依般若波罗蜜多，所历"行、境、果"也。行，谓进修之行；境，谓能观之境；果，谓所证之果。于"密说"之中，显示般若波罗蜜多咒之"名、用、体"，以结般若成就圆满也。

观自在菩萨行深般若波罗蜜多时，照见五蕴皆空，度一切苦厄。舍利子。色不异空，空不异色；色即是空，空即是色；受、想、行、识亦复如是。

观自在菩萨行甚深般若波罗蜜多之时，以慧眼照见五蕴体性皆空，从而度脱一切苦厄。五蕴假合，体性本空，非是蕴外别有空性，亦非空性离蕴而显。五蕴与空，不异相即，故经云："色不异空，空不异色；色即是空，空即是色；受、想、行、识亦复如是。"

舍利子。是诸法空相，不生、不灭、不垢、不净、不增、不减。

然此空性，非唯五蕴，经中举五蕴以代诸法。又诸法性空之体必有空相，故经云："不生、不灭、不垢、不净、不增、不减。"此"六相"即一切诸法之空相，犹如虚空，体性常寂，无有生灭、垢净、增减之分别。

是故空中无色，无受、想、行、识；无眼、耳、鼻、舌、身、意，无色、声、香、味、触、法；无眼界乃至无意识界。无无明亦无无明尽，乃至无老死亦无老死尽。无苦、集、灭、道。无智亦无得。

诸法与空，不异相即，若诸法之性为空，岂非空之性为诸法耶？为遣此疑，故经明诸法皆空之后，再明空中无有诸法。经中所举，乃三科、十二支、四谛等。

三科者，指蕴、处、界。蕴，指五蕴，即：色蕴、受蕴、想蕴、行蕴、识蕴也。处，指十二处，即：眼处、耳处、鼻处、舌处、身处、意处、色处、声处、香处、味处、触处、法处也。界，指十八界，即：眼界、耳界、鼻界、舌界、身界、意界、色界、声界、香界、味界、触界、法界、眼识界、耳识界、鼻识界、舌识界、身识界、意识界。

十二支者，指十二缘起，即：无明、行、识、名色、六入、触、受、爱、取、有、生、老死。此十二支可顺观，亦可逆观。顺观者，指流转观，即：缘无明生行，缘行生识，缘识生名色，缘名色生六入，缘六入生触，缘触生受，缘受生爱，缘爱生取，缘取生有，缘有生生，缘生生老死。逆观者，指还灭观，即：无明灭故行灭，行灭故识灭，识灭故名色灭，名色灭故六入灭，六入灭故触灭，触灭故受灭，受灭故爱灭，爱灭故取灭，取灭故有灭，有灭故生灭，生灭故老死灭。尽者，灭也。故经云"无无明乃至无老死"，即为顺观；"无无明尽乃至无老死尽"，即为逆观。

四谛者，指苦谛、集谛、灭谛、道谛。

以上诸法，空中无有。此空之境，乃观自在菩萨行深般若波罗蜜多之所照见，故有人谓：若无般若，空性不见，故知当有照空之智可得也。为遣此执，经云："无智亦无得。"照空之智，体性亦空，以空性之般若，方能照见诸法空性。若智有所得，性必不空，以不空之智，岂能照见诸法空性哉！

以无所得故，菩提萨埵依般若波罗蜜多故。

"以无所得"之空境，乃菩萨依般若波罗蜜多之行而所照见；亦为依般若波罗蜜多之行，照见诸法"无所得"之空境，而证菩萨之果。

心无挂碍；无挂碍故，无有恐怖，远离颠倒梦想；究竟涅槃，三世诸佛依般若波罗蜜多故，得阿耨多罗三藐三菩提。

菩萨能观之境，所证之果，乃因地之行。进而行修心无挂碍；以无挂碍之行，达无有恐怖、远离颠倒梦想之境；从而证得究竟涅槃之无上佛果。此究竟涅槃之无上佛果，亦为过去、现在、未来三世诸佛，依般若波罗蜜多之所证得。

故知般若波罗蜜多，是大神咒、是大明咒、是无上咒、是无等等咒。能除一切苦，真实不虚，故说般若波罗蜜多咒。即说咒曰：揭帝，揭帝，般罗揭帝，般罗僧揭帝，菩提僧莎诃。

显说已毕，更示其密。诸佛、菩萨皆依般若波罗蜜多而得成就，故知此般若波罗蜜多必具广大神力、能除幽冥、最高无上、独绝无等之甚深密义。于显即度一切苦厄，于密更能除一切苦。其性虽空无所得，其用则真实不虚，故称之为"般若波罗蜜多咒"。即说咒体曰：去，去，到彼岸去，到究竟彼岸去，菩提最终圆满成就。

《心经》集释

甲一、序分

【异译】

法月译本

如是我闻，一时佛在王舍大城灵鹫山中，与大比丘众满百千人，菩萨摩诃萨七万七千人俱，其名曰：观世音菩萨、文殊师利菩萨、弥勒菩萨等，以为上首，皆得三昧总持，住不思议解脱。尔时，观自在菩萨摩诃萨在彼敷坐，于其众中，即从座起，诣世尊所，面向合掌，曲躬恭敬，瞻仰尊颜，而白佛言："世尊。我欲于此会中，说诸菩萨普遍智藏般若波罗蜜多心。唯愿世尊听我所说，为诸菩萨宣秘法要。"尔时，世尊以妙梵音告观自在菩萨摩诃萨言："善哉！善哉！具大悲者，听汝所说，与诸众生作大光明。"

般若利言译本

如是我闻，一时佛在王舍城耆阇崛山中，与大比丘众及菩萨众俱。时，佛世尊即入三昧，名广大甚深。

智慧轮译本

如是我闻，一时薄诵梵住王舍城鹫峰山中，与大苾刍众及大菩萨众俱。尔时，世尊入三摩地，名广大甚深照见。

法成译本

如是我闻，一时薄伽梵住王舍城鹫峰山中，与大苾刍众及诸菩萨摩诃萨俱。尔时，世尊等入甚深明了三摩地法之异门。

施护译本

如是我闻，一时世尊在王舍城鹫峰山中，与大苾刍众千二百五十人俱，并诸菩萨摩诃萨众而共围绕。尔时，世尊即入甚深光明，宣说正法三摩地。

【释义】

《心经》梵本原分广略，故译本则有繁简。故本经"序分"与"流通分"，玄奘与罗什译本属简本，故无之；而其余诸译属繁本，故有之。又因玄奘译本源出《大般若经》，《大般若经》已有"序分、流通分"，故于此略之。

"序分"诸译本中，"薄诵梵、薄伽梵"，梵 bhagavat，即"世尊"之梵文音译；"耆阇崛山"，梵 Gṛdhra-kūṭa，即"鹫峰山"之梵文音译；"苾刍、比丘"，梵 bhikṣu，即"乞士"之梵文音译；"三昧、三摩地"，梵 samādhi，即"定"之梵文音译。

此"序分"之大义为：一天释尊与大比丘众及诸大菩萨在王舍城鹫峰山中，当时释尊进入到广大甚深正定之中。又依法月译本，除列观世音、文殊师利、弥勒等三菩萨名号外，还明示本经乃观世音菩萨在得到释尊印许之后，才得以讲说之。

【集解】

窥基曰：

《大经》随机，义文俱广，受持传习，或生怯退。传法圣者，录其坚实妙最之旨，别出此经。三分二序，故皆遗阙；甄综精微，纂提纲迹。

圆测曰：

所以无"序"及"流通"者，于诸《般若》简集纲要，故唯"正宗"，无"序、流通"，如《观音经》不具三分。

靖迈曰：

问："寻夫玄籍格言，群经靡异，首置'如是'等说，末系'奉行'之言，遂使详习之致克谐，无尽之灯恒照。是以泥越之际，尚累兹人，辨修多罗，故颂此旨。唯今至典，始无'如是'之说，终阙'奉行'之言，其故何也？"答："原夫鹿苑桴玄，冲文未肆于贝叠；鹄林掩驾，群圣方汗于金篇。故使八万法藏，奏希音于五天；十二真诠，击玄旨于九有。然夫综括众经，大格唯二：一、鸠群会之说，如《华严》、《阿含》等；二、纂一会之谈，如《涅槃》、《法华》等。其余列行之典，或从多会经出，则始有'如是'，终具'奉行'，如《仁王》、《十地》等；或从一会经来，则始无'如是'，终阙'奉行'，如《观音》、《遗教》等。今此经者，从《摩诃般若》一会所流，是以始无'如是'，终阙'奉行'矣。"

甲二、正宗分 二

乙一、观音说法 三

丙一、显说 二

丁一、菩萨行因 三
戊一、行

【原文】

观自在菩萨，行深般若波罗蜜多时，

【释义】

"观自在"，梵 Avalokiteśvara，又意译作观世音。唐玄奘译《大唐西域记》卷三："阿缚卢枳低湿伐罗菩萨，唐言观自在，合字连声，梵语如上。分文散音，即阿缚卢枳多，译曰观；伊湿伐罗，译曰自在。旧译为光世音，或云观世音，或观世自在，皆讹谬也。""菩萨"，梵 bodhi-sattva，为音译菩提萨埵之略称。菩提，乃觉义，萨埵，乃有情义。又有作摩诃萨埵者，梵 mahā-sattva，指求无上菩提之大精进者。依圆测之解，观世音只明语业，未显身、意二业；不如观自在，通于三业也。

该菩萨之所以名为观世音，因其能观听世间之声，凡有众生称念其名号者，其皆能随声应现救苦救难。后秦鸠摩罗什译《妙法莲华经》卷七《观世音菩萨普门品》："尔时，无尽意菩萨即从座起，偏袒右肩，合掌向佛，而作是言：'世尊。观世音菩萨以何因缘名观世音？'佛告无尽意菩萨：'善男子。若有无量百千万亿众生受诸苦恼，闻是观世音菩萨，一心称名，观世音菩萨即时观其音声，皆得解脱。若有持是观世音菩萨名者，设入大火，火不能烧，由是菩萨威神力故。若为大水所漂，称其名号，即得浅处。若有百千万亿众生，为求金银、琉璃、车磲、马瑙、珊瑚、虎珀、真珠等宝，入于大海，假使黑风吹其船舫，飘堕罗刹鬼国，其中若有乃至一人称观世音菩萨名者，是诸人等皆得解脱罗刹之难，以是因缘名观世音。若复有人临当被害，称观世音菩萨名者，彼所执刀杖寻段段坏，而得解脱。若三千大千国土满中夜叉罗刹，欲来恼人，闻其称观世音菩萨名者，是诸恶鬼尚不能以恶眼视之，况复加害。设复有人，若有罪、若无罪，杻械枷锁，检系其身，称观世音菩萨名者，皆悉断坏，即得解脱。若三千大千国土满中怨贼，有一商主，将诸商人，赍持重宝，经过险路。其中一人作是唱言：诸善男子勿得恐怖，汝等应当一心称观世音菩萨名号，是菩萨能以无畏施于众生。汝等若称名者，于此怨贼当得解脱。众商人闻，俱发声言：南无观世音菩萨。称其名故，即得解脱。'"

又观世音为西方极乐世界之菩萨，与阿弥陀佛、大势至菩萨并称为"西方三圣"。该菩萨于久远劫前早已成佛，号正法明如来，但为救度苦难众生，而发大愿，以菩萨身应现世间。唐伽梵达摩译《千手千眼观世音菩萨广大圆满无碍大悲心陀罗尼经》："阿难白佛言：'世尊。此菩萨摩诃萨名字何等？善能宣说如是陀罗尼。'佛言：'此菩萨名观世音自在，亦名捻索，亦名千光眼。善男子。此观世音菩萨不可思议威神之力，已于过去无量劫中，已作佛竟，号正法明如来。大悲愿力，为欲发起一切菩萨安乐成熟诸众生故，现作菩萨。汝等大众、诸菩萨摩诃萨、梵释、龙神，皆应恭敬，莫生轻慢。一切人天常须供养，专称名号，得无量福灭无量罪，命终往生阿弥陀佛国。'"依窥基、靖迈之解，此观自在菩萨并非具指西方极乐世界之菩萨名，而为泛指一切地上菩萨妙慧成就之自在功德。

【集解】

窥基曰：

"观"者，察义，府救慧悲。"自在"者，无滞义，拔济妙用。诸有般净三业归依，必应所祈六通垂化；无暇危苦，飞轮摧伏，作不请友，为应病医，摄利难思，名"观自在"。又"观"者，照义，了空有慧。"自在"者，纵任义，所得胜果。昔行六度，今得果圆，慧观为先，成十自在：一、寿自在，能延促命；二、心自在，生死无染；三、财自在，能随乐现，由施所得；四、业自在，唯作善事，及劝他为；五、生自在，随欲能往，由戒所得；六、胜解自在，能随欲变，由忍所得；七、愿自在，随观所乐成，由精进所得；八、神力自在，起最胜通，由定所得；九、智自在，随言音慧；十、法自在，于契经等，由慧所得。位阶补处，道成等觉，无幽不烛，名观自在。但言"观音"，词义俱失。菩提萨埵，略言"菩萨"。菩提，即般若；萨埵，谓方便。此二于有情，能作一切利益安乐。又菩提者，觉义，智所求果。萨埵者，有情义，悲所度生。依弘誓语，故名菩萨。又萨埵者，勇猛义，求大菩提，精勤勇猛，故名菩萨。又修行者名为萨埵，求三菩提之有情者，故名菩萨。有具悲智，遍行慈愍，绍隆净刹，府救秽方，机感相应，故唯标此。或处上位，诸具大心妙慧成就，皆观自在。或指示此，令瞩曰"观"，非住西方来游此者，彼《大经》中不别显故。

圆测曰：

若依旧本，名观世音。观诸世间称菩萨名音声语业，以救诸难，因而立号名观世音，犹未能显观身、意业。而今本云"观自在"者，内证二空，外观三业，不依功用，任运自在，故曰观自在。今此菩萨实是因位一生补处，为已成佛，设尔何失？若是菩萨，如何会释观音三昧？彼经说曰："佛告阿难：我今道实，其事不虚。我念观世音菩萨，于我前成佛，号曰正法明如来、应供、正遍知、明行足、善逝、世间解、无上士、调御丈夫、佛、世尊。我于彼时，为彼佛下作苦行弟子。"①若是佛者，如何会释观音授记？故彼经曰："善男子。阿弥陀佛寿命无量百千亿劫，当有终极，当般涅槃。"复曰："善男子。阿弥陀佛正法灭后，过中夜分，明星出时，观世音菩萨于七宝菩提树下，结加趺坐，成等正觉，号普光功德山王如来，十号具足，乃至国名众宝庄严。"②又《无量寿》曰："观音菩萨于是国土，修菩萨行，命终转化生彼佛国。"③解曰：观音名同人异，故彼此说互不相违。如《法华经》："诸佛同号日月灯明。"④又解：观音自有二

---

①　唐三昧苏嚩罗译《千光眼观自在菩萨秘密法经》："于时，阿难白佛言：'我等今者，蒙佛威力，得闻如是菩萨大神通力及无畏力。我有所疑，唯愿世尊演说如上二十五菩萨名号，我等众会，愿乐欲闻。'佛言：'止。善男子。不须作问。今观世音自在欲说其法，今正其时，汝等善听。我念往昔时，观自在菩萨于我前成佛，号曰正法明，十号具足。我于彼时，为彼佛下作苦行弟子。'"

②　案南朝宋昙无竭译《观世音菩萨授记经》："佛言：'善男子。阿弥陀佛寿命无量百千亿劫，当有终极。善男子。当来广远不可计劫，阿弥陀佛当般涅槃。般涅槃后，正法住世，等佛寿命。在世灭后，所度众生悉皆同等。佛涅槃后，或有众生不见佛者，有诸菩萨得念佛三昧，常见阿弥陀佛。复次，善男子。彼佛灭后，一切宝物、浴池、莲花、众宝行树，常演法音，与佛无异。善男子。阿弥陀佛正法灭后，过中夜分，明相出时，观世音菩萨于七宝菩提树下，结加趺坐，成等正觉，号普光功德山王如来、应供、正遍知、明行足、善逝、世间解、无上士、调御丈夫、天人师、佛、世尊。其佛国土，自然七宝，众妙合成，庄严之事。'"

③　案三国魏康僧铠译《佛说无量寿经》卷下："阿难白佛：'彼二菩萨其号云何？'佛言：'一名观世音，二名大势至。是二菩萨，于此国土，修菩萨行，命终转化生彼佛国。'"

④　案后秦鸠摩罗什译《妙法莲华经》卷一《序品》："诸善男子。如过去无量无边不可思议阿僧祇劫，尔时有佛号日月灯明如来、应供、正遍知、明行足、善逝、世间解、无上士、调御丈夫、天人师、佛、世尊，演说正法，初善、中善、后善，其义深远，其语巧妙，纯一无杂，具足清白梵行之相。为求声闻者，说应四谛法，度生、老、病、死，究竟涅槃；为求辟支佛者，说应十二因缘法；为诸菩萨，说应六波罗蜜，令得阿耨多罗三藐三菩提，成一切种智。次复有佛亦名日月灯明，次复有佛亦名日月灯明，如是二万佛皆同一字，号日月灯明；又同

种：一、实，二、化。一者、实身，如《观音经》；二者、化身，如《无量寿》。如《法华论》："释迦如来成道已久，就化相故，今乃成佛。"①虽有两释，后解为胜，顺诸圣教，不违理故。

靖迈曰：

言"观自在菩萨"者，盖是登地已上诸大士等通有此德，非止弥陀之左辅也。何以明之？兹法造修出在《大般若·习应品》中："佛对舍利子明诸菩萨习行般若，应当思惟菩萨及佛般若若五蕴等，一切诸法但有名字，如我、众生皆不可得，以其空故。"②此谓一切入地菩萨习行般若，应思惟观察世、出世等一切诸法，但有随俗假立名字，毕竟无有真俗性相。以诸法相，但是遍计所执，毕竟空故。由作此解，观诸法空，于一切境无有壅碍，故称观自在。旧经曰观世音，音者即是音声名字，谓观诸法但有随俗假立音声名字而已。问："何以得知，作此习行是入地菩萨，非地前邪？"答："准经校量，习行般若，唯除佛慧，余悉不及，故知非是地前

（续）————————————

一姓，姓颇罗堕。弥勒当知，初佛后佛皆同一字，名日月灯明，十号具足，所可说法初、中、后善。"

① 案隋吉藏《法华论疏》卷下："问：'唯多宝与释迦同一塔坐，分身不同塔坐，云何言三佛同一大事？'答：'即释迦自具三佛：示现伽耶成佛谓化身也；久已成佛，行因所得，谓报身佛也；有真故即有法身。故释迦具三身，即是三佛同坐，共成一大事也。'"

② 案后秦鸠摩罗什译《摩诃般若波罗蜜经》卷一《习应品》："佛告舍利弗：'菩萨摩诃萨行般若波罗蜜时，应如是思惟，菩萨但有字，佛亦但有字，般若波罗蜜亦但有字，色但有字，受、想、行、识亦但有字。舍利弗，如我但有字，一切我常不可得，如众生寿者、命者、生者、养育众数人者、作者、使作者、起者、使起者、受者、使受者、知者、见者，是一切皆不可得。不可得空故，但以名字说。菩萨摩诃萨亦如是行般若波罗蜜，不见我，不见众生，乃至不见知者、见者，所说名字亦不可见。菩萨摩诃萨作如是行般若波罗蜜，除佛智慧，过一切声闻、辟支佛上，用不可得空故。所以者何？是菩萨摩诃萨诸名字法、名字所著处，亦不可得故。'"

明矣。"言"菩萨"者，兹文略也，若具梵言，应曰菩提萨埵摩诃萨埵。菩提，唐称为觉，旧或翻道，谬也。问："佛陀，唐亦言觉，故以菩提为道，二名无滥，殆得厥中，何言谬耶？"答："佛陀盖取能证觉之者，不取于觉；菩提止取能证之觉，不取于者。觉名虽同，者智不一，岂可以末伽之道，而译夫菩提之觉乎？是以真谛在果，已鉴纰谬，彰之《摄论》，可不信欤！"萨埵，唐言有情，旧曰众生，误也。薄呼缮那，唐言众生。有情、众生，梵语全别，不可滥翻也。摩诃，言大；萨埵，言有情；谓觉有情、大有情也。觉是所求，有情是能求。觉者有情，名通三乘，故以"大有情"简之，显非求中、下乘觉有情也。又觉是所求境，有情是所为境，谓具自他大愿，求于妙觉利有情故。又萨埵者，是勇猛义，精进勇猛求于大觉，故名菩提萨埵。今为此方好略，于"菩"下去"提"，"萨"下除"埵"，是以但言菩萨。此通诸位，今取地上，应言摩诃萨，而文无者，为存略也。

【释义】

此明菩萨所修之行。菩萨之行，不著于相，不生分别，无行而行，方能"行深"。

"深"者，一谓菩萨行业之深，二谓般若境界之深。

"般若波罗蜜多"者，梵 prajñā-paramitā，六波罗蜜之根本。龙树造、后秦鸠摩罗什译《大智度论》卷一八《释般若相义》："问曰：'何以独称般若波罗蜜为摩诃，而不称五波罗蜜？'答曰：'摩诃此言大，般若言慧，波罗蜜言到彼岸。以其能到智慧大海彼岸，到一切智慧边，穷尽其极故，名到彼岸。一切世间、十方三世诸佛第一大，次有菩萨、辟支佛、声闻是四大人，皆从般若波罗蜜生，是故名为大。"

"时"者，谓观自在菩萨修行甚深般若波罗蜜多之时。依狭义之解，即观自在菩萨为舍利子演说本经之时，依广义之解，即观自在菩萨历劫修行无上佛道之时。然无论何时，或短或长，皆亦为假法，其性本空。不能见三大阿僧祇劫，旷世久远，则起执著，误认时间为真实之法。

【集解】

窥基曰：

所言"行"者，胜空者言：若依世俗，欲证出世无分别智无倒观空，要学能遣一切所缘闻思慧等，学照空者，即名为行。若依胜义，由无所得无分别故，都无所行，是名为行。无垢称说："不行是菩提，无忆念故。"①《大经》亦言："不见行，不见不行，无自性故。"②今言行者，都无所行是名为行，非有行义。或有密取余义释言："若无所行，无所不行，是则为行。"③若有所行，有所不行，非为行也。复有异释：动念攀缘，为生死根，非为行也；惩心绝虑，为出世本，是名为行。如应者言：譬如幻士而有所作，虽无实作，非无似者，待因缘闻信学证，说曾无暂舍。然无分别，不见行相，是谓行义，非都无行。以病说除非除法故，若本无法可行可除，即愚法者称已成觉。说有迷悟，深自毁伤，翳花体空，可不资疗。翳既非有，如何假除？翳既不除，初无真眼，由何胜义照花体空？若

---

① 案后秦鸠摩罗什译《维摩诘所说经》卷上《菩萨品》："不行是菩提，无忆念故。"

② 案后秦鸠摩罗什译《摩诃般若波罗蜜经》卷一《奉钵品》："菩萨摩诃萨行般若波罗蜜时，不见菩萨，不见菩萨字，不见般若波罗蜜，亦不见我行般若波罗蜜，亦不见我不行般若波罗蜜。何以故？菩萨菩萨字性空。"

③ 案后汉支娄迦谶译《道行般若经》卷四《摩诃般若波罗蜜叹品》："般若波罗蜜无所行，亦无所不行。"唐窥基《妙法莲华经玄赞》卷九本《安乐行品》："故《般若》云：'应无所行而行，是名为行。'不行，故无所不行。"

无所行、无所不行，有情无明、无所不明，应从无始一切皆明。其先未明，今明谁也？便同异道，无所不为，背理乖宗，何成觉慧？若绝攀虑，即是真行。应无想等皆真圣道，徒设受持，厌舍造修，可谛思惟，疾除邪谬。今言行者，虽行而不见行，非无行义。由此经说不见行、不见不行，假有所行，实无行故。不尔，唯应说不见行。复言不见不行，有何诠理？是故定应如后所说。然佛果德殊胜无边，非广大修无由证得。故依此义而说行者，要具大乘二种种姓，能于五位渐次修行。二种姓者：一、本性住种姓，谓住本识能生无漏本性功能；二、习所成种姓，谓闻正法等熏习所起。此前所说诸菩萨行，虽有无量，不过四种：一、波罗蜜多行，则六十度；二、菩提分行，三十七品、四寻思等一切妙行；三、神通行，即六神通；四、成熟有情行，即所调伏界、调伏方便界无量。如上所说，若所学处、若所学法、若能修学，皆菩萨行。勇猛炽然，依前修学，不见行相，是名为行。此所行法，云何名"深"？胜空者言：妙理玄邈，不可思议，二乘不能晓，凡夫所不测，故名为深。如应者言：真谛智境，超言议道，非喻所喻，微妙难知。备三无上，具七大性，体业利乐一切殊胜。白法溟海，妙宝泉池，非大菩提为法界主，无由相称，故所修学皆名为深，应勤趣证。或此一切诸菩萨行，真如实相，难可圆证；智慧观照，难可获得；诠教文字，难可悟说；万行眷属，难可成就；有空境界，难可通达。以慧为首，余性或资皆名般若，故并名深。云何名"时"？胜空者言：若依世俗，信学修证，求照达空；若依胜义，悟法体空，修行般若。事绪究竟，总名为时。如应者言：无上菩提广大深远，非少积因可能证获。于前所说十二住中，若日夜等时分算数，一一住中经多俱胝百千大劫，或过是数方证方满。若以大劫超过一切算数之量，总经于三无数大劫方得证满。经初无数大劫于一行中修一行，故证极喜住；经第二无数大劫于一行中修一切行，证无功用无相住，以意乐净决定勇猛；后经第三无数大劫一切行中修一切行，证如来住。此常精进，非不尔者，若上勇猛如翘足等，或有能转众多中劫或多大劫，决定无转无数大劫。故知因位决定经三无数大劫修行圆满，方证菩提，五种彼岸皆能到故。此意即说修五般若三劫分位，或随自心变作分限事绪究竟，总立时名。若达空时，唯正智证，既修学位通摄所余，独觉利根尚经百劫，况求作佛无多劫因。

圆测曰：

"行"，谓进行，是能观智；"深"，即甚深。深有二种：一者即行深，无分别智，内证二空，离诸分别，无能所行，以为行相，故名行深。故《大品》曰："不见行，不见不行，是名菩萨行深般若。"①二者境深，谓二空理，离有无相，绝诸戏论，无分别智，证此深境，故曰行深。梵音"般若"，此翻名智；言"波罗"者，名为彼岸；"蜜多"，名到。顺彼应云"智彼岸到"，从此方语"智到彼岸"。因智断障至涅槃城，是故说为"智到彼岸"。"时"，谓时分。《智度论》说："依有为法，假说时分。而时数等，非蕴、处等诸数所摄法。"②《沙门论》亦同此释③，故彼论曰："因法假名时，

---

① 案唐玄奘译《大般若波罗蜜多经》卷四八〇《第三分舍利子品》："尔时，舍利子白佛言：'世尊。诸菩萨摩诃萨，云何应行甚深般若波罗蜜多？'佛言：'舍利子。诸菩萨摩诃萨，修行般若波罗蜜多时，应如是观：实有菩萨不见有菩萨，不见菩萨名；不见般若波罗蜜多，不见般若波罗蜜多名；不见行，不见不行。何以故？舍利子。菩萨自性空。'"

② 案龙树造、后秦鸠摩罗什译《大智度论》卷一《初品如是我闻一时释论》："佛法中数，时等法实无，阴、入持所不摄故。"

③ 案唐圆照《贞元新定释教目录》卷二八《别录》中《伪妄乱真录》："《沙门论》一卷，或即是《内典录》中《沙弥论》。"又"《沙弥论》一卷，或云《弥沙论》"。唐智升《开元释教录》卷一八《别录》中《伪妄乱真录》："《沙弥论》

离法无别时。"①《瑜伽》等说："有为法上前后分位假立时分，不相应法行蕴所摄。"②依《佛地论》亦同此说，故彼论曰："立不相应时节分位，或心影像。"③总释意曰："般若有三，谓即文字、观照、实相。"④为显观照，简实相等，故言"行深般若波罗蜜多时"，此中应说三种般若。

靖迈曰：

言"行深般若"者，夫大明无相，妙慧无知。无相故群相已沦，相所不能相；无知故庶知由泯，知所不能知。虽知所不能知，而圆镜幽明，鉴极法界；虽相所不能相，然散影三千，垂形万有，斯可谓形于无知矣。能形于无知者，岂形知之能量哉！是故经曰："菩萨行般若时，不念我行般若、不行般若、非不行般若。"⑤菩萨如是行，能为无量众生而作益，然

（续）————————

一卷，或云《沙弥论经》。"

① 案此乃数论派之观点。隋吉藏《百论疏》卷下余《破常品》："数论明'因法假名时，离法无别时'。"

② 案弥勒说、唐玄奘译《瑜伽师地论》卷五六《摄决择分》中《五识身相应地意地》："问：'依何分位建立时？此复几种？'答：'依行相续不断分位建立时。此复三种，谓：去、来、今。'"

③ 案亲光等造、唐玄奘译《佛地经论》卷一："时者，即是有为法上假立分位。或是心上分位影像，依色心等总假立故，是不相应行蕴所摄。"

④ 案东晋慧远《大乘义章》卷一〇《三种般若义》："三种般若，出《大智论》。"隋智顗《金刚般若经疏》："《大论》云：'般若有三种：实相、观照、文字。'"又龙树造、后秦鸠摩罗什译《大智度论》卷一〇〇《释嘱累品》："菩萨道有二种：一者、般若波罗蜜道，二者、方便道。"隋吉藏《大品经义疏》卷一："持公解云：'一者、实相波若，二者、方便波若，三者、文字波若。'被以《大论》第百卷即用文证云：'波若有二道：一者、波若道，从初讫《累教品》；二者、方便道，从《无尽品》去讫。'经是波若道则是实相波若，方便道则是方便波若，文字通两处也。"

⑤ 案后秦鸠摩罗什译《摩诃般若波罗蜜经》卷一《初品》："尔时，须菩提语舍利弗言：'菩萨若行色行为行相，若生色行为行相，若灭色行为行相，若坏色行为行相，若空色行为行相，我行是行亦是行相。若行受、想、行、识行为行相，若生识行为行相，若灭识行为行相，若坏识行为行相，若空识行为行相，我

亦不念有是益。何以故？是菩萨不见有法出法性者故。如是行般若，为最第一、最尊最胜，为无有上。其为深者，不亦宜乎！

【异译】

罗什译本

观世音菩萨，行深般若波罗蜜时。

法月译本

于是观自在菩萨摩诃萨，蒙佛听许，佛所护念，入于慧光三昧正受。入此定已，以三昧力，行深般若波罗蜜多时。

般若利言译本

尔时，众中有菩萨摩诃萨名观自在，行深般若波罗蜜多时。

智慧轮译本

时，众中有一菩萨摩诃萨名观世音自在，行甚深般若波罗蜜多行时。

法成译本

复于尔时，观自在菩萨摩诃萨，行深般若波罗蜜多时。

施护译本

时，观自在菩萨摩诃萨在佛会中，而此菩萨摩诃萨已能修行甚深般若波罗蜜多。

（续）————————————

行是行亦是行相。若作是念，能如是行者是行般若波罗蜜，亦是行相。当知是菩萨未善知方便。'舍利弗语须菩提：'今菩萨云何行名为行般若波罗蜜？'须菩提言：'若菩萨不行色，不行色生，不行色灭，不行色坏，不行色空；不行受、想、行、识，不行识生，不行识灭，不行识坏，不行识空，是名行般若波罗蜜。不念行般若波罗蜜，不念不行，不念行不行，亦不念非行非不行，是名行般若波罗蜜。"

戊二、境 二

己一、诸法皆空 四

庚一、五蕴性空

【原文】

照见五蕴皆空，度一切苦厄。

【校勘】

依三家之解，"五蕴"下有"等"字。因经后文即述"蕴、处、界"三科皆空，故菩萨于行深般若之时，不应仅照见"五蕴"皆空，当涉其它。圆测云："或有本曰：'照见五蕴等皆空。'虽有两本，后本为正。捡勘梵本，有'等'言。"案《梵本般若波罗蜜多心经》此句云："嚩噜迦（照），底娑么（见）畔左（五），塞建驮（蕴），娑怛室左，娑嚩（自），婆嚩（性），戌你焰（空）。"唯"娑怛室左"无有意译。娑怛室左，梵 stā śca，意译为等，故知梵本有"等"字。

【释义】

"蕴"者，梵 skandha，音译作塞犍陀，为积聚义。"五蕴"者，色蕴、受蕴、想蕴、行蕴、识蕴。因众生之身体，皆由此五法积聚而成；又众生之烦恼，亦由此五法积聚而有，故称之为五蕴。五蕴，又意译作五阴，"阴"取"覆盖、遮蔽"之义，谓此五法可遮盖真理本性，使众生流转生死也。

"空"者，指五蕴等诸有为法，皆为因缘假合而有，故体性本空。然此空性，非凡夫肉眼可观察知见，乃菩萨修深般若之行，开启智慧之眼得以照见。此菩萨慧眼所观之空，虽胜凡夫，然于佛眼犹有不及，故空亦有多种之别。

从此至"无智亦无得",皆为菩萨所观之境。

【集解】

窥基曰:

此显由行甚深般若得正慧眼,达空名"照"。谓色、受等诸有为法,皆有三世、内外、粗细、劣胜、近远。积聚名"蕴",此五谓:色、受、想、行、识。"等",言等取处等诸法。胜空者言:前破能观执,显能观空;今破所观执,显所观空。若痴所蔽迷胜义理,于蕴等中,妄执为有;如处梦者,见境现前。若正了知胜义谛理,不生执著;如梦觉位,了境非有。故行般若,便照性空。如应者言:虽修一切,皆行般若,证真遣妄,由慧照空,故此偏说。此中空言,即三无性,谓:计所执本体,非有相,无自性,所以称空;诸依他起,色如聚沫,受喻浮泡,想同阳焰,行类芭蕉,识犹幻事,无如所执自然生性,故亦名空;圆成实性,因观所执,空无方证,或无如彼所执真性,故真胜义,亦名为空。据实三性,非空非不空,对破有执,总密说空。非后二性都无名空,说一切空是佛密意,于有及无总说空故。又此空者,即真如理,性非空有,因空所显,遮执为有,故假名空。愚夫不知执五蕴等,定离真有,起相分别,今推归本,体即真如,事离于理,无别性故。由此经言:"一切有情皆如来藏。"[1]"一切法等皆即真如。"[2]说有相事则无相空,令诸有情断诸相缚。眼类有五:一、肉

---

[1] 案唐玄奘译《大般若波罗蜜多经》卷五七八《第十般若理趣分》:"一切法即真如,故甚深般若波罗蜜多亦即真如。"

[2] 案唐玄奘译《大般若波罗蜜多经》卷五七八《第十般若理趣分》:"一切有情皆如来藏,普贤菩萨自体遍故。"

眼,非定所生大造净色;二、天眼,因定所起大造净色;三、慧眼,照理空智;四、法眼,达教有慧;五、佛眼,前四觉满,总得佛名。今在因位,慧眼达空,明了瞩观,故名照见。然此空性资粮位中,听闻思惟,多唯信解;在加行位,方纯修观。虽皆名照,犹带相故,而未证真。住十地中,起无漏观,通达真理,方实照空。至如来位,照见圆满,知离言境,假名为空。虽此空言,通空我、法,逗舍利子唯说法空,我执久亡,不假空故。或复我执,依法执生,但观法空,我随空故。此所说空,虽体无异,而依事显,亦有差别。如《大经》中或说十六,谓:内空、外空、内外空、大空、空空、胜义空、有为空、无为空、毕竟空、无际空、无散空、本性空、相空、一切法空、无性空、无性自性空[1];或说十七,加

---

[1] 案唐玄奘译《大般若波罗蜜经》卷四八八《第三分善现品》:"复次。善现。诸菩萨摩诃萨大乘相者,所谓内空、外空、内外空、大空、空空、胜义空、有为空、无为空、毕竟空、无际空、无散空、本性空、相空、一切法空、无性空、无性自性空。云何内空?内谓内法,即是眼、耳、鼻、舌、身、意。当知此中,眼由眼空,非常非坏。所以者何?本性尔故。如是乃至意由意空,非常非坏。所以者何?本性尔故,是为内空。云何外空?外谓外法,即是色、声、香、味、触、法。当知此中,色由色空,非常非坏。所以者何?本性尔故。如是乃至法由法空,非常非坏。所以者何?本性尔故,是为外空。云何内外空?内外谓内外法,即六内处及六外处。当知此中,内法由外法空,非常非坏。所以者何?本性尔故。谓于六内处由六外处空,外法由内法空,非常非坏。所以者何?本性尔故。谓于外六处由内六处空,是谓内外空。云何大空?大谓十方。当知此中,东方由东方空,非常非坏。所以者何?本性尔故。如是乃至下方由下方空,非常非坏。所以者何?本性尔故,是为大空。云何空空?此中空,谓一切法空。此空复由空空故空,非常非坏。所以者何?本性尔故,是谓空空。云何胜义空?此中胜义即是涅槃。当知涅槃,由涅槃空,非常非坏。所以者何?本性尔故,是为胜义空。云何有为空?此中有为,即是三界。当知欲界,由欲界空,非常非坏。所以者何?本性尔故。色、无色界由色、无色界空,非常非坏。所以者何?本性尔故,是为有为空。云何无为空?

无所得空①；或说十八，又加自性空②；或说十九，别加所缘增上及互无

① 案检唐玄奘译《大般若波罗蜜多经》，凡有"不可得空"处，皆有"自性空"。又卷四八三《第三分善现品》："于内空无见无得，于外空、内外空、空空、大空、胜义空、有为空、无为空、毕竟空、无际空、无散空、本性空、相空、一切法空、无性空、无性自性空无见无得。"恐窥基将"无见无得"误作"不可得空"也。无为谓无生、无异、无灭法。当知无为，由无为空，非常非坏。所以者何？本性尔故，是为无为空。云何毕竟空？毕竟谓若法毕竟不可得。当知毕竟，由毕竟空，非常非坏。所以者何？本性尔故，是为毕竟。云何无际空？无际谓无初际、后际、中际可得。若法无初际、中、后际可得，是法无来亦无所去。当知无际，由无际空，非常非坏。所以者何？本性尔故，是为无际空。云何无散空？散谓诸法有放、有弃、有舍可得。若法无放、弃、舍可得，说名无散。此中无散，由无散空，非常非坏。所以者何？本性尔故，是为无散空。云何本性空？本性谓一切法，若有为性，若无为性。如是本性，非声闻作，非独觉作，非菩萨作，非诸佛作，亦非余作，其性法尔，故名本性。当知本性，由本性空，非常非坏。所以者何？本性尔故，是为本性空。云何相空？相谓诸法自相、共相。当知此中，相由相空，非常非坏。所以者何？本性尔故，是为相空。云何一切法空？一切法谓色乃至识，眼乃至意、色乃至法、眼识乃至意识，眼触乃至意触、眼触为缘所生诸受、乃至意触为缘所生诸受，若有为法、若无为法，名一切法。此中一切法，由一切法空，非常非坏。所以者何？本性尔故，是为一切法空。云何无性空？无性谓此中无少性可得。当知无性，由无性空，非常非坏。所以者何？本性尔故，是为无性空。云何无性自性空？无性自性，谓一切法无能和合者，性有所和合，自性众缘生故。当知无性自性，由无性自性空，非常非坏。所以者何？本性尔故。复次，善现。有性由有性空，无性由无性空，自性由自空性，他性由他性空。云何有性由有性空？有性谓有为法，即是五蕴。如是有性，由有性空。色等五蕴，不可得故，无生性故。云何无性由无性空？无性谓无为法。此中无为法，由无为法空，即是无性由无性空。云何自性由自性空？谓一切法皆自性空。此空非智所作，非见所作，亦非余所作，故名自性由自性空。云何他性由他性空？谓一切法。如来出世、若不出世，法住法定，法界真如，不虚妄性、不变异性，实际法尔，由他性空，故名他性由他性空。善现。是为诸菩萨摩诃萨行深般若波罗蜜多时大乘之相。"

② 案唐玄奘译《大般若波罗蜜多经》卷四〇二《第二分欢喜品》："复次。舍利子。若菩萨摩诃萨欲安住内空、外空、内外空、空空、大空、胜义空、有为空、无为空、毕竟空、无际空、散无散空、本性空、自共相空、一切法空、不可得空、无性空、自性空、无性自性，当学般若波罗蜜多。"

空①；或说二十，于十八中离无散空为散空、无变异空，离相空为自相空、共相空②。

圆测曰：

言"五蕴"者，所谓色蕴、受、想、行、识五色根境及法处。色方所可知，有质碍义，故名为色。苦、乐、舍、受，如次领纳违顺中境，故名为受。诸识俱想，取境分齐，如男女等起诸说，故名之为想。思等心法，驱役于心，令造善等，名之为行。眼等诸识，于境了别，故名为识。五种皆有积聚义，故名之为蕴。如是五蕴，有其三种：一者遍计所执五蕴，情有理无，二者依他起性五蕴，因缘假有；三者圆成实性五蕴，真实理有。故《中边》曰："蕴有三种：一、所执蕴，二、种类蕴，三、法性蕴。"③斯取新本。《十八空论》亦同彼说，故彼论曰："所有三种：一者分别，二者种类，三者如如。于此三种五蕴之内，一一皆有生法二空。"④言

---

① 唐玄奘译《大般若波罗蜜多经》卷四七九《第三分舍利子品》："复次。舍利子。若菩萨摩诃萨欲通达内空、外空、内外空、大空、空空、胜义空、有为空、无为空、毕竟空、无际空、散无散空、本性空、自共相空、一切法空、无性空、无性自性空及所缘空、增上空、等无空等，应学般若波罗蜜多。"

② 唐玄奘译《大般若波罗蜜多经》卷三《初分学观品》："复次。舍利子。若菩萨摩诃萨欲通达内空、外空、内外空、空空、大空、胜义空、有为空、无为空、毕竟空、无际空、散空、无变异空、本性空、自相空、共相空、一切法空、不可得空、无性空、自性空、无性自性空，应学般若波罗蜜多。"

③ 案世亲造、唐玄奘译《辩中边论》卷中《辩真实品》："此所执、分别、法性义在彼。论曰：此蕴等十，各有三义。且色蕴中有三义者：一、所执义色，谓色之遍计所执性；二、分别义色，谓色之依他起性，此中分别以为色故；三、法性义色，谓色之圆成实性。如色蕴中有此三义，受等四蕴、界等九法，各有三义，随应当知。"

④ 案龙树造、南朝陈真谛译《十八空论》："问：'五阴云何为根本真实所摄？'答：'色有三种：一、分别色，亦有长短、大小、方圆等义，皆属分别假，以无别体故也。二、种类色，谓各有种类，如从因生果，以火生为因，生火家种

"皆空"者，显所证理。即前二空，依此诸空，分成两释：依清辨宗，自有二解：一曰：三中遣前二性，非圆成实。故《中论》曰："因缘所生法，是即说为空。"①一曰：三性五蕴皆空，故《掌珍》曰："无为无有实，不起似空华。"②准此应知，圆成亦遣。依护法宗，三种蕴中，但遣所执以辨空性。

靖迈曰：

言"照见五蕴等皆空"者，色、受、想、行、识，名为"五蕴"。"等"，取十二处、十八界、十二缘起、四谛，此之五种皆空，故言"等皆空"也。然此五蕴皆通因及果，悉聚荷众法而以成之，故通名蕴。此但聚荷事也，外道诸邪执此五种各有实体，又于五上或即或离，计有自在运用之我。今言"等皆空"者，谓遍计所执一一蕴有实体性，此执皆空。又于此五，若即若离，我、我所空，所以称皆。是故经曰："不见色若生相、若灭相、若垢相、若净相，乃至识亦尔，其性空故。"又曰："不见色与

（续）＿＿＿＿＿＿＿＿＿

类；种类既其相似，即是实法相生，属依他假；以其种类依因得成，非是自性之力也。三、如如色，若是分别假名，一向无体，即是法空；若是依他假，虽复有体，体非真实，依他而有，即有法空。此两空之体，既是真实，故名如如色。以如是色之自性故，以色目于如如，此是如如家色，故言如如色也。以末从本为名，亦可得言以本来目于末。此之真实名真实假，假体即空，故名真实。假空即如如，真实之相亦不可得也。色阴既即三假，为三假所摄者，受等四阴，理自皆然，并为三假所摄者。受苦、受乐是分别假，分别从因缘生；有因有果，即依他假；如如名真实假。若能分别通相、别相，此心是想，若受领苦乐，无有别执，则名为受也。'"

① 案龙树造、后秦鸠摩罗什译《中论》卷四《观四谛品》："众因缘生法，我说即是空。"青目释："众缘具足和合而物生，是物属众因缘故无自性，无自性故空。空亦复空，但为引导众生，故以假名说。"

② 案清辩造、唐玄奘译《大乘掌珍论》卷上："真性有为空，如幻缘生故；无为无有实，不起似空华。"

受合，乃至不见行与识合。何以故？无有法与非法合者，其性空故。"①此明二执皆空，空中何有生灭、合与不合。

【释义】

"度"者，度脱之义也。

"苦"者，梵 duḥkha，身心逼迫之不乐状态，有三苦、八苦、无量诸苦也。

"厄"者，灾难也。除"四厄"外，还有"五厄"之别。弥勒造、唐玄奘译《瑜伽师地论》卷七二《摄决择分》中《菩萨地》："其危厄者，亦有五种：一、住艰乏者，二、住迷乱者，三、来归依者，四、相投委者，五、来拜觐者。"

此显菩萨所观之境。因菩萨照见一切有为诸法，本性皆空，故能灭除度脱一切苦厄。而一切苦厄悉皆度脱，无有遗余，此即无余涅槃之境也。

【集解】

窥基曰：

"度"者，越也、脱也。"苦"，谓三界有情及处，即业烦恼所生所起，理实有漏，无非是苦。此略有三：诸有漏法，性堕迁流，逼迫不安，皆名行苦；世间诸乐，必归坏尽，缘合缠忧，俱名坏苦；性已逼迫，更增楚切，难忍重生，皆名苦苦。此苦即厄，灾难义故。苦或八苦：住胎出胎，

---

① 案后秦鸠摩罗什译《摩诃般若波罗蜜经》卷一《习应品》："不见色若生相、若灭相，不见受、想、行、识若生相、若灭相。不见色若垢相、若净相，不见受、想、行、识若垢相、若净相。不见色与受合，不见受与想合，不见想与行合，不见行与识合。何以故？无有法与法合者，其性空故。"

俱受逼迫，众苦根本，名生苦；时分朽坏，名老苦；大种衰变，名病苦；寿命衰没，名死苦；不爱现前，名怨憎会苦；所爱乖离，名爱别离苦；所希不遂，名求不得苦；诸有漏行，名略摄一切五取蕴苦。"厄"，谓八难及诸危怖小三灾等。由未照空，境相拘缚，心起分别，发烦恼业，五趣苦生。既见三种无性为空，或照蕴等即真如空，分别不生，恶果随灭，故诸苦厄皆能越度。如有颂言："相缚缚众生，亦由粗重缚。善双修止观，方乃俱解脱。"①据实照空，亦度惑业，体宽现果，唯说度苦。即此空相，资粮位中闻思等照，初十心位第六心后，信心不退，不断善根，便永伏度极重苦厄。故经颂言："若有成世间，增上品正见。虽经历千生，终不堕恶道。"②至十住中第四住后，粗无明等皆始不行，方能伏度恶趣苦厄。《生贵住》说："除灭烦恼，永尽无余，舍离生死，能出三界。"③《缘起经》

---

①　案弥勒说、唐玄奘译《瑜伽师地论》卷五九《摄决择分》中《有寻有伺等三地》："复有差别，修奢摩他故，修毗钵舍那故，能断烦恼。若诸相缚已得解脱，诸粗重缚亦得解脱，当言已断一切烦恼。如世尊言：'相缚缚众生，亦由粗重缚。善双修止观，方乃俱解脱。'"

②　案安慧杂糅、唐玄奘译《大乘阿毗达磨杂集论》卷一三《决择分》中《得品》："薄伽梵说：若有具世间，增上品正见。虽经历千生，不堕三恶趣。"唐窥基《妙法莲华经玄赞》卷六末《信解品》："《对法》引经云：'若有成世间，增上品正见。虽经历千生，终不堕恶道。'彼据上品最初发心。"又弥勒说、唐玄奘译《瑜伽师地论》卷二一《本地分》中《声闻地》第十三《初瑜伽处趣入地》："彼由宿世妙善因力所任持故，是名第一已得趣入补特伽罗已趣入相；复有所余，已得趣入补特伽罗已趣入相。谓虽未得能往一切恶趣无暇，烦恼离系而能不生恶趣无暇。世尊依此已得趣入补特伽罗，密意说言：'若有世间上品正见，虽历千生不堕恶趣。'"唐遁伦《瑜伽论记》卷六上："'若有世间上品正见，虽历千生不堕恶趣'者，住种姓人暂起趣入发心，即得恶趣非择灭者，于此位中，或时有得，或时不得。若至忍位，此即定得。彼若已入忍上品位，断向成就，不生无暇及余恶趣。"

③　案东晋佛驮跋陀罗译《大方广佛华严经》卷八《菩萨十住品》："第四生贵真佛子，从诸贤圣正法生，有无诸法无所著，舍离生死出三界。"

说："外道异生诸行，皆以四愚为缘。内法异生，若放逸者，福不动行，三愚为缘；不放逸者，所有诸行，我不说以无明为缘。"①故知此后，伏离恶趣一切苦厄。第七住后，更不退位，伏离二乘所应苦厄。至通达位，初证真空，后能永度三恶趣、八处无暇贫疾等种一切苦厄。或有亦能永离三界分段苦厄、怖烦恼故，有八地后方离此厄，七地已前留烦恼故。第十地终照空圆满，一切有漏种子永除，变易死等苦厄皆尽。至如来位，利乐众生，或时示现，非实如是。此观自在犹未成佛，由照空故，当必皆除，劝示发心，言"度一切"。

圆测曰：

"度一切苦厄"者，此有三种：一曰：苦即是厄，故名"苦厄"。六释之中，是持业释。有漏诸法，无非是苦，故世尊说"三界皆苦"②。然此苦门略有三种，所谓：苦苦、坏苦、行苦。中则有八，谓：生、老、病、死、怨憎会苦、爱别离苦、求不得苦、五盛阴苦。广有苦苦，谓：二十五有一一皆有生、住、异、灭四有为相，故成百苦。二十五有，四人、四恶

---

① 案唐玄奘译《分别缘起初胜法门经》卷下："复言：'世尊。云何无明转异殊胜？'世尊告曰：'略有四种转异无明。何等为四？一者、随眠转异无明，二者、缠缚转异无明，三者、相应转异无明，四者、不共转异无明。'复言：'世尊。谁有何等转异无明，而说无明为缘生行？'世尊告曰：'外法异生，非理作意，所引四种转异无明，由此为缘，生福、非福及不动行。如是所说，外法异生所有福行及不动行、相应善心，一切皆是非理作意所引等流。内法异生，若放逸者，彼除一种不共无明，所余无明引发放逸，为缘生行；内法异生，若不放逸，勤修学者及圣有学，三种无明引发妄念为非福缘。然此非福，不能为缘招三恶趣，故此非福，我不说为无明缘行。'"

② 案后汉竺大力、康孟详译《修行本起经》卷上《菩萨降身品》："十月已满，太子身成。到四月七日，夫人出游，过流民树下，众花开化，明星出时。夫人攀树枝，便从右胁生，堕地行七步，举手而言：'天上天下，唯我为尊。三界皆苦，吾当安之。'"

子、善女人，于此甚深般若波罗蜜多法门乐欲修学者，当云何学？"

【释义】

此舍利子问法一段，玄奘及罗什译本无。然本经观自在菩萨说法之时，屡称舍利子名号，当知是为舍利子而说法也。故此段可补经义，而使观自在菩萨说法有所发起矣。

庚三、蕴空不二

【原文】

舍利子。色不异空，空不异色；色即是空，空即是色；受、想、行、识亦复如是。

【校勘】

于"色不异空"等四句前，罗什译本有"色空故无恼坏相，受空故无受相，想空故无知相，行空故无作相，识空故无觉相"；法月译本有"色性是空，空性是色"；智慧轮译本有"色空，空性见色"。案《梵本般若波罗蜜多心经》于"色不异空"等四句前，有："噜畔（色），戍你焰（空），戍你也（空），嚏（性），嚅（是）。"其义即为：色（性是）空，空性是（色）。可知梵本当有此句，而智慧轮译本最为直译。

又依窥基、圆测之解，于"亦复如是"前亦有"等"字。案《梵本般若波罗蜜多心经》并无"等"字，此乃二师依前"等"义而添加也。

【释义】

"舍利子"，梵 Śāriputra，又音译为舍利弗，为释尊十大弟子之一，曾被佛赞为智慧第一。其母为摩伽陀国王舍城一婆罗门论师之女，因出生之时，眼似舍利之鸟，故以舍利为名。而其所生之子，故名为舍利子。舍利子为声闻乘人，其智必不及菩萨、佛，依诸异译本可知，其乃"承佛威力"，方能向观自在菩萨请问大乘无上甚深法义。

诸色乃缘起法，其性本空，故云"色不异空，空不异色"。若止于此，有人便谓色、空虽然不异，然毕竟为二法。为破此执，观自在菩萨进而云"色即是空，空即是色"，以明非是色外别有空境，亦非空为离色方有，故知色体当下即空，而空由诸色方显。

此于空异、即之理，非唯色蕴方有，余之四蕴皆有四句。赘言之：受、想、行、识不异空，受、想、行、识不异色；受、想、行、识即是空，空即是受、想、行、识。依现代语汇释之，不光色蕴等物质世界本质为空性，就连受、想、行、识等非物质之精神世界本质亦为空性。此四句义，尽破一切我执、法执，为中观独具之大乘空义。

后秦鸠摩罗什译《摩诃般若波罗蜜经》卷一《奉钵品》："舍利弗白佛言：'菩萨摩诃萨云何应行般若波罗蜜？'佛告舍利弗：'菩萨摩诃萨行般若波罗蜜时，不见菩萨，不见菩萨字，不见般若波罗蜜，亦不见我行般若波罗蜜，亦不我不行般若波罗蜜。何以故？菩萨菩萨字性空，空中无色，无受、想、行、识。离色亦无空，离受、想、行、识亦无空。色即是空，空即是色；受、想、行、识即是空，空即是识。何以故？舍利弗。但有名字故谓为菩提，但有名字故谓为菩萨，但有名字故谓为空。所以者何？诸法实性，无生、无灭、无垢、无净故。菩萨摩诃萨如是行，亦不见生，亦不见灭，亦不见垢，亦不见净。何以故？名字是因缘和合作法，但分别忆想假名说。是故菩萨摩诃萨行般若波罗蜜时，不见一切名字，不见故不著。'"故知诸法只有假名而无实体，故说诸法体性皆空；正因诸法体性皆空，方有法空六相也。

【集解】

[1] 舍利子

窥基曰：

梵云“舍利”，唐曰春莺。由母辨才，指喻为号，显彼所生，故复称“子”。母因能论，子假为名，树正摧邪，少闻多解。昔杨知见，最初悟入；今演性空，呼而垂喻。唯说胜教，以统法显，是理皆空，独告上人。

圆测曰：

梵音奢利富多罗，或云舍利弗多罗。此翻“舍利”，名鸲鹆；弗多罗，此云“子”。母眼青精似鸲鹆眼，故立母名，号为鸲鹆。《明度经》曰：“鹙鹭子。”①或云优婆提舍者，从父立号；旧翻身子者，谬也。问：“此般若是菩萨法，何故世尊告舍利子而非菩萨？”答：“如《智度论》说：‘舍利弗其人得十千三昧，于一切佛弟子中智慧第一故。’②世尊说：‘一切众生智，唯除佛世尊，欲比舍利弗，智慧及多闻，于十六分中，犹尚不及一。又舍利弗年始八岁，凡所立论，辞理超绝。时诸论师叹未曾有，愚智大小一切皆伏。’③自余因缘，广如彼论。是故此中告舍利子，

① 案三国吴支谦译《大明度经》作“秋露子”。

② 案《大智度论》无“十千三昧”之说，乃圆测义引内典之误也。北魏菩提流支译《金刚仙论》卷四：“如舍利弗得十千三昧智慧第一。”

③ 案龙树造、后秦鸠摩罗什译《大智度论》卷一一《释初品》中《舍利弗因缘》：“问曰：‘般若波罗蜜是菩萨摩诃萨法，佛何以故告舍利弗而不告菩萨？’答曰：‘舍利弗于一切弟子中智慧最第一。如佛偈说：一切众生智，唯除佛世尊，欲比舍利弗，智慧及多闻，于十六分中，犹尚不及一。复次，舍利弗智慧多闻，有大功德，年始八岁，诵十八部经，通解一切经书义理。是时摩伽陀国有龙王兄弟，一名姞利，二名阿伽罗，降雨以时，国无荒年。人民感之，常以仲春之月，一切大集至龙住处，为设大会，作乐谈义，终此一日，自古及今，斯集未替，遂

又欲引小回趣大乘。"

靖迈曰:

具依梵本,应云舍利弗怛罗。"舍利"者,是鸟名,旧翻为鸲鹆,或云身。三藏云:"并非也。"[①]舍利鸟者,即春莺也,似鸲鹆耳。然此之鸟,极为黠慧,音声变转,纵任自在,其于众鸟蔑以加也。然此方目斯鸟其名不一,不可的以一名当之,故存本音耳。弗怛罗,唐的言"子",为之翻之。"舍利"是其母名,其母为性,聪敏辨捷,谓印度国方之于莺,因以名焉。母先才哲,虽复逾伦,然与兄狗祉罗对论,常屈于兄;及怀此子,兄常被屈。暨于八岁,凡所言论,诸国论师莫有敌者。时人以母聪颖,今子更逾,欲显母子聪颖,慧高群哲,故以母之嘉称,式标其誉。问:"今所破显,执尽理显,斯盖大士之职司,非小学之尸务。今命舍利子而为对扬,岂不差根耶?"答:"诸佛所化,菩萨名同,复何怪人,执二乘人,执法情固。然舍利子于二乘中,智慧为最,今亲对佛,知法性空,类励同乘,达法无性,不应执实。又佛力加被,令解空除执,以励不暨也。"

[2] 色不异空,空不异色;色即是空,空即是色

窥基曰:

谓四大种及此所造,即十色处及法处色,性皆变现,总立色名。胜

(续)————————

以龙名以名此会。此日常法,敷四高座:一为国王,二为太子,三为大臣,四为论士。尔时,舍利弗以八岁之身,问众人言:此四高座为谁敷之?众人答言:为国王、太子、大臣、论士。是时舍利弗观察时人婆罗门等,神情瞻向,无胜己者,便升论床,结跏趺坐。众人疑怪,或谓愚小无知,或谓智量过人。虽复嘉其神异,而犹各怀自矜,耻其年小,不自与语,皆遣年少弟子传言问之。其答酬旨趣,辞理超绝,时诸论师叹未曾有,愚智大小一切皆伏。'"

① 案唐玄奘译《大唐西域记》卷四:"旧曰舍利子,又曰舍利弗,讹略也。"

空者言：下广法空。《大经》说言："所以者何？色自性空，不由空故，色空非色。色不离空，空不离色；色即是空，空即是色。"①此破二种执："色不异空、空不异色"者，破执世俗所取色外别有真空，不悟真空，执著诸色，妄增惑业，轮转生死。今显由翳所见花色，目病故然，非异空有故。依胜义色不异空，如圣教说："因缘生法，我说空故。"②"色即是空，空即是色"者，破愚夫执要色无位，方始有空，于色于空，种种分别。今显依胜义色本性空，迷悟位殊，义彰空色，如何色灭方乃见空？如翳见花，自性非有，岂要花灭，彼始成空？故于色空，勿生封执，应除倒见，究竟涅槃。由此二句，经作是言："色自性空，非色灭空。"③如应者言：若依胜义，诸法皆空都无有者，初虽可尔，理未必然，真俗相形，俗无真灭，色空相待，色灭空亡，故非本来色体空也。胜空者言：据实此空，非空不空，翻迷对色，悟说色空，非此空言，即定为空，空亦空故。如应者言：若因缘色，自本都无，应诸愚夫先来智者，是则凡圣互是圣凡。自处师资，实为谁迷。胜空者言：烦恼成觉分，生死即涅槃。尘劳之俦为如来种，诸众生等本来寂灭。岂非愚夫先即智者？如应者言：若许色事有异空

① 案唐玄奘译《大般若波罗蜜多经》卷四《初分学观品》："所以者何？色自性空，不由空故，色空非色。色不离空，空不离色；色即是空，空即是色。受、想、行、识自性空，不由空故；受、想、行、识、空，非受、想、行、识；受、想、行、识不离空，空不离受、想、行、识；受、想、行、识即是空，空即是受、想、行、识。"

② 案龙树造、后秦鸠摩罗什译《中论》卷四《观四谛品》："众因缘生法，我说即是空。"

③ 案后秦鸠摩罗什译《维摩诘所说经》卷中《入不二法门品》："喜见菩萨曰：'色，色空为二，色即是空，非色灭空，色性自空。如是受、想、行、识，识空为二，识即是空，非识灭空，识性自空。于其中而通达者，是为入不二法门。'"

理，可舍色迷而求空悟。既空本色，智即为愚，求智舍愚，岂非颠倒？且厌生死，求趣涅槃，苦乐不殊，求之何用？愚夫生死，已得涅槃，圣者更求，极成邪妄。胜空者言：俗事迷悟，求圣去凡；真理色空，何成取舍？如应者言：若许事别，亦说即空，俱胜义中，自成矛楯。应未悟者，知色即空；其已悟者，不悟空色。精勤圣者，可愍可伤；懈怠愚夫，可欣可乐。如世尊言：“云何菩萨随顺会通方便善巧波罗蜜多？若诸有情，于佛所说空性经典，谓一切法皆无自性、皆无有事、无生无灭，皆如幻梦。于是等法不能解了，菩萨为彼如理会通，应告彼言：‘此经不说一切诸法都无所有，但说诸法所言自性都无所有，故说诸法皆无自性。虽有一切所言说事，依止彼故，诸言说转。然彼所说可说自性，据胜义谛非其自性，故说诸法皆无所有。彼一切法所言自性，理既从本都无所有，当何所生？当何所灭？故说诸法无生无灭。又如幻梦，非如显现如实是有，亦非一切幻梦形质都无所有。如是诸法，非如愚夫言说串习势力所现如实是有，亦非一切诸法胜义离言自性都无所有。由此悟入一切诸法非有非无，犹如幻梦，其性无二，故说诸法皆如幻梦。’如是菩萨普于一切诸法法界，不取少分，不舍少分，不作损减，不作增益，无所失坏。若法实有，知为实有；若法实无，知为实无。如是开示，是名菩萨随顺会通方便善巧。”[①]

---

① 案弥勒说、唐玄奘译《瑜伽师地论》卷四五《本地分》中《菩萨地》第十五《初持瑜伽处菩提分品》：“云何菩萨随顺会通方便善巧？谓诸菩萨于彼有情将为说法，先当方便随顺，现行软美身语，亦复现行近施随转，除彼于己所生恚恼。彼恚恼除，便生爱敬，爱敬生已，于法起乐，然后为其宣说正法。所说正法，如其所宜，易入易解，应时渐次，无有颠倒，能引义利，堪任难击。于彼有情调伏事中，成就最胜欲作饶益哀愍之心，为现神通记心显说如理正法。或劝请他，或为化作种种众多殊特化事，令彼有情皆悉调伏。若引义利，极略诸论，能为广辩；若引义利，极广诸论，能为略说。令其受持，为作忆念，施其问难。彼

此经意说，一切愚夫如言所执实有可说诸法自性，如实幻梦皆无自性，都无有事、无生无灭，非无圣智真俗谛境离言法性，非如幻梦形质亦体都无名无性等。达所执无名，悟非有；达圣境有名，悟非无；故言菩萨不取少分、不舍少分、无知为无、有知为有。若依胜义，法体都空无少有者，作此会通，便非善巧，称悟非无，不舍少分，亦徒施设，乃为损减失坏正理。由此故知，此经意破先执色有，故说色空；空者无也，非法性空。愚夫所执当情色相，本性非有；若执非空及色灭无方成空体，既成二倒。故应双遣显色事理，非如所执，勿起妄情，生颠倒见，妄情既断，所执色

（续）————————

既于法，能受能持，复进为其广开正义。又于趣入遍缘一切三摩地门，能为随顺教授教诫，摄益有情令修行。若诸有情，于佛所说甚深空性相应经典，不解如来密意义趣。于此经中，说一切法皆无自性，皆无有事，无生无灭，说一切法皆等虚空、皆如幻梦。彼闻是已，如其义趣不能了解，心生惊怖，诽谤如是一切经典，言非佛说。菩萨为彼诸有情类，方便善巧如理会通如是经中如来密意甚深义趣，如实和会摄彼有情。菩萨如是正会通时，为彼说言：'此经不说一切诸法都无所有，但说诸法所言自性都无所有，是故说言一切诸法皆无自性。虽有一切所言说事，依止彼诸言说转。然彼所说可说自性，据第一义非其自性，是故说言一切诸法皆无有事。一切诸法所言自性理既如是，从本已来都无所有，当何所生？当何所灭？是故说言一切诸法无生无灭。譬如空中有众多色，色业可得容受一切诸色、色业，谓虚空中现有种种，若往、若来、若住、起、堕、屈、伸等事，若于尔时诸色、色业皆悉除遣，即于尔时唯无色性，清净虚空其相显现。如是即于相似虚空离言说事，有其种种言说所作邪想分别随戏论著似色业转。又即如是一切言说邪想分别随戏论著似众色业，皆是似空离言说事之所容受。若时菩萨以妙圣智，遣除一切言说所起邪想分别随戏论著。尔时菩萨最胜圣者，以妙圣智证得诸法离言说事，唯有一切言说自性，非性所显。譬如虚空清净相现，亦非过此有余自性应更寻求，是故宣说一切诸法皆等虚空。又如幻梦，非如显现，如实是有，亦非一切幻梦形质都无所有。如是诸法，非如愚夫言说串习势力所现如实是有，亦非一切诸法胜义离言自性都无所有。由此方便悟入道理，一切诸法非有非无，犹如幻梦，其性无二，是故宣说一切诸法皆如幻梦。'如是菩萨普于一切诸法、法界，不取少分，不舍少分，不作损减，不作增益，无所失坏。若法实有，知为实有；若法实无，知为实无。如其所知，如是开示，当知是名菩萨随顺会通方便善巧。"

亡。故断依他，遣计所执，如瞖既灭，不见空花。二乘外道，执实作用，因缘生法，性都非有。故圣说言："因缘生法，我说皆空。"[①]非谓依他如幻之色亦皆空也。故有颂言："虚妄分别性，由此义得成。非实有全无，许灭解脱故。"[②]圣教又说："诸法不自生，亦不从他生，亦不从共生，非不从二生。"[③]虽无所执作用因缘，而有功能缘可得故。此若无者，应无俗谛；俗谛无故，真谛亦无。依谁由谁而得解脱？或此空者，即法性空。若执遍计所执诸色，及依他色定异真有，真俗定别，极成迷乱。今显二色，性即空如，无相无为，非诠智境。应舍二执，求趣真空，故摄归空，双除妄见。法性之色，体即真相，不异即空。此复何惑？圣说二谛，各有浅深，彼互相形，皆有真俗。有俗俗俗，有俗俗真；有真真真，有真真俗。即俗真俗，真亦俗真；有俗有真，俗无真灭。既非无色而独有空，亦非色空定不异即，故真空与色非异非不异、非即非不即。今遮定异等，唯说不异、即，此不异即言，亦非不异即。《辩中边》说："无二有无故，非有亦

---

① 案龙树造、后秦鸠摩罗什译《中论》卷四《观四谛品》："众因缘生法，我说即是空。"

② 案世亲造、唐玄奘译《辩中边论》卷上《辩相品》："虚妄分别性，由此义得成。非实有全无，许灭解脱故。论曰：虚妄分别，由此义故，成非实有。如所现起，非真有故，亦非全无。于中少有乱识生故，如何不许此性全无？以许此灭得解脱故。若异此者，系缚解脱则应皆无，如是便成拨无杂染及清净失。"

③ 案唐窥基《瑜伽师地论略纂》卷四："《对法》云：'诸法不自生，亦不从他生，亦不从共生，非不从二生。'虽无作用缘，而有功能，缘可得故，非自生，破我作；非他生，破大自在天等不平等因生；非共生，破萨婆多等作用义；非无因生者，破无因论。彼云：若缘起理，非自他，遭双句者，犹为甚深。况总亡四句，是故缘起最极甚深。《中论》云：'诸法不自性，亦不从他生，不共不无因。'彼解云：自性空，故不自生；缘性空，故非他生；自他空，故不共生。法若有体，可说有因无因；法性既空，何得说有因无因？前三句破有因缘，第四句破无因缘。今者，此宗不破因缘功能而生，但破作用自他等生及无因生，与彼不同。"

非无，非异亦非一，是说为空相。"①今说色空互相显者，令义增明，破疑执故。前说观自在教练磨心，今说色空等令除四处：一者、二乘作意，狭劣欣厌，不乐利他；二者、于大乘中，颠倒推求，及起疑惑；三者、于闻思等，言我能然，种种法执；四者、现前安立骨瑣色等，乃至菩提，执著分别。今说色等不异、即空，令舍二乘劣作意等，得无分别出世行成。

圆测曰：

空有二种：一者、生空，二者、法空。所说生空，有其四种：一者、所执我无说之为空，诸法数中所不摄故，是故《瑜伽·菩萨地》曰："有为、无为名为有，无我、我所名为无。"②二者、生空所显真如，空所诠故，亦说为空。三者、苦谛所摄有漏别空，即用有漏五蕴为体故。《成唯识》第六卷曰："别空非我，属苦谛故。"③四者、诸法所摄通空非我，即用诸法以为体性，故诸经说"一切法无我"。虽有四种，依三性理，摄以为三：一、所执性空，二、依他性空，三、圆成实空。如其次第，三性为体。法空四种，虽无正文，以理推征，应有四句。法空三种，准上应知。若广分别，有十八空，如《十八空论》④。依《大般若》或说十六、十七、

---

① 案世亲造、唐玄奘译《辩中边论》卷上《辩相品》："无二有无故，非有亦非无，非异亦非一，是说为空相。论曰：无二，谓无所取、能取。有无，谓有二取之无。此即显空，无性为性，故此空相非有非无。云何非有无？二有故；云何非无有，二无故。此显空相，非有非无。此空与彼虚妄分别，非异非一。若异，应成法性异法，便违正理，如苦等性；若一，则应非净智境，亦非共相。此即显空，与妄分别，离一异相。"

② 案弥勒说、唐玄奘译《瑜伽师地论》卷四五《本地分》中《菩萨地》第十五《初持瑜伽处菩提分品》："法有二种，谓：有、非有。有为、无为名之为有，我及我所名为非有。"

③ 案护法等造、唐玄奘译《成唯识论》卷六："别空非我，属苦谛故。"

④ 案龙树造、南朝陈真谛译《十八空论》："问：'空无分别，云何得有

十八、乃至二十，具如彼经。今依三性，以释四句。于四句中，初之二句，标宗正说；后之二句，遣外疑情。色不异空者，标俗不异真；空不异色者，标真不异俗。后遣外疑情，外人设疑，互相依故，为不异耶？为相即故，名为不异？故作此说，色即是空，空即是色，非相依故，名为不异；非相即故，名为不异。即依此文，西方诸师，自有两释：一、清辨等曰：色有三种，谓所执等空，能遣性体，非三性。今言色即是空者，遍计所执，本来无故，说之为空。据实此空，亦非是空，故《中论》曰："若有不空法，则应当有空法。实无不空法，何得有空法？"①后二性空，准此应知，为除有执，说彼空言；依他起性，犹如幻等，从缘故空；圆成实性，以不起故，如似空华，自体亦空。有解宗中更有一释，遣前二性，非圆成实。两宗共许，离有无相，绝戏论故。问："色空相对，为一异耶？一体相即，便成一执；体若异者，则是异执；亦一亦异，宁不相违；非一非异，应成戏论。"释此四句，分别成两解：一、外道小乘多依表门，以说四句言有、无等，有所诠故；二、依大乘，有、无等言皆是遮诠，一切诸法不可说故。然一切法皆有二相，谓即自、共。自相，唯是现量智得，非假智言所可得故。若假智言所诠得者，谓即共相，且如说青茎叶等相，其相各异，唯现量得。由斯假智及诸名言，但能诠表青上共相，而说青时

（续）────────

十八种耶？'答：'为显人、法二无我，是一切法通相。今约诸法种类不同，开为十八。何者？一、内空，二、外空，三、内外空，四、大空，五、空空，六、真实空，七、有为空，八、无为空，九、毕竟空，十、无前后空，十一、不舍离空，十二、佛性空，十三、自相空，十四、一切法空，十五、无法空，十六、有法空，十七、无法有法空，十八、不可得空。'"

① 案龙树造、后秦鸠摩罗什译《中论》卷二《观行品》："若有不空法，则应有空法，实无不空法，何得有空法？"青目释："若有不空法，相因故应有空法，而上来种种因缘破不空法，不空法无故则无相待，无相待故何有空法？"

遮黄等故，名为说青；非正表青，故说遮诠。就遮诠中自有两说：一、清辨宗：其性道理，不可以名名，不可以相相，破而无执，立而无当。所引理教，准上应知。二、护法宗：实有世俗、胜义道理，皆离名言，于中真性对世俗故，说真性言非无所诠。清辨宗中，一师所说亦同此释。是故护法破清辨曰："若依真性，说诸法空，便成相符极成之失。"①于清辨宗遣依他性，护法不许，故有差别。由斯道理，内宗所说有、无等言，皆是遮诠，远离一、异戏论等失。二、依护法释四句者，色有三种，谓三性色；空亦有三，体即三性。是故无著菩萨《辩中边》曰："空有三种：一、无性空，性非有故；二、异性空，与妄所执自性异故；三、自性空，二空所显为自性故。"②依遍计色对空四句有其三种：一、所执色对所执空以辨四句：随情所执根境等色，不异所执本无之空，是故说为"色即是空"；本无之空，随情即有，故言"空即是色"。此是同性相即，标宗二句，准上应知。二、所执色对依他空以辨四句：附托依他所执实色，不异依他无实之空，是故说言"色即是空"；而彼妄情，于彼空处执有实色，故言"空

---

① 案护法等造、唐玄奘译《成唯识论》卷三："有执大乘遣相空理为究竟者，依似比量，拨无此识及一切法。"唐窥基《成唯识论述记》卷四本："清辨无相大乘，于俗谛中亦说依他、圆成有故，真谛皆空故，今言空者，遣遍计所执。彼执此文为正解故，彼依《掌珍》'真性有为空'等似比量，拨无此识及一切法，皆言无体。言似比量者，谓约我宗真性有为无为、非空不空，有法一分非极成过。汝不许有我胜义故，四种世俗、胜义之中各随摄故。若随小乘，彼转实有，便违自宗。若随汝自宗胜义空者，我不许汝空胜义故，亦非极成。又以我说，若约世俗，无为、有为二俱是有；若约胜义，非空不空。汝今说空，即有违自教之失，名似比量。"

② 案世亲造、唐玄奘译《辩中边论》卷中《辩真实品》："空有三者：一、无性空，谓遍计所执。此无理趣可说为有，由此非有说为空故。二、异性空，谓依他起。如妄所执不如是有，非一切种性全无故。三、自性空，谓圆成实。二空所显为自性故。"

即是色"。标宗二句，准应可知，此是异性相即。三、所执色对圆成实以辨四句：于圆成性执为实色，不异圆成自性之空，自性空执为实色，故言"色即是空、空即是色"。标宗二句，准应可知，此如依他异体相即。依他起色对异性空有其四句：谓缘生色，不异依他异性之空，然此空性是质碍故，是故说为"色即是空，空即是色"。此是同性相即，标宗二句，准应可知。又释依他缘生之色，对二性空，有二四句。对异性故，不异前释；对自性空，亦有四句：谓缘生色，用如为体，然彼空性不异依他，故《成唯识》作如是说："故此与依他，非异非不异，如无常等性。"①又《中边》云："此中唯有空，于彼亦有此。"②由斯道理，依他、圆成互不相离，是故说言"色即是空，空即是色"。非缘生空，故说相即，不尔应成违宗失故。此是异性相即，标宗二句，准应可知。圆成实性对自性空有其四句：谓圆成实是依他起色实性故，名之为色；我、法二空之所显故，说圆成空。由此道理，是故说言"色即是空，空即是色"。此是同性相即，标宗二句，准应可知。

---

① 案护法等造、唐玄奘译《成唯识论》卷八："故此与依他，非异非不异，如无常等性，非不见此彼。论曰：此圆成实与彼依他起，非异非不异。异应真如，非彼实性；不异此性，应是无常。彼此俱应净非净境，则本后智用应无别。云何二性非异非一？如彼无常、无我等性，无常等性与行等法异，应彼法非无常等，不异此非彼共相。由斯喻显，此圆成实与彼依他非一非异，法与法性理必应然。胜义、世俗相待有故，非不证见此圆成实，而能见彼依他起性。"

② 案世亲造、唐玄奘译《辩中边论》卷上《辩相品》："虚妄分别有，于此二都无。此中唯有空，于彼亦有此。论曰：'虚妄分别有'者，谓有所取、能取分别。'于此二都无'者，谓即于此虚妄分别，永无所取、能取二性。'此中唯有空'者，谓虚妄分别中，但有离所取及能取空性。'于彼亦有此'者，谓即于彼二空性中，亦但有此虚妄分别。若于此非有，由彼观为空，所余非无故，如实知为有。若如是者，则能无倒，显示空相。"

【异译】

罗什译本

舍利弗。色空故无恼坏相，受空故无受相，想空故无知相，行空故无作相，识空故无觉相。何以故？舍利弗。非色异空，非空异色；色即是空，空即是色；受、想、行、识亦如是。

法月译本

于斯告舍利弗："诸菩萨摩诃萨应如是学。色性是空，空性是色；色不异空，空不异色；色即是空，空即是色；受、想、行、识亦复如是。识性是空，空性是识；识不异空，空不异识；识即是空，空即是识。

般若利言译本

尔时，观自在菩萨摩诃萨告具寿舍利弗言："舍利子。若善男子、善女人，行甚深般若波罗蜜多行时，应观五蕴性空。舍利子。色不异空，空不异色；色即是空，空即是色；受、想、行、识亦复如是。

智慧轮译本

尔时，观世音自在菩萨摩诃萨告具寿舍利子言："舍利子。若有善男子、善女人，行甚深般若波罗蜜多行时，应照见五蕴自性皆空，离诸苦厄。舍利子。色空，空性见色；色不异空，空不异色；是色即空，是空即色；受、想、行、识亦复如是。

法成译本

观自在菩萨摩诃萨答具寿舍利子言："若善男子及善女人，欲修行甚深般若波罗蜜多者，彼应如是观察五蕴体性皆空。色即是空，空即是色；色不异空，空不异色；如是受、想、行、识亦复皆空。

时观自在菩萨摩诃萨告尊者舍利子言："汝今谛听，为汝宣说。若善男子、善女人，乐欲修学此甚深般若波罗蜜多法门者，当观五蕴自性皆空。何名五蕴自性空耶？所谓即色是空，即空是色；色无异于空，空无异于色；受、想、行、识亦复如是。

庚四、法空六相

【原文】

舍利子。是诸法空相，不生、不灭、不垢、不净、不增、不减。

【释义】

诸法虽空，然此空性并非龟毛兔角，捏造之空，乃真实之空性。此真空之性，有其体相，故观自在菩萨于此举"六相"，以明"诸法空相"。又观自在虽以菩萨示现，然其久成佛道，且于经后文亦说"三世诸佛"之行，当知此"不生、不灭、不垢、不净、不增、不减"之空相，为毕竟空相，乃诸佛所行。龙树造、鸠摩罗什译《大智度论》卷三一《释初品》中《十八空》："问曰：'毕竟空无所有，则是性空。今何以重说？'答曰：'毕竟空者，名为无有遗余；性空者，名为本来常尔，如水性冷，假火故热，止火则还冷。毕竟空如虚空，常不生不灭、不垢不净，云何言同？复次，诸法毕竟空，何以故？性不可得故。诸法性空，何以故？毕竟空故。复次，性空多是菩萨所行，毕竟空多是诸佛所行。何以故？性空中，使有因缘和合，无有实性；毕竟空，三世清净。有如是等差别。'"

【集解】

窥基曰：

前告法体空，今告法义空。"是诸法"者，指前对空、色、受等法。本无今有名"生"，暂有还无名"灭"；障染名"垢"，翻此名"净"；相广名"增"，翻此名"减"。胜空者言：依世俗谛，许色等有，可有生等；依胜义谛，色等本空，如何空中更有生等？故生灭等，空相皆无。如应者言：遍计所执及依他上自然生法，本性空无，法性色等体即空理，皆无如彼二乘等执生等位别，故说空相不生灭等。又若有执，有为迁流，定有生灭；无为在缠，出缠位别，实有垢净；未证真位，及证真已，有为无为互有增减。如是定执皆所执故，体相都无。宁如彼执有为生灭、无为垢净，通二增减，如见阳焰执为实水，此水本空，何有生等？非无阳焰似水生等。又设难言："若摄归性依他色等皆即空如，彼有生灭，此亦应尔。"今义答言："如太空中，色虽生灭，而空相无。如是依他虽有，生灭真空不尔。"复有难言："若一切法皆即真空，空相遍在，贪等垢染，信等净中，如应垢净。"今义答言："如太空中，有色染净，空相不尔。如是诸法，虽有垢净，而空相无。"故有颂言："非染非不染，非净非不净，心性本净故，由客尘所染。"①或有难言："若法皆真，无别相者，甘露圣教，既有增减，真空应尔。"今义答言："如太空中，色相增减，空相不然。如是圣教，虽有增减，而空性无，皆由事、理体相别故。若一切法唯真如

---

① 案世亲造、唐玄奘译《辩中边论》卷上《辩相品》："非染非不染，非净非不净，心性本净故，由客尘所染。论曰：云何非染非不染？以心性本净故；云何非净非不净？由客尘所染故，是名成立空差别义。此前空义总有二种，谓相、安立。相复有二，谓无及有。空性有相，离有、离无、离异、离一以为其相，应知安立即异门等。"

空，如何得有生灭等事？"以上总说，非但色体不异即空，色上生等诸差别义，亦不异即空。今遮通、别，且略举三，而实空相，亦不一等。《大经》次言："如是自性无生无灭、无染无净，菩萨如是修行般若波罗蜜多时，不见生灭，不见染净。何以故？但假立客名别别于法而起分别，随起言说，如如言说，如是如是生起执著。菩萨修行般若波罗蜜多时，于如是等一切不见，由不见故不生执著。"①

圆测曰：

六相，即是不生、不灭、不垢、不净、不增、不减。然此六相，西方两释：一者清辨，二者护法。依清辨宗释六相者，本无今有名"生"，暂有还无名"灭"，如《瑜伽》说②；性染不净名"垢"，离染非垢称"净"，如诸教说；执法有用曰"增"，妄计法坏名"减"，如《摄大乘论》说③。三对六相，三说不同。一曰：此文约位辨三，谓真空性离诸相故，道前远离流转生灭，道中即无惑智垢净，道后永舍体用增减。一曰：此文约性辨三，遍计所执本来无故"不生、不灭"，依他起性从缘生故"不垢、不净"，圆成实性以不起故"不增、不减"。一曰：此说三对六相，一一皆通诸位诸性，总遣三性无所存故，三中后胜，顺本宗故。依护法宗，理实

① 案唐玄奘译《大般若波罗蜜多经》卷四八〇《第三分舍利子品》："如是自性无生、无灭、无染、无净，诸菩萨摩诃萨如是修行甚深般若波罗蜜多，不见生、不见灭、不见染、不见净。何以故？舍利子。唯假立客名。别别于法，而起分别，假立客名，随起言说；如如言说，如是如是生起执著。诸菩萨摩诃萨修行般若波罗蜜多时，于如是等名及所名一切不见，由不见故不生执著。"

② 案弥勒说、唐玄奘译《瑜伽师地论》卷五二《摄决择分》中《五识身相应地意地》："本无今有是名为生，有已还无是名为灭。"

③ 案无性造、唐玄奘译《摄大乘论释》卷七《彼修差别分》："不增不减义者，谓法外无用所以不增，诸法不坏所以不减。"

空相，乃有众多，谓非一异及有无等。而经且说三对六者，生、灭即是有为通相，垢、净止辨诸法自性，增、减言显法上义用。理实三空，通有六相，经意正显是自性空，生、法二空所显真理，通与迷悟为所依故。

靖迈曰：

有人言："色等诸法，定性是有。何以故？是诸智人，或谓色等诸法从自体生，或谓从他生，或谓自他共生，或无因生。种种说色等法生，何故言空？"故今佛告舍利子："是色等诸法，但有空相，而无有生。"汝若言色等诸法从自体生，则一法有二体。所以然者，若直一体，则无有生；若言从自体生，则有自体为能长生，复有所从生，故有二体。若能生之自体，复有所从生，所从生无穷。若能生自体，无所从生，生则无从生；若无从生，则无自体生；若无自体生，是无自性生。自性生无故，他性生亦无。何以故？因自性故有他性，于他亦无是自性。今自性无故他性亦无，是故不应从他生。若自、他性俱无，则无共生。若言无因生，是则不可。何以故？有因生尚已破坏，况复无因而能有生？若无因而有生者，布施、持戒应堕地狱，十恶、五逆应当生天，以俱无因故。若实有色等生，可说有灭；今既无色等生，则亦无灭。遍计所执色等自性，生灭俱无，非空如何？有人云："现见有漏诸染色等，从垢因缘生；无漏诸净色等，从无染因缘得。是则色等诸法，有垢有净，既有垢净，则为不空，何得而言色等诸法同于空耶？故《中观论》云：'若谓缘无果，而从缘中出，是果何不从，非缘中而出。如泥中无瓶，何不从乳中出。'①若必一向无

---

① 案龙树造、后秦鸠摩罗什译《中论》卷一《观因缘品》："若谓缘无果，而从缘中出，是果何不从，非缘中而出。"青目释："若因缘中求果不可得，何故不从非缘出？如泥中无瓶，何故不从乳中出？"

果，无垢无净，则无凡圣，有大邪见过。"答："子徒以热眩之目，睹乎空华，而岂知夫华即空哉！故《中观》云：'果从众缘生，是缘无自性。'①缘若无自性，是缘则非有。缘自体既无，何能生于果？是故色等垢、净诸果，不从缘生，亦不从非缘生。以缘尚不能生，非缘何能生？若非缘而能生果者，造善应堕地狱，造恶应得生天，以非缘故。既色等诸法不从二生，是则无色等；以无色等故，缘、非缘亦无。又《智度论》曰：'若法不生不灭如虚空，云何有垢有净？譬如虚空，虽万岁雨而亦不湿，虽大火烧而亦不热。何以故？本自无故。'②谓遍计所执色等本无，故不说垢净。"

有人云："现见色等，从因缘故，增细成粗；从因缘故，减粗为细。既从因缘，增减可得，是则不空，何为而言色等皆空？"答："若子之所见，其如烦恼渴爱，而睹阳焰为水，水岂实哉？盖即空也。故《摄大乘》：'为对除增益散动，是故经言色自性空等，谓遍计所执色等，论其自性永无有故。'③既色等永无，云何可说增细成粗、减粗为细也？"

---

① 案龙树造、后秦鸠摩罗什译《中论》卷一《观因缘品》："若果从缘生，是缘无自性；从无自性生，何得从缘生？果不从缘生，不从非缘生，以果无有故，缘非缘亦无。"青目释："果从众缘生，是缘无自性。若无自性则无法，无法何能生？是故'果不从缘生，不从非缘生'者，破缘故说非缘，实无非缘法，是故不从非缘生。若不从二生，是则无果，无果故缘、非缘亦无。"

② 案龙树造、后秦鸠摩罗什译《大智度论》卷三五《释报应品》："若法不生不灭如虚空，云何有垢有净？譬如虚空，万岁雨亦不湿，大火烧不热，烟亦不著。所以者何？本自无生故。菩萨能如是观，不见离是不生不灭法，有生有灭、有垢有净，何以故？佛自说因缘，一切法皆忆想分别、因缘和合，故强以名说。不可说者是实义，可说者皆是名字。"

③ 案无性造、唐玄奘译《摄大乘论释》卷四《所知相分》："为对治增益散动故，即彼经言色自性空等，谓即遍计所执自性永无有故。"

心经释义 | 363

罗什译本

舍利弗。是诸法空相，不生、不灭、不垢、不净、不增、不减，是空法，非过去、非未来、非现在。

法月译本

舍利子。是诸法空相，不生、不灭、不垢、不净、不增、不减。

般若利言译本

舍利子。是诸法空相，不生、不灭、不垢、不净、不增、不减。

智慧轮译本

舍利子。是诸法性相空，不生、不灭、不垢、不净、不减、不增。

法成译本

是故舍利子。一切法空性无相，无生、无灭、无垢、离垢、无减、无增。

施护译本

舍利子。此一切法如是空相，无所生、无所灭、无垢染、无清净、无增长、无损减。

已二、空无诸法 四
庚一、无三科 三
辛一、无五蕴

【原文】

是故空中无色，无受、想、行、识；

【释义】

前明五蕴等诸法体性皆空，与空不异相即。然恐有人谓诸法即空，则空即诸法，为破此执，观自在菩萨而说空中无有诸法之义。此后共列三科、十二支、四谛等法相，以明空无诸法之理。

【集解】

窥基曰：

胜空者言：上以色等体义，总对于空，明不异、即。恐义不明，令观纯熟，别结空中所无之法。乘前起结，说"是故"言，此言通下诸所无法。如应者言：三乘通修五种善巧，谓：蕴、处、界、缘起及谛。随彼所应为远近观，由二乘等皆随执有。今对说无，所执空中体义俱寂，故所执蕴其性都无。然佛方便，于有为中施设为蕴，破五我事渐令入真，说为善巧，非谓实有。故经颂言："如星、翳、灯、幻、露、泡、梦、电、云，诸和合所为，应作如是观。"[①]有为之法尚非定蕴，所执蕴等何理成真？法性空如，故非蕴相，是故空中都无五蕴。《大经》次言："复次，舍利子。诸菩萨修行般若波罗蜜多时，应如是观：菩萨但有名，般若波罗蜜多但有名，色、受、想、行、识但有名。"乃至广说[②]。

---

① 案唐玄奘译《大般若波罗蜜多经》卷五七七《第九能断金刚分》："尔时，世尊而说颂曰：'诸和合所为，如星、翳、灯、幻、露、泡、梦、电、云，应作如是观。'"

② 案唐玄奘译《大般若波罗蜜多经》卷四《初分学观品》："复次，舍利子。诸菩萨摩诃萨修行般若波罗蜜多时，应如是观：菩萨但有名，佛但有名，般若波罗蜜但有名。色但有名，受、想、行、识但有名。眼处但有名，耳、鼻、舌、身、意处但有名；色处但有名，声、香、味、触、法处但有名。眼界但有名，耳、鼻、舌、身、意界但有名；色界但有名，声、香、味、触、法界但有名；眼识界但有名，耳、鼻、舌、身、意、识界但有名。眼触但有名，耳、鼻、舌、身、意触但有名。眼触为缘，所生诸受但有名；耳、鼻、舌、身、意触为缘，所

圆测曰：

谓诸法空，具六种相，是故空中无五蕴法。

靖迈曰：

色等五蕴一向同空故，当知十二处等下四门悉是遍计所执，皆亦是空。所以然者，一切依他所起之性及圆成实性，本离名言分别之相。谓诸贤圣人为令有情有所趣入，遂于二性诸法假施客名。其所施客名，互相遮异而已，论其客名，毕竟不能目法自性也。又此二性诸法，既离性相，一

（续）——————

生诸受但有名。地界但有名，水、火、风、空、识界但有名。因缘但有名，等无间缘、所缘缘、增上缘但有名，从缘所生诸法但有名。无明但有名，行、识、名色、六处、触、受、爱、取、有、生、老死愁叹苦忧恼但有名。布施波罗蜜多但有名，净戒、安忍、精进、静虑、般若波罗蜜多但有名。内空但有名，外空、内外空、空空、大空、胜义空、有为空、无为空、毕竟空、无际空、散空、无变异空、本性空、自相空、共相空、一切法空、不可得空、无性空、自性空、无性自性空但有名。四念住但有名，四正断、四神足、五根、五力、七等觉支、八圣道支但有名。空解脱门但有名，无相、无愿、解脱门但有名。苦圣谛但有名，集、灭、道圣谛但有名。四静虑但有名，四无量、四无色定但有名。八解脱但有名，八胜处、九次第定、十遍处但有名。陀罗尼门但有名，三摩地门但有名。极喜地但有名，离垢地、发光地、焰慧地、极难胜地、现前地、远行地、不动地、善慧地、法云地但有名。正观地但有名，种性地、第八地、见地、薄地、离欲地、已办地、独觉地、菩萨地、如来地但有名。五眼但有名，六神通但有名。如来十力但有名，四无所畏、四无碍解、大慈、大悲、大喜、大舍、十八佛不共法但有名。三十二大士相但有名，八十随好但有名。无忘失法但有名，恒住舍性但有名。一切智但有名，道相智、一切相智但有名，一切智智但有名。永拔烦恼习气相续但有名。预流果但有名，一来、不还、阿罗汉果但有名。独觉菩提但有名，一切菩萨摩诃萨行但有名，诸佛无上正等菩提但有名。世间法但有名，出世间法但有名。有漏法但有名，无漏法但有名。有为法但有名，无为法但有名。舍利子。如我但有名，谓之为我实不可得。如是有情、命者、生者、养者、士夫、补特伽罗、意生、儒童、作者、使作者、起者、使起者、受者、使受者、知者、见者亦但有名。谓为有情乃至见者，以不可得空故，但随世俗假立客名。诸法亦尔，不应执著。是故菩萨摩诃萨修行般若波罗蜜多时，不见有我乃至见者，亦不见有一切法性。"

切心行所不能缘。然诸有情不达名言是客，计为定实；又不达诸法无有性相，计有定实性相。为心所行，如是妄计，定实名相，并是遍计所执，毕竟是无。如石女儿及龟毛等，为此义故，说之为空。遍计所执色等既空，所以十二处等下四门遍计所执理亦同。

【异译】

罗什译本

是故空中无色，无受、想、行、识；

法月译本

是故空中无色，无受、想、行、识；

般若利言译本

是故空中无色，无受、想、行、识；

智慧轮译本

是故空中无色，无受、想、行、识；

法成译本

舍利子。是故尔时空性之中，无色、无受、无想、无行、亦无有识；

施护译本

舍利子。是故空中无色，无受、想、行、识；

辛二、无十二处

【原文】

无眼、耳、鼻、舌、身、意，无色、声、香、味、触、法；

【释义】

此明空中无十二处。"十二处"者,六根、六尘也。又窥基所谓"九、八、七、五缘起"者,乃指六识所依几缘而得生起。眼识,依九缘生起,即:空、明、根、境、作意、种子、分别、染净、根本;耳识,依八缘生起,除明;鼻识、舌识、身识,依七缘生起,除空、明;意识,依五缘生起,除空、明、染净、分别。

【集解】

窥基曰:

此说空中"无十二处"。胜空者言:佛权方便,说有处等,引令入真。既入真已,依真实义,故说皆空。如应者言:唯由根境,能与六行为生长门,说为处义。然以世间相见、问讯、涂香、受膳、侍给、分别故,佛说处次第如是。因位眼、耳不至能取,鼻、舌、身三至方能取,意即八识,果俱不定。眼、耳用胜,天得通名,变化非真,唯欲、色界。下地诸识有依上者,业、缘、通、定、法力皆生,诸位随应用有胜劣,如次九、八、七、五缘起。"色"谓显、形、表;"声"谓执受、不执受,俱大种所生;"香"谓俱生、和合、变异;"味"谓苦、酢、甘、辛、咸、淡;"触"谓四大及此所造;"法"谓无对色及余心所、不相应、无为。初五唯二,余通异熟、长养、等流。异熟唯欲、色,后二通三界。色、声、有表、意、法通三,十色皆唯无记及善。即离依有,假立造名,一切皆通有漏、无漏。《二十颂》曰:"依彼所化生,世尊密意趣,说有色等处,如化生有情。"①

---

① 案世亲造、唐玄奘译《唯识二十论》:"依彼所化生,世尊密意趣,说有色等处,如化生有情。论曰:如佛说有化生有情,彼但依心相续不断,能往后世密意趣说,不说实有化生有情。"

此说佛为妄执有我，久沉生死，不肯趣求，非处法中说之为处，如遮断见密说化生，引令入真，除舍我执。二乘等不了方便言说，执为实有。今显所执性本都无，因缘法中既非实处，法性空理亦无处相，故乘前义而结处无。《大经》次言："眼处但有名，乃至法处但有名。"①"眼处空，乃至法处空。"②

圆测曰：

自有二意，所谓悟入生、法二空。入生空者，如彼《二十唯识论》云："依此所说十二处教，谓若了知从六二法有六识转，都无见者乃至知者，便能悟入有情无我。"③入法空者，即此所说遣十二处显法空理。清辨、护法遣法差别，如上应思。"十二"是举数，"处"是生长义，谓六根境生长一切心、心所法，故名为处。六释之中，是带数释。后别名者，如《瑜伽论》第三卷说："复次，屡观众色，观而复舍，故名为眼。数数于此，声至能闻，故名为耳。数由此故，能嗅诸香，故名为鼻。能除饥羸，数发言论，表彰呼召，故名为舌。诸根所随，周遍积聚，故名为身；愚夫长夜，莹饰藏护，执为己有，计为我及我所。又诸世间，依此假立种种名想。谓之有情、人与命者、生者、意生及儒童等，故名为意。数可示现，在其方所，质碍可增，故名为色。数宣数谢，随增异论，故名为声。离质潜形，屡随风转，故名为香。可以舌尝，屡招疾苦，故名为味。数可

---

① 案唐玄奘译《大般若波罗蜜多经》卷四《初分学观品》："眼处但有名，耳、鼻、舌、身、意处但有名；色处但有名，声、香、味、触、法处但有名。"

② 案唐玄奘译《大般若波罗蜜多经》卷五三一《第三分妙相品》："当知眼处空乃至意处亦空，当知色处空乃至法处亦空。"

③ 案世亲造、唐玄奘译《唯识二十论》："依此教能入，数取趣无我。论曰：依此所说十二处教，受化者能入。'数取趣无我'，谓若了知从六二法有六识转，都无见者乃至知者，应受有情无我教者，便能悟入有情无我。"

为身，之所证得，故名为触。遍能任持，唯意境性，故名为法。"①"眼根"者如诸论说，四大所造眼识，所依净色为体，如说眼根；乃至"耳根"，四大所造耳识，所依净色为体；"意根"通用八识为体。"色"者，如《集论》说："四大所造眼根，所行二十五色以为自性，谓：青、黄、赤、白、长、短、方、圆、粗、细、高、下、若正、不正、光、影、明、闇、云、烟、尘、雾、迥色、表色、空一显色。声有十一，谓：若可意、若不可意、若俱相违、若因受大种、若因不受大种、若因俱大种、若世所共成、若成所引、若遍计所执、若圣言所摄、若非圣言所摄。香有六种，谓：好香、恶香、平等香、俱生香、和合香、变异香。味有十二：苦、酢、甘、辛、咸、淡、若可意、若不可意、若俱相违、若俱生、若和合、若变异。触有二十六，所谓：四大、滑、涩、轻、重、软、缓、急、冷、饥、渴、浊饱、力、劣、闷、痒、黏、病、老、死、疲、息、勇。"②如此五尘，广

---

① 案出弥勒说、唐玄奘译《瑜伽师地论》卷三《本地分》中《意地》。

② 案安慧杂糅、唐玄奘译《大乘阿毗达磨杂集论》卷一《本事分》中《三法品》："色者，四大种所造眼根所行义。谓：青、黄、赤、白、长、短、方、圆、粗、细、高、下、若正、不正、光、影、明、闇、云、烟、尘、雾、迥色、表色、空一显色。此复三种，谓：妙、不妙、俱相违色。此青等二十五色建立，由六种因，谓：相故、安立故、损益故、作所依故、作相故、庄严故。迥色者，谓离余碍触方所可得。空一显色者，谓上所见青等显色。声者，四大种所造耳根所取义。若可意、若不可意、若俱相违、若因受大种、若因不受大种、若因俱大种、若世所共成、若成所引、若遍计所执、若圣言所摄、若非圣言所摄。如是十一种声，由五种因所建立，谓：相故、损益故、因差别故、说差别故、言差别故。相者，谓耳根所取义。说差别者，谓世所共成等三，余如其所应。因受大种者，谓语等声。因不受大种者，谓树等声。因俱者，谓手鼓等声。世所共成者，谓世俗语所摄。成所引者，谓诸圣所说。遍计所执者，谓外道所说。圣非圣言所摄者，谓依见等八种言说。香者，四大种所造鼻根所取义。谓：好香、恶香、平等香、俱生香、和合香、变异香。当知此香三因建立，谓：相故、损益故、差别故。俱生香者，谓旃弹那等。和合香者，谓和香等。变异香者，谓熟果等。味者，

如《杂集》，诸论同异，具如别章。"法处"即用《百法门》中"八十二法"以为自性，谓：心所法中五十一，色中有一谓法处，色不相应二十四，无为有六①。依《集论》等，"八十八法"以为自性，谓：四种法处色及二无为，具如彼说②。余门分别，广如别章。

（续）————————————

四大种所造舌根所取义。谓：苦、酢、甘、辛、咸、淡。若可意、若不可意、若俱相违、若俱生、若和合、若变异。建立此味，应如香说。所触一分者，四大种所造身根所取义。谓：滑、涩、轻、重、软、缓、急、冷、饥、渴、饱、力、劣、闷、痒、黏、病、老、死、疲、息、勇。此所触一分由八因建立，谓：相故、摩故、称故、触故、执故、杂故、界不平等故、界平等故。水风杂故冷，地水杂故黏，界平等故息、力、勇。勇者无畏，饱由二种。界不平等，故有饥等余触。

① 案天亲造、唐玄奘译《大乘百法明门论》："第二心所有法，略有五十一种，分为六位：一、遍行有五，二、别境有五，三、善有十一，四、烦恼有六，五、随烦恼有二十，六、不定有四。一、遍行五者：一、作意，二、触，三、受，四、想，五、思。二、别境五者：一、欲，二、胜解，三、念，四、定，五、慧。三、善十一者：一、信，二、精进，三、惭，四、愧，五、无贪，六、无嗔，七、无痴，八、轻安，九、不放逸，十、行舍，十一、不害。四、烦恼六者：一、贪，二、嗔，三、慢，四、无明，五、疑，六、不正见。五、随烦恼二十者：一、忿，二、恨，三、恼，四、覆，五、诳，六、谄，七、憍，八、害，九、嫉，十、悭，十一、无惭，十二、无愧，十三、不信，十四、懈怠，十五、放逸，十六、惛沈，十七、掉举，十八、失念，十九、不正知，二十、散乱。六、不定四者：一、睡眠，二、恶作，三、寻，四、伺。第三色法，略有十一种：一、眼，二、耳，三、鼻，四、舌，五、身，六、色，七、声，八、香，九、味，十、触，十一、法处所摄色。第四心不相应行法，略有二十四种：一、得，二、命根，三、众同分，四、异生性，五、无想定，六、灭尽定，七、无想报，八、名身，九、句身，十、文身，十一、生，十二、老，十三、住，十四、无常，十五、流转，十六、定异，十七、相应，十八、势速，十九、次第，二十、方，二十一、时，二十二、数，二十三、和合性，二十四、不和合性。第五无为法者，略有六种：一、虚空无为，二、择灭无为，三、非择灭无为，四、不动灭无为，五、想受灭无为，六、真如无为。"

② 案《大乘阿毗达磨杂集论》开"法处所摄色"为五种，开"无为法"为八种，其余与《大乘百法明门论》同，故云"八十八法"。安慧杂糅、唐玄奘译《大乘阿毗达磨杂集论》卷一《本事分》中《三法品》："法处所摄色者，略有五种，

靖迈曰：

所以十二通名"处"者，此之十二，一一皆能与识作生长之门，是故
名处。又此十二，各各有相差别之义，所以名处。言"十二"者，谓六根
处，即眼根处乃至意根处；及六尘处，即色尘处乃至法尘处，具如经列。
眼以见色为义，乃至法以意所行为义。如此客名，皆假施说。然诸异生，
不达虚假，而于其中计有定实名义自性及以差别，名遍计所执。即此十二
遍计所执，本来是空，所以称无，故言无眼、耳等乃至无色、声等。

【异译】

罗什译本

无眼、耳、鼻、舌、身、意，无色、声、香、味、触、法；

法月译本

无眼、耳、鼻、舌、身、意，无色、声、香、味、触、法；

般若利言译本

无眼、耳、鼻、舌、身、意，无色、声、香、味、触、法；

智慧轮译本

无眼、耳、鼻、舌、身、意，无色、声、香、味、触、法；

法成译本

无眼、无耳、无鼻、无舌、无身、无意，无色、无声、无香、无味、
无触、无法；

（续）_____

谓：极略色、极迥色、受所引色、遍计所起色、自在所生色。极略色者，谓极微
色。极迥色者，谓即此离余碍触色。受所引色者，谓无表色。遍计所起色者，谓
影像色。自在所生色者，谓解脱静虑所行境色。"卷二《本事分》中《三法品》：
"法界中，无为法蕴所不摄。此无为法，复有八种，谓：善法真如、不善法真如、
无记法真如、虚空、非择灭、择灭、不动及想受灭。"

无眼、耳、鼻、舌、身、意，无色、声、香、味、触、法；

辛三、无十八界

【原文】

无眼界乃至无意识界。

【释义】

此明空中无十八界。十八界者，六根、六尘、六识也。经中举首尾二界为文，意指其余十六界也。

【集解】

窥基曰：

此说空中"无十八界"。胜空者言：眼界、色界、眼识界、耳界、声界、耳识界、鼻界、香界、鼻识界、舌界、味界、舌识界、身界、触界、身识界、意界、法界、意识界，名十八界。今举无初、后，例中间十六界。世俗故说有，胜义故皆无，唯有假名，自性空故。如应者言：由根及境能持六识，彼复自持，因果性义，名之为界。前处次第，识界随生，故十八界次第如是。能取于境，是六内界相；眼等所取，是六外界相；依根缘境，似境了别，是六识界相。此中意界，即心、意、识。心谓第八识，持种受熏，趣生等体，善无覆性，能变身器为有情依，有三位名：一、我爱执藏位，名阿赖耶，此翻为藏，能藏、所藏、执藏义故；二、善恶业果位，名毗播迦，此云异熟，善、不善业所招集故；三、相续执持位，名阿陀那，此云执持，能执持身不失坏故。意谓第七识，染执我相为有漏依，净常平等，性善有覆，亦三位名：一、我执相应位，名有覆末那，缘阿赖耶执为我故；二、法执相应位，名无覆末那，缘毗播迦执为法故；三、思量性位，但名末那，缘阿陀那等起思量故。能缘所缘，短长平等，故七、八识各有三名。初二名皆有漏，后一名通无漏。识谓余六，如自名显，皆通三性。至佛位中，转异熟识名圆镜智，九喻影像于中现故；随应初地转二末那名平等智，能具十种平等性故；三乘见位转第六识名妙观智，随应具足十胜用故；转前五识名成事智，起十化业满本愿故。因多分别，以识为主，果皆决断，标智为名。此前八识即七心界，四智唯善并法界摄，三照有空具真俗智，成事照有俗智非真，圆镜、平等恒不动摇。初恒遍观名一切智，妙观、成事有时间断。虽此四智皆具众德，而随相增起摄不定。然佛说法有略、广门，于蕴义中略说色识，处、界随广；蕴广心所，处、界皆略。为愚三故①，蕴说有为，处说二取，界增取体。机欲待故，破我能持，施设为界。二乘等不了，便执为实，所执都无，余非实界，故乘前义，亦结此无。

---

① 案"愚三"者，指愚心、愚色、愚心及色。南宋法云《翻译名义集》卷六《阴入界法篇》："驮都，此云界。《百法疏》云：'界是因义。中间六识，藉六根发，六境牵生，与识为因，故名为界。'《法界次第》云：'界，以界别为义。此十八法，各有别体，义无浑滥，故名十八界。'若根相对，即有识生。识，以识别为义。识依于根，能别于尘，故通名识。由此根、尘、识三，各有六法，成十八界。此三科法，如《俱舍》云：'聚生门种族，是蕴、处、界义。愚根乐有三，故说蕴、处、界。'释曰：'愚三者，一、愚心为说五阴，则开心为四，合色为一；二、愚色为说十二处，则开色为十处半，谓五根、五尘及法尘少分，合心为一处半，谓意根及法尘少分；三、愚心及色为说十八界，则更开心为七界半，谓六识、意根、法尘少分。皆言愚者，迷也。根三，谓上、中、下根，乐三，谓略、中、广；如次配三科法。'"

圆测曰：

执色心以为我者及下根者，是故世尊说十八界。"十八"是数，"界"是种族及性别义。一切诸法十八种族及性别故，是带数释。准上应知，六根、六尘，如处中说。六识得名，有其二义：一者、从境名为色识乃至法识，随境立名，顺识义故；二者、从根名为眼识乃至意识，随根立名，具伏发等五种义故。此即色之识故名为色识，乃至意之识故名为意识，故六释中是依主释。若具分别，如《成唯识》第五卷说①。眼等十二，如处中说。眼等六识，《百法门》中如其自名②。眼等六识，以为自性，自余诸门，广如诸论。

靖迈曰：

所以十八通名"界"者，种子义故。谓阿赖耶识中，诸法种子，说名为界。"界"是因义，故又能持自性，及能持因果性义，故名为界。又摄持一切法差别义，故名为界。谓地等一切诸界，虽差别无量，皆十八摄。言"十八"者，谓：六根界，即眼界乃至意界；及六尘界，即色尘界乃至法尘界，如处中说；并六识界，即眼识界乃至意识界。此之十八，名义自性及以差别，但假施说，而诸异生计有定实名义自性及以差别。如是十八遍计所执本来是空，所以称无，故言"无眼界乃至无意

---

① 案护法等造、唐玄奘译《成唯识论》卷五："此识差别总有六种，随六根境种类异故，谓名眼识乃至意识。随根立名，具五义故。'五'谓：依、发、属、助、如根。虽六识身皆依意转，然随不共立意识名，如五识身无相滥过。或唯依意故名意识，辩识得名，心意非例。或名色识乃至法识，随境立名，顺识义故。谓于六境了别名识，色等五识唯了色等，法识通能了一切法，或能了别法，独得法识名。故六识名无相滥失，此后随境立六识名。"

② 案天亲造、唐玄奘译《大乘百法明门论》："一、眼识，二、耳识，三、鼻识，四、舌识，五、身识，六、意识。"

识界"也。

【异译】

罗什译本

无眼界乃至无意识界。

法月译本

无眼界乃至无意识界。

般若利言译本

无眼界乃至无意识界。

智慧轮译本

无眼界乃至无意识界。

法成译本

无眼界乃至无意识界。

施护译本

无眼界、无眼识界，乃至无意界、无意识界。

庚二、无十二支

【原文】

无无明亦无无明尽，乃至无老死亦无老死尽。

【释义】

此明空中"无十二支"。又十二支有顺逆二观，顺观乃依次缘生，逆观乃依次还灭。故无无明乃至无老死，为顺观十二支之空性；无无明尽乃至无老死尽，为逆观十二支之空性。经中举首尾二支为文，意指其余十支也。

【集解】

　　窥基曰：

　　胜空者言：上无远观，下无近观，此无独觉邻近所观。故契经言："为求独觉者，说应十二缘起法。"①又说："无明乃至老死，唯有假名。"②自性空故，今说为无。"尽"者，空也。空亦空，故说"无无明尽乃至无老死尽"。十二缘起，有空俱无，例余皆尔，今影显之。如应者言：慈氏尊说此于染、净皆有顺、逆：杂染顺观依于生死流转法说，逆依世间加行法说；清净顺观依于根本断障法说，逆依断已重观法说。杂染顺观者，初知体性具十二支：一、无明，谓迷内外愚；二、行，谓福非福不动；三、识，谓异熟识；四、名色，谓五蕴；五、六处，谓六根六触能对境之胜劣；七、受，能领境之苦乐；八、爱，谓三界贪；九、取，谓烦恼；十、有，即行至受六支种子，由爱取润，能有后有；十一、生，谓苦果现起；十二、老死，谓衰变终没。次观由痴发起邪行，能集当来随业果识，五蕴相起，诸根圆满，触受境界，种子感果，耽著希求，烦恼滋长，润前业等，五趣苦生，老、死、忧悲之所随逐。故契经言："无明缘行，乃至生缘老死。"③识等五支，因无次第，依当起位，说为后缘。

―――――――

　　① 案后秦鸠摩罗什译《妙法莲华经》卷一《序品》："为求辟支佛者，说应十二因缘法。"
　　② 案唐玄奘译《大般若波罗蜜多经》卷二九四《初分说般若相品》："无明乃至老死愁叹苦忧恼亦复如是，唯有假说。无明乃至老死愁叹苦忧恼唯假说，故般若波罗蜜多清净。"
　　③ 案唐玄奘译《大般若波罗蜜多经》卷五九○《第十四精进波罗蜜多分》："无明缘行，行缘识，识缘名色，名色缘六处，六处缘触，触缘受，受缘爱，爱缘取，取缘有，有缘生，生缘老死愁叹苦忧恼。"

杂染逆观者，依初习位安立谛说，谓老死苦、老死集、老死灭、老死趣灭行，乃至随应历观诸谛。由老死支苦谛所摄，于缘起中先逆观察，以三种相观老死支：一、细因缘，二、粗因缘，三、非不定。感生因缘名细，谓爱、取、有；生自体名粗，谓生支。由此二生而有老死，当来老死细生为因，现法老死粗生为因。除二生体，余定无能与老死果，名非不定。虽观老死苦谛，至爱于后际苦，并彼集谛，未为喜足。遂复观察后集因缘现在众苦，谓遍逆观受、触、六处、名色与识，观未来苦是当苦谛，观彼集因是当集谛，观未来世苦之集谛由谁而有，知由从先集所生起，识为边际现法苦有。既知从先集所生起，不应复观此云何有。由识、名色，譬如束芦展转相缘无作者等，是故观察齐识退还。如是顺逆观察苦集，唯十支已。次观灭谛，始从老死乃至无明。云何一切皆当灭尽？谓由不造无明为缘新业行故，彼苦方灭。次更寻求证此灭道，忆昔师授于缘起法、世间正见念智现前，如是数观令见增长，是名杂染顺逆观察。清净顺观者，由先已集正见资粮，能于诸谛渐次获得有学无学清净智见，能无余断无明及爱。诸无明、触为缘生爱亦复随断，于现法中证慧解脱；受、相应心、贪爱烦恼得离系故，证心解脱。无明断故，应生诸行、识乃至受皆不得生。是故经言："无明灭故行灭，乃至触灭故受灭。"①彼受不生，无由起爱，由斯复说："受灭故爱灭，乃至愁叹忧恼皆灭。"①唯有识等清净鲜白，住有余依般涅槃界，名为证得现法涅槃；后

---

① 案唐玄奘译《大般若波罗蜜多经》卷五九〇《第十四精进波罗蜜多分》："无明灭故行灭，行灭故识灭，识灭故名色灭，名色灭故六处灭，六处灭故触灭，触灭故受灭，受灭故爱灭，爱灭故取灭，取灭故有灭，有灭故生灭，生灭故老死愁叹苦忧恼灭。"

有漏尽，住真常迹，名无余依般涅槃界。清净逆观者，既断灭已，还逆观察，由谁无故老死无，由谁灭故老死灭。知由无作缘生种子现行，二生无故老死无；无常缘生，二生灭故老死灭。如是乃至知由无作缘生发起缠随眠，三无明无故行无；无常缘生，三无明灭故行灭，是名清净顺逆观察。有依顺染不说生支，机欲待故。说逆唯九，以业为识，非集缘故。或观十一，无明无因，智种阙故。世尊如是方便施设，令独觉等获自菩提。而彼不了妄执有实染净缘起，今说彼无，令舍执著。于杂染品，唯说"无无明乃至无老死"；于清净品，唯说"无无明尽乃至无老死尽"。各但无顺，而例无逆，举无初后，例中亦无。故第六地虽作此观，尚执有实流转还灭，第七地中方除生灭障。生者顺染，即此所"无无明乃至老死"；灭者顺净，即此所"无无明尽乃至老死尽"。其所无者，谓无所执作者、常住二种缘生，非无功能缘起灭理。以契经言："不坏世谛，入于胜义。"无造受者，业不亡故。依他既非，定缘起相；真理亦非，无明等灭，故并无之。若善、恶业一切都无，契经唯应说法非有，何容繁长言亦非无？待因缘故，诸法成立，自事既重，故应详究。

圆测曰：

然此缘生，自有二种：一者、流转，二者、还灭。由无明故，能起诸行，乃至由生为缘老死，如是顺流五趣、四生，如满月轮，始不可知。于空性中无此流转，故经说言"无无明乃至无老死"。由观智力令无明灭，无明灭故诸行亦灭，如此乃至由生灭故老死亦灭。此即轮前还归涅槃，故名还灭。于空性中，无此还灭，故经亦说"无无明尽乃至亦无老死尽"。"十二"即是总标其数，如《缘起经》："如是诸分，各由自缘，和合无阙，相续而起，故名缘起。"①依《瑜伽论》："因名缘觉，果名缘生。"②于此名中，举数显宗，故六释中是带数释。三际中愚，于境不了，故名"无明"；福等三业，迁流造作，名之为"行"；眼等八识，了别境界，故名为"识"；相等色等，召表质碍，故曰名"色"；眼等六根，生长心等，名为"六处"；苦等三触对前境，故名为"触"；苦等三受，领顺违等，名之为"受"；自体等贪染自境，故名为"爱"；欲等四取，执取境等，名之为"取"；行识等种，能招生等，故名为"有"；识等五法，本无今有，名之为"生"；即彼五法，衰变灭坏，故名"老死"。

靖迈曰：

此之十二，待缘而起，故名缘起。言十二者，谓：无明、行、识及名色、六处、触、受、爱、取、与有、生、老死。此之十二界，摄有四义，谓于因时，有能引、所引；于果时，有能生、所生。言因时能引者，谓无明、行、识缘起未生故，于今现在薰习阿赖耶识心，能引无始名言、名色、六处、触、受等种子，使有感果之功。言因时所引者，谓名色、六处、触、受等种子，由前无明等薰心习气力故，能令当来名色前后相依次第生起，种子得增长故。言果时能生者，谓爱、取、有于命终位，将与异熟随顺贪欲，随一业习气现前有故，能令前所引名色等感异熟。言果时所生者，谓生、老死由前能生随顺贪欲，随一业习气现前有故，随于一生众同分中，如先所引名色等异熟生起，名生、老死。然此十二缘起，有两种顺次第，

---

① 案唐玄奘译《分别缘起初胜法门经》卷下："复言：'世尊。言缘起者，是何句义？'世尊告曰：'如是诸分，各由自缘，和合无阙，相续而起，如是名为缘起句义。'"

② 案弥勒说、唐玄奘译《瑜伽师地论》卷五六《摄决择分》中《五识身相应地意地》："当知此中，因名缘起，果名缘生。"

有两种逆次第。今此文意，但明两种顺次第：一、谓杂染顺次第，谓无明缘行乃至生缘老死；二、清净顺次第，谓无明灭故行灭乃至生灭故老死灭。若于此两种染净十二缘起，执有定实名义、自性及以差别名遍计所执。今达此杂染十二缘遍计所执皆空，故言"无无明乃至无老死"；又达此清净十二缘遍计所执皆空，故言"无无明尽乃至无老死尽"。"尽"，即灭也。

【异译】

罗什译本

无无明亦无无明尽，乃至无老死无老死尽。

法月译本

无无明亦无无明尽，乃至无老死亦无老死尽。

般若利言译本

无无明亦无无明尽，乃至无老死亦无老死尽。

智慧轮译本

无无明亦无无明尽，乃至无老死尽。

法成译本

无无明亦无无明尽，乃至无老死亦无老死尽。

施护译本

无无明、无无明尽，乃至无老死亦无老死尽。

庚三、无四谛

【原文】

无苦、集、灭、道。

【释义】

此明空中无四谛。然此四谛为生灭法，依前经云："是诸法空相，不生不灭。"故空无生灭，则无四谛也。龙树造、后秦鸠摩罗什译《中论》卷四《观四谛品》："若一切皆空，无生亦无灭，如是则无有，四圣谛之法。以无四谛故，见苦与断集，证灭及修道，如是事皆无。"青目释："若一切世间皆空无所有者，即应无生无灭；以无生无灭故，则无四圣谛。何以故？从集谛生苦谛，集谛是因，苦谛是果。灭苦集谛，名为灭谛。能至灭谛，名为道谛。道谛是因，灭谛是果。如是四谛有因有果，若无生无灭则无四谛。四谛无故，则无见苦、断集、证灭、修道。"

【集解】

窥基曰：

胜空者言：前无独觉近观，此无声闻近观。故契经言："为求声闻者，说应四谛法。"①又说："四谛唯有假名，自性空故。"②然上兼下，此亦余境。于缘起中，亦修谛观，故缘起后方说谛无。如应者言：《胜鬘经》说："安立四圣谛，非安立四圣谛。如是八圣谛，非二乘所知。"③分段生

---

① 案后秦鸠摩罗什译《妙法莲华经》卷一《序品》："为求声闻者，说应四谛法，度生、老、病、死，究竟涅槃。"

② 案唐玄奘《大般若波罗蜜多经》卷四九七《第三分善现品》："舍利子。如苦、集、灭、道圣谛名，唯客所摄。所以者何？苦圣谛等非名，名非苦圣谛等；苦圣谛等中无名，名中无苦圣谛等。非合非散，但假施设。何以故？以苦圣谛等与名，俱自性空故。自性空中，若苦圣谛等、若名，俱无所有，都不可得。诸菩萨摩诃萨名亦复如是，唯客所摄。由斯故说，诸菩萨摩诃萨但有假名，都无自性。"

③ 案南朝宋《胜鬘师子吼一乘大方便方广经》《法身章》第八："何等为说二圣谛义？谓说作圣谛义、说无作圣谛义。说作圣谛义者，是说有量四圣谛。何以故？非因他能知一切苦，断一切集，证一切灭，修一切道。是故世尊有有为生

死名苦，烦恼及有漏业名集，择灭名灭，生空智品名道。粗显施设，浅智所知，名安立谛。变易生死名"苦"，所知障及无漏有分别业名"集"，自性清净无住涅槃名"灭"，法空智品名"道"。微隐难知，非粗浅境，名非安立谛。总合说者，有漏逼迫皆"苦"，招感后有名"集"，故无记法皆非集谛，此即略说生死果因；四种涅槃名"灭"，无漏有为为证灭路名"道"，此即略说出世果因。如疗病者，知病、病因、病除、除法，观生死苦、苦因、苦灭、灭法亦然。唯圣知实，名为圣谛。或随观察二空真如，不作别观，名非安立远观。四谛各有四行，谓无常、苦、空、无我，因、集、生、缘，灭、静、妙、离，道、如、行、出。由苦谛行，能除四倒，故有通局。为入真门，近加行观，不唯观苦，观非安立方入真故。于非苦等中，佛说为苦等，声闻等不了，如言起著。今破彼执，故说为无。依他定非苦、集等相，真理何由有彼差别？由此并无。故第五地虽作此观，尚执有实染净粗相，第六地中方除染净障。染者有漏，即此所无苦、集二谛；净者无漏，既此所无灭、道二谛。

圆测曰：

如何说此四谛门者，如《法华经》："为求声闻，说应四谛。"[1]今此经中，为显法空，遣四谛法。四是标数，谛有二义。如《瑜伽论》："一、

（续）————————

死、无为生死；涅槃亦如是，有余及无余。说无作圣谛义者，说无量四圣谛义。何以故？能以自力知一切受苦，断一切受集，证一切受灭，修一切受灭道。如是八圣谛，如来说四圣谛。如是四无作圣谛义，唯如来应等正觉事究竟，非阿罗汉辟支佛事究竟。"唐窥基《妙法莲华经玄赞》卷七末《化城喻品》："《胜鬘》依此说有八谛，谓：有作四圣谛、无作四圣谛。如是八谛，非二乘所知。即新翻经云'安立谛、非安立谛'。"

[1]　案后秦鸠摩罗什译《妙法莲华经》卷六《常不轻菩萨品》："为求声闻者，说应四谛法，度生、老、病、死，究竟涅槃。"

如所说相不相离义，二、由离此故致究竟意处。"①是带数释，准前可知。

谛别不同，乃至四种：一、苦，二、集，三、灭，四、道。三苦所成，名之为"苦"；能招后果，故名为"集"；集、苦尽故，名之为"灭"；能除能通，故名为"道"。苦谛即是有漏五蕴，能感惑业以为集谛，择灭无为为灭谛体，道谛即道无漏圣道。由烦恼障及所发业感分段生，彼所感果，名为苦谛；能感惑业，故名集谛；彼苦集尽，名为灭谛；生空观智，名为道谛。无漏业因无明为缘感变易生，所招异熟，以为苦谛；能感惑业，名为集谛；彼苦集尽，故名灭谛；法空观智，名为道谛。

靖迈曰：

所以此四通名谛者，审实不虚，是故名谛。言"苦谛"者，谓有情生及生所处，如是二种由业烦恼力所生故，业烦恼增上起故；如其次第，显前二种俱是苦性，故名苦谛。言"集谛"者，谓诸烦恼、增上所生诸业，俱说名集；由此二种而能集起生死苦故，故名集谛。言"灭谛"者，谓所缘真如境上有漏法灭，故言灭谛。名"道谛"者，谓诸无漏戒、定、慧等，知苦断集，证灭修道，运用无壅，故名道谛。若于此四执有定实名义、自性及以差别，名遍计所执。今达此四遍计所执一切皆空，故言无苦集灭道。

【异译】

罗什译本

无苦、集、灭、道。

---

① 案弥勒说、唐玄奘译《瑜伽师地论》卷五五《摄决择分》中《五识身相应地意地》："问：'谛义云何？'答：'如所说相不舍离义，由观此故到清净究竟义，是谛义。'"

法月译本

无苦、集、灭、道。

般若利言译本

无苦、集、灭、道。

智慧轮译本

无苦、集、灭、道。

法成译本

无苦、集、灭、道。

施护译本

无苦、集、灭、道。

庚四、无智无得

【原文】

无智亦无得。

【释义】

前已明诸法皆空、空无诸法之境，然此境乃为观自在菩萨于深般若中之所照见。故有人谓："诸法空无，然智当有；空诸法矣，所剩为得。"为破此执，而明无智实有；除空之外，别无一法可得。

【集解】

窥基曰：

胜空者言：上无声闻近观，此无菩萨近观。能证道名智，所证境名得。有能证智，可有所得；证智非有，所得亦空。如契经言："为求菩萨者，说应六波罗蜜多法。"①唯言无智、得，总合说故。若法非空，初有所行，后可有得；法既非有，初无所行，后何有得。故《大经》言："一切智空，乃至无上菩提亦空。"②如应者言：菩萨真观，唯非安立，故总说近亦无智、得。如有颂言："依识有所得，境无所得生；依境无所得，识无所得生。"③无分别智，证真如位，心境冥合，平等平等，能取、所取一切皆无。后得智中，离诸相缚，无虚妄执，亦离二取。复有颂言："由识有得性，亦成无所得。故知二有得，无得性平等。"④余位执种犹未断，故观不分明，谓有二取。破实能取，故说"无智"；破实所取，复言"无得"。又于二法，俱遮二取，别遮二取，说为"无得"；能所得故，遮有妙用，故言"无智"。

圆测曰：

今此经中，为显法空，遣智断门。然即智断，自有两释：一曰：在因名智，即是般若；果位名得，即是菩提。一曰：菩提名智，涅槃名得。

---

① 案后秦鸠摩罗什译《妙法莲华经》卷一《序品》："为诸菩萨说应六波罗蜜，令得阿耨多罗三藐三菩提，成一切种智。"

② 案唐玄奘译《大般若波罗蜜多经》卷四六二《第二分巧便品》："应观一切智，由一切智空；应观道相智、一切相智，由道相智、一切相智空。应观预流果，由预流果空；应观一来、不还、阿罗汉果、独觉、菩提，由一来、不还、阿罗汉果、独觉、菩提空。应观一切菩萨摩诃萨，行由一切菩萨摩诃萨行空。应观诸佛无上正等菩提，由诸佛无上正等菩提空。"

③ 案世亲造、唐玄奘译《辩中边论》卷上《辩相品》："依识有所得，境无所得生；依境无所得，识无所得生。论曰：依止唯识有所得故，先有于境无所得生；复依于境无所得故，后有于识无所得生。由是方便，得入所取、能取无相。"

④ 案世亲造、唐玄奘译《辩中边论》卷上《辩相品》："由识有得性，亦成无所得。故知二有得，无得性平等。论曰：唯识生时，现似种种虚妄境故，名有所得。以所得境无实性故，能得实性亦不得成。由能得识无所得故，所取、能取二有所得，平等俱成无所得性。"

虽有两释，后说为胜。诸部般若，皆遣菩提及涅槃，故菩提、涅槃后当分别。

靖迈曰：

言"无智"者，谓能观智空；言"无得"者，谓所空境空。初言"无智"者，谓能观蕴、处等般若，本离名言及以性相，若执般若以为定实，此亦即是遍计所执。今遣此定性之智为空，故言无智。言"无得"者，谓蕴、处等遍计所执本来自空，非由菩萨强观使空，然后证得蕴、处等空，故言无得。故《大品经》曰："菩萨行般若时，行亦不受，不行亦不受，非行非不行亦不受，不受亦不受。"①以般若自性不可得故，又以一法性无所有，不随诸法行，不受诸法相故。又上来为破于蕴、处等起定实遍计所执，故借空以遣之；恐人即以空为究竟所证得境，故今遣之，明此空者亦复非是所证得境。故《中观论》曰："大圣说空法，为离诸见故。若复见于空，诸佛所不化。"②何以故？本为有病，借空以除；有病既除，空亦自止；如雹摧草，草死雹消。若其不然，舍有取无，譬犹逃峰趣壑，俱不免于患，如何可自止。

---

① 案后秦鸠摩罗什译《摩诃般若波罗蜜经》卷三《相行品》："如是。舍利弗。当知是菩萨摩诃萨行般若波罗蜜有方便，是菩萨摩诃萨如是行般若波罗蜜，能得阿耨多罗三藐三菩提。是菩萨摩诃萨行般若波罗蜜时，行亦不受，不行亦不受，行不行亦不受，非行非不行亦不受，不受亦不受。"

② 案龙树造、后秦鸠摩罗什译《中论》卷二《观行品》："大圣说空法，为离诸见故，若复见有空，诸佛所不化。"青目释："大圣为破六十二诸见，及无明、爱等诸烦恼，故说空。若人于空复生见者，是人不可化。譬如有病，须服药可治；若药复为病，则不可治。如火从薪出，以水可灭，若从水生，为用何灭？如空是水，能灭诸烦恼火。有人罪重，贪著心深，智慧钝故，于空生见，或谓有空、或谓无空，因有、无还起烦恼。若以空化此人者，则言我久知是空，若离是空，则无涅槃道。如经说：'离空、无相、无作门，得解脱者。'"

【异译】

罗什译本

无智亦无得。

法月译本

无智亦无得。

般若利言译本

无智亦无得。

智慧轮译本

无智证无得。

法成译本

无智、无得、亦无不得。

施护译本

无智、无所得、亦无无得。

戊三、果

【原文】

以无所得故，菩提萨埵依般若波罗蜜多故。

【释义】

"无所得"者，乃不执有、无所得，而得平等之性也。唐玄奘译《大般若波罗蜜多经》卷四六二《第二分巧便品》："佛言：'善现。非有所得故无所得，非无所得故无所得。然有所得、无所得平等性，名无所得。如是。善现。诸菩萨摩诃萨于有所得、无所得平等性，应勤修学。善现。诸菩萨摩诃萨如是学时，名学般若波罗蜜多无所得者。'尔时，具寿善现白佛言：'世尊。若菩萨摩诃萨行深般若波罗蜜多时，不著有所得、不著无所得是菩萨摩诃萨。云何修行甚深般若波罗蜜多，能从一地至一地渐次圆满？若无从一地至一地渐次圆满，云何能得一切智智？'佛言：'善现。诸菩萨摩诃萨行深般若波罗蜜多时，非住有所得行深般若波罗蜜多，能从一地至一地渐次圆满得一切智智；非住无所得行深般若波罗蜜多，能从一地至一地渐次圆满得一切智智。所以者何？善现。甚深般若波罗蜜多无所得，一切智智亦无所得，行深般若波罗蜜多者亦无所得。'"

此明菩萨所证之果。依深般若之行，见诸法空之境，而证菩萨之果。又"以无所得"之前诸境，皆为菩萨依般若波罗蜜多而所照见。

【集解】

窥基曰：

胜空者言：前说"是故空中无色"等者，虽结成上"色不异空"、"无生灭"等，而未释色等无之所由。今显空中无法，所以若色等中体少是有，应依胜义有少所得。既都"无得"，故本皆空。如《大经》言："自性空故，一切皆空。"①如应者言：《辩中边》言："菩萨正修十善巧观：一、蕴，二、处，三、界，四、缘起，五、处非处，六、根，七、世，八、谛，九、乘，十、有为无为。"②由舍利子渐悟大乘故，此俱无三乘

---

① 案唐玄奘译《大般若波罗蜜多经》卷五四九《第四分真如品》："以一切法自性皆空，若为永断如是法故说如是法，此法亦空。由此义故，于佛无上正等菩提，若能证者、若所证法，若能知者、若所知法，一切皆空。"

② 案世亲造、唐玄奘译《辩中边论》卷中《辩真实品》："十善巧者：一、蕴善巧，二、界善巧，三、处善巧，四、缘起善巧，五、处非处善巧，六、根善巧，七、世善巧，八、谛善巧，九、乘善巧，十、有为无为法善巧。"

通、别、近、远、加行、根本六种。二真观位，证法事理，所执六相，都
无所有。依他、圆成非定六相，故以无得通释上无。如《大经》言："色
等诸法无所得，故甚深般若亦无所得。"①

圆测曰：

"以无所得故"者，辨空离相。理实空性，离六门法，举后显前，但
言无得。"菩提"名觉，"萨埵"即是所化有情。上求菩提，下化有情，发
此智悲，故名菩萨。

【异译】

罗什译本

以无所得故，菩萨依般若波罗蜜故。

法月译本

以无所得故，菩提萨埵依般若波罗蜜多故。

般若利言译本

以无所得故，菩提萨埵依般若波罗蜜多故。

智慧轮译本

以无所得故，菩提萨埵依般若波罗蜜多住。

法成译本

是故舍利子。以无所得故，诸菩萨众依止般若波罗蜜多。

施护译本

舍利子。由是无得故，菩萨摩诃萨依般若波罗蜜多相应行故。

---

① 案唐玄奘译《大般若波罗蜜多经》卷四四一《第二分不和合品》："如是
般若波罗蜜多甚深法中，色无所有不可得。"乃至广说。

丁二、涅槃佛果 三

戊一、行

【原文】

心无挂碍；

【释义】

此明诸佛所修之行。前已说菩萨依般若波罗蜜之行、境、果，今明诸佛依般若波罗蜜之行、境、果。诸佛之行、境、果，必含摄前菩萨之行、境、果，而又别有深入也。

【集解】

窥基曰：

"挂"谓烦恼障，不得涅槃故；"碍"谓所知障，不得菩提故。或挂即碍，俱通二障。

圆测曰：

心有二种，所谓性相、挂碍，即是惑、智二障。发意菩萨，依彼观智，令慧俱心，证空断障。非诸执有异生、二乘，内证二空，断其二障。

靖迈曰：

"无有挂碍"者，即空解脱门。谓达诸法自、他俱空，则能观之智不为有性之所挂碍也。

【异译】

罗什译本

心无挂碍；

故，最上成满菩萨住，一切烦恼习气随眠，及所知障在骨粗重皆悉永断，入如来住，名为远离颠倒梦想。即是二障三住所断，由斯佛位究竟涅槃。

圆测曰：

怖畏，即是五种怖畏。如《佛地论》第二卷说："五怖畏者：一、不活畏，二、恶名畏，三、死畏，四、恶趣畏，五、怯众畏。如是五畏，证得清净意乐地时，皆已远离。"[①]"颠倒"，即是三、四、七、八。三者，谓即想、见及心；四者，所谓无常为常、于苦为乐、不净为净、无我为我；七倒，不异前三四倒；八倒，谓即于前四倒更加四种，理实佛果常、乐、我、净，执为无常、无我、不净、翻乐为苦。"梦想"，即八妄想，其想如梦，故名梦想。

靖迈曰：

言"无挂碍故，无有恐怖"者，此明无相解脱门。由证诸法自、他俱空故，则知诸法无相。所以然者，若不知诸法无相，外为相碍，内多恐怖；若证诸法无相，外不为相碍，内则无有恐怖也。"远离颠倒梦想"者，明无愿解脱门。由证法无性，外不为相碍，内无恐怖故。达知诸法，但是颠倒，犹如梦想，虚妄不实，所以远离不起愿求也。"无有挂碍"，明得法空，由达法无性故，智无滞碍。"无有恐怖"，明得人空，由不计我故，内无恐怖。"远离颠倒"者，重牒人空；"远离梦想"者，重牒法空。由于二空，通达无累，故能究竟证涅槃矣。

---

① 案出亲光等造、唐玄奘译《佛地经论》卷二。又唐玄奘译《佛说佛地经》："复有无量菩萨摩诃萨，从诸佛土俱来集会，皆住大乘，游大乘法。于诸众生其心平等，离诸分别及不分别种种分别，摧诸魔怨，远离一切声闻、独觉系念分别。广大法味，喜乐所持，超五怖畏，一向趣入不退转位，息诸众生一切苦恼、所逼迫地而现在前。"

罗什译本

无挂碍故，无有恐怖，离一切颠倒梦想苦恼；

法月译本

无挂碍故，无有恐怖，远离颠倒梦想；

般若利言译本

无挂碍故，无有恐怖，远离颠倒梦想；

智慧轮译本

心无障碍故，无有恐怖，远离颠倒梦想；

法成译本

无有恐怖，超过颠倒；

施护译本

以无著无碍故，无有恐怖，远离一切颠倒妄想；

戊三、果

【原文】

究竟涅槃，三世诸佛依般若波罗蜜多故，得阿耨多罗三藐三菩提。

【释义】

此明诸佛所证之果。三世诸佛依心无挂碍之行，达无恐怖、离颠倒梦想之境，而证究竟涅槃、无上正觉之果。又究竟涅槃、无上正等正觉之菩提道果，皆为三世诸佛依般若波罗蜜多而所证得。

至此，观自在菩萨"显说"般若无上之法已毕。

【集解】

窥基曰：

即是二障三住所断，由斯佛位"究竟涅槃"。梵云"涅槃"，唐言圆寂，即体周遍，性湛然义。虽真如性，无二无别，依缘尽证，说有四种：一、自性清净涅槃，谓一切法实相真如；二、无住处涅槃，谓大悲慧常所辅翼，出所知障清净真如；三、有余依涅槃，谓集谛尽所显真如；四、无余依涅槃，谓苦谛尽所显真如。有处依初，说诸凡圣，平等共有，一切有情无生灭等，本来涅槃；有依第二，说诸菩萨住无所住，及声闻等不得涅槃；有依后二，说三乘者同得解脱。此中总说，由诸菩萨依般若故，悟三无性，及因我、法二空所显一切空故，其心不为二障所碍、五怖所恐、七倒所缠、梦想所惑，便能究竟契证涅槃。"三世"者，去、来、今。"诸佛"者，非一故，梵言佛陀，此略云佛，有慧之主，唐言觉者。"得"谓获证。"阿"云无，"耨多罗"云上，"三"云正，"藐"云等，"三"又云正，"菩提"云觉，"末伽"名道，此不名也。无法可过，故名无上；理事遍知，故名正等；离妄照真，复云正觉；即是无上正等正觉。

圆测曰：

旧日梵音，名为"涅槃"，或云泥洹，此土翻译名为寂灭。大唐三藏曰："波利匿缚喃，此云圆寂。"[①]究竟离障，生死喧动，故曰圆寂；谓

①　案唐窥基《成唯识论述记》卷一本："言解脱者，体即圆寂，西域梵音云波利匿缚喃。波利者，圆也；匿缚喃，言寂，即是圆满体寂灭义。旧云涅槃，音讹略也；今或顺古，亦云涅槃。"

欲存旧，名为涅槃。今三藏曰："四种涅槃，用如为体。"①故《成唯识》第十卷曰："四种涅槃，皆依真如离障建立。"②而《涅槃》说："法身、般若、解脱三事，成涅槃者。"③数分别者，略即二种，广开为四。所言二者：一者、性净，二者、方便净。开为四者，自性清净、有余、无余及无住处。如《成唯识》第十卷说："涅槃义别，略有四种：一、本来自性清净涅槃，虽有客染，而本性净，具无数量微妙功德；唯真圣者，自内所证，其性本寂，故名涅槃。二、有余依涅槃，谓即真如出烦恼障，虽有微苦，所依未灭，而障永寂，故名涅槃。三、无余涅槃，谓即真如出生死苦，烦恼既尽，余依亦灭，众苦永寂，故名涅槃。四、无住处涅槃，谓即真如出所知障，大悲般若常所辅翼，由斯不住生死涅槃，利乐有情，穷未来际，用而常寂，故名涅槃。一切有情皆有初一，二乘无学容有前三，唯我世尊可言具四。"④"三世"，即是过、现、未来，有为法也。如其次第，曾有、现

―――――――――――

① 案护法等造、唐玄奘译《成唯识论》卷一〇："涅槃义别，略有四种：一、本来自性清净涅槃，谓一切法相真如理。虽有客染，而本性净，具无数量微妙功德，无生无灭，湛若虚空，一切有情平等共有，与一切法不一不异，离一切相、一切分别，寻思路绝，名言道断，唯真圣者自内所证，其性本寂，故名涅槃。二、有余依涅槃，谓即真如出烦恼障。虽有微苦，所依未灭，而障永寂，故名涅槃。三、无余依涅槃，谓即真如出生死苦。烦恼既尽，余依亦灭，众苦永寂，故名涅槃。四、无住处涅槃，谓即真如出所知障。大悲般若，常所辅翼，由斯不住生死涅槃，利乐有情，穷未来际，用而常寂，故名涅槃。"

② 案护法等造、唐玄奘译《成唯识论》卷一〇："此虽本来自性清净，而由客障覆，令不显现。圣道生断彼障，故令其相显，名得涅槃。此依真如离障施设，故体即是清净法界。"

③ 案北凉昙无谶译《大般涅槃经》卷二《寿命品》："解脱之法亦非涅槃，如来之身亦非涅槃，摩诃般若亦非涅槃，三法各异亦非涅槃。我今安住如是三法，为众生故，名入涅槃。"

④ 案护法等造、唐玄奘译《成唯识论》卷一〇："涅槃义别略有四种：一、本来自性清净涅槃，谓一切法相真如理，虽有客染而本性净，具无数量微妙功

有及以当有，以为三世。又说如次，当不有法，正现有法，曾不有法，以为三世。然此三世，有其三种：一、种子三世，二、道理三世，三、唯识三世。①如此三世，诸宗同异，具如诸论，如理应思。梵音佛陀，此翻觉者，具有五义，故名为佛。如《佛地论》："言五义者：一、具二智，一切智、一切种智；二、离二障，烦恼、所知；三、达二相，一切法、一切种法；四、具二利，自利、利他；五、具二譬，如睡梦觉、如莲华开。具此五义，故名为佛。"②"菩提"，梵音如上，而翻此言，诸说不同。一曰："阿"之言无，"耨多罗"云上，"三"名正，"藐"言真，后"三"名正，"菩提"曰道，总言"无上正真正正道"。一曰："阿"之言无，"耨多罗"曰上，"三"名正，"藐"言遍，"三"云知，"菩提"名觉。如理智，缘真如名正；如量智，缘俗言遍；无分别智，断二无知名知；菩提出睡梦之表称觉。此四智是菩提体，超二乘果，故名无上。今大唐三藏曰："'阿'之言无，'耨多罗'名上，'三'名正，'藐'名等，'三'又言正，'菩提'云觉。"无法可过，故言无上；理事遍知，故云正等；离妄照真，复云正

（续）————————————

德，无生无灭，湛若虚空，一切有情平等共有，与一切法不一不异，离一切相、一切分别，寻思路绝，名言道断，唯真圣者自内所证，其性本寂，故名涅槃。二、有余依涅槃，谓即真如出烦恼障，虽有微苦，所依未灭，而障永寂，故名涅槃。三、无余依涅槃，谓即真如出生死苦，烦恼既尽，余依亦灭，众苦永寂，故名涅槃。四、无住处涅槃，谓即真如出所知障，大悲般若常所辅翼，由斯不住生死涅槃，利乐有情，穷未来际，用而常寂，故名涅槃。一切有情皆有初一，二乘无学容有前三，唯我世尊可言具四。"

① 案诸论不见有"种子三世"。又唐窥基《瑜伽师地论略纂》卷二："世中有三：一、道理三世，二、唯识三世，三、神通三世。"卷一三："有三种三世：一、神通三世，二、唯识三世，三、法相三世。"

② 案亲光等造、唐玄奘译《佛地经论》卷一："具一切智、一切种智；离烦恼障及所知障；于一切法、一切种相，能自开觉，亦能开觉一切有情；如睡梦觉，如莲花开，故名为佛。"

觉，即是无上正等正觉。

靖迈曰：

"究竟涅槃"者，正明解脱果。上空、无相愿，但是所入解脱之门；由此门故，便能趋入究竟涅槃解脱之处也。"菩提"之言，此翻为觉；旧言道者，谬也。但觉通三乘，二乘觉有上，故以"阿耨多罗"言简之。"阿"此言无，"耨多罗"言上，"三藐"言正，"三"言等，"菩提"言觉，谓无上正等觉也。

【异译】

罗什译本

究竟涅槃，三世诸佛依般若波罗蜜故，得阿耨多罗三藐三菩提。

法月译本

究竟涅槃，三世诸佛依般若波罗蜜多故，得阿耨多罗三藐三菩提。

般若利言译本

究竟涅槃，三世诸佛依般若波罗蜜多故，得阿耨多罗三藐三菩提。

智慧轮译本

究竟寂然，三世诸佛依般若波罗蜜多故，得阿耨多罗三藐三菩提，现成正觉。

法成译本

究竟涅槃，三世一切诸佛亦皆依般若波罗蜜多故，证得无上正等菩提。

施护译本

究竟圆寂，所有三世诸佛依此般若波罗蜜多故，得阿耨多罗三藐三菩提。

不息。"①

圆测曰：

所言"咒"者，咒术之名。"明"即妙慧，证空断障。言要妙术，故以咒言，叹其胜用。神用莫测，名"大神咒"。遣暗除痴，称"大明咒"。超过二乘，故云"无上"。越彼菩萨，佛慧均平，是故重言名"无等等"。

靖迈曰：

由依般若，能治二执，能证二果故。夫为咒者，以灭恶生善故，能销四魔怨敌，故言是"大神咒"。能破二种痴障，故言是"大明咒"。此二叹能灭恶，一切善中无有过失，故言是"无上咒"。佛为众圣中尊，名为"无等"；从般若生，故般若名"无等等"。是故经云："诸佛所师，所谓法也。以法常故，诸佛亦常。"此二叹能生善，二能除下，释成叹意。谓能除诸苦，证二真实，此事不虚，故叹为"神咒"等。

【异译】

罗什译本

故知般若波罗蜜，是大明咒、无上明咒、无等等明咒。

---

① 案世亲造、唐玄奘译《辩中边论》卷下《辩无上乘品》："颂曰：谓书写、供养、施他、听、披读、受持、正开演、讽诵及思、修。论曰：于此大乘有十法行：一、书写，二、供养，三、施他，四、若他诵读专心谛听，五、自披读，六、受持，七、正为他开演文义，八、讽诵，九、思惟，十、修习行。十法行，获几所福？颂曰：行十法行者，获福聚无量。论曰：修行如是十种法行，所获福聚其量无边。何故但于大乘经等，说修法行获最大果，于声闻乘不如是说？颂曰：胜故无尽故，由摄他不息。论曰：于此大乘修诸法行，由二缘故获最大果：一、最胜故，二、无尽故。由能摄益他诸有情，是故大乘说为最胜。由虽证得无余涅槃，利益他事而恒不息，是故大乘说为无尽。"

法月译本

故知般若波罗蜜多，是大神咒、是大明咒、是无上咒、是无等等咒。

般若利言译本

故知般若波罗蜜多，是大神咒、是大明咒、是无上咒、是无等等咒。

智慧轮译本

故知般若波罗蜜多，是大真言、是大明真言、是无上真言、是无等等真言。

法成译本

舍利子。是故当知般若波罗蜜多大密咒者，是大明咒、是无上咒、是无等等咒。

施护译本

是故应知般若波罗蜜多，是广大明、是无上明、是无等等明。

丁二、显咒用

【原文】

能除一切苦，真实不虚，故说般若波罗蜜多咒。

【释义】

前标咒名，今明咒用。"显说"于开篇云"度一切苦厄"，乃谓菩萨依般若度苦；"密说"于结尾云"能除一切苦"，乃谓诸佛依般若除苦。"显说"所述"诸法空相"，即一切诸法之"实相"。实相者，真实不虚之相也。依般若证入诸法实相，则能尽除一切生死之苦。般若波罗蜜多有如此无上神力，故称之为咒。

【集解】

窥基曰：

信学证说，皆除众苦。故《大经》言："能于此经行十法行，一切障盖皆不能染。"① "虽造一切极重恶业，而能超越一切恶趣。"② "假杀三界一切众生，终不由斯堕于地狱、傍生、鬼界。"③ "设住一切烦恼丛中，而犹莲花终不为染。"④ "常与一切胜事和合，于法、有情得无碍智。"⑤ "能善

---

① 案唐玄奘译《大般若波罗蜜多经》卷五七八《第十般若理趣分》："佛说如是菩萨句义般若理趣清净法已，告金刚手菩萨等言：'若有得闻此一切法甚深微妙般若理趣清净法门，深信受者，乃至当坐妙菩提座，一切障盖皆不能染。谓烦恼障、业障、报障，虽多积集而不能染。虽造种种极重恶业，而易消灭不堕恶趣。若能受持，日日读诵，精勤无间，如理思惟。彼于此生，定得一切法平等性金刚等持，于一切法皆得自在，恒受一切胜妙喜乐，当经十六大菩萨生，定得如来执金刚性，疾证无上正等菩提。'"

② 案唐玄奘译《大般若波罗蜜多经》卷五七八《第十般若理趣分》："佛说如是寂静法性般若理趣现等觉已，告金刚手菩萨等言：'若有得闻如是四种般若理趣现等觉门，信解、受持、读诵、修习，乃至当坐妙菩提座，虽造一切极重恶业，而能超越一切恶趣，疾证无上正等菩提。'"

③ 案唐玄奘译《大般若波罗蜜多经》卷五七八《第十般若理趣分》："佛说如是调伏众恶般若理趣普胜法已，告金刚手菩萨等言：'若有得闻如是般若波罗蜜多甚深理趣，信解、受持、读诵、修习，假使杀害三界所摄一切有情，而不由斯复堕于地狱、傍生、鬼界。以能调伏一切烦恼及随烦恼、恶业等故，常生善趣，受胜妙乐；修诸菩萨摩诃萨行，疾证无上正等菩提。'"

④ 案唐玄奘译《大般若波罗蜜多经》卷五七八《第十般若理趣分》："佛说如是平等智印般若理趣清净法已，告金刚手菩萨等言：'若有得闻如是般若波罗蜜多清净理趣，信解、受持、读诵、修习，虽住一切贪、嗔、痴等客尘烦恼垢秽聚中，而犹莲华不为一切客尘垢秽过失所染，常能修习菩萨胜行，疾证无上正等菩提。'"

⑤ 案唐玄奘译《大般若波罗蜜多经》卷五七八《第十般若理趣分》："佛说如是如来智印般若理趣金刚法已，告金刚手菩萨等言：'若有得闻如是智印甚深理趣金刚法门，信解、受持、读诵、修习，一切事业皆能成办，常与一切胜事和合，所欲修行一切胜智、诸胜福业皆速圆满，当获最胜净身、语、心，犹若金刚不可破坏，疾证无上正等菩提。'"

悟入诸平等性。"①"自他忿等皆能调伏，现世怨敌咸起慈心。"②"常见诸佛得宿住智。"③"所闻正法总持不忘。"④"诸胜喜乐恒现在前。"⑤"常勤精进修诸善法，恶魔外道不能稽留；四天王等常随拥卫，终不横死枉遭衰患；诸佛菩萨恒共护持，令一切时善增恶减；于诸佛土随愿往生，乃至菩提不堕恶趣。"⑥"速能满足诸菩萨行，疾证无上正等菩提。"⑦"随心所愿无不成办。"⑧所以王城四众才诵念而魔伏，天宫千眼始受持而怨溃。况复深衷恳

① 案唐玄奘译《大般若波罗蜜多经》卷五七八《第十般若理趣分》："佛说如是入广大轮般若理趣平等性已，告金刚手菩萨等言：'若有得闻如是轮性甚深理趣平等性门，信解、受持、读诵、修习，能善悟入诸平等性，疾证无上正等菩提。'"

② 案唐玄奘译《大般若波罗蜜多经》卷五七八《第十般若理趣分》："佛说如是能善调伏甚深理趣智藏法已，告金刚手菩萨等言：'若有得闻如是调伏般若理趣智藏法门，信解、受持、读诵、修习，能自调伏忿恚等过，亦能调伏一切有情，常生善趣受诸妙乐，现世怨敌皆起慈心，能善修行诸菩萨行，疾证无上正等菩提。'"

③ 案唐玄奘译《大般若波罗蜜多经》卷五七八《第十般若理趣分》："如是神咒是诸佛母，能诵持者一切罪灭，常见诸佛得宿住智，疾证无上正等菩提。"

④ 案唐玄奘译《大般若波罗蜜多经》卷五七八《第十般若理趣分》："如是神咒具大威力，能受持者业障消除，所闻正法总持不忘，疾证无上正等菩提。"

⑤ 案唐玄奘译《大般若波罗蜜多经》卷五七八《第十般若理趣分》："尔时，世尊说是咒已，告金刚手菩萨等言：'若诸有情，于每日旦，至心听诵如是般若波罗蜜多甚深理趣最胜法门无间断者，诸恶业障皆得消灭，诸胜喜乐常现在前。'"

⑥ 案唐玄奘译《大般若波罗蜜多经》卷五七八《第十般若理趣分》："若有情类受持此经，多俱胝劫得宿住智，常勤精进修诸善法，恶魔外道不能稽留。四大天王及余天众，常随拥卫，未曾暂舍，终不横死，枉遭衰患。诸佛、菩萨常共护持，令一切时善增恶灭，于诸佛土随愿往生，乃至菩提不堕恶趣。"

⑦ 案唐玄奘译《大般若波罗蜜多经》卷五七八《第十般若理趣分》："佛说如是真净供养甚深理趣无上法已，告金刚手菩萨等言：'若有得闻如是供养般若理趣无上法门，信解、受持、读诵、修习，速能圆满诸菩萨行，疾证无上正等菩提。'"

⑧ 案唐玄奘译《大般若波罗蜜多经》卷五七八《第十般若理趣分》："如

己，因植果圆，不拔五趣以为师，跨十方而为主，未之有也。除疑劝信，重说此言。何有弃大宝轮王之位，处寂林而落饰，称慈父法王之尊，践众道而提誉，对诸龙象导彼天人，诳诱群生诚为未可。所以经言："如来是真语者，乃至不异语者。"①故应信奉，勿起惊疑。

圆测曰：

依此妙慧，令诸有情越生死苦，证涅槃乐。舒舌发际，尚表诚言；况覆三千，而语有谬？故经说曰："是真语者。"②

靖迈曰：

正由具前，灭恶生善四义，故说般若名之为咒。

【异译】

罗什译本

能除一切苦，真实不虚，故说般若波罗蜜咒。

法月译本

能除一切苦，真实不虚，故说般若波罗蜜多咒。

般若利言译本

能除一切苦，真实不虚，故说般若波罗蜜多咒。

智慧轮译本

能除一切苦，真实不虚，故说般若波罗蜜多真言。

（续）————————
是神咒，三世诸佛皆共宣说，同所护念。能受持者，一切障灭，随心所欲无不成办，疾证无上正等菩提。"
　① 案后秦鸠摩罗什译《金刚般若波罗蜜经》："如来是真语者、实语者、如语者、不诳语者、不异语者。"
　② 案北魏菩提流支译《金刚般若波罗蜜经》："如来是真语者、实语者、如语者、不异语者。"

法成译本

能除一切诸苦之咒，真实无倒，故知般若波罗蜜多是秘密咒。

施护译本

而能息除一切苦恼，是即真实无虚妄法，诸修学者当如是学。

丁三、说咒体

【原文】

即说咒曰：揭帝揭帝，般罗揭帝，般罗僧揭帝，菩提僧莎诃。

【释义】

前已明咒名、咒用，今于全经结尾当示咒体。《梵本般若波罗蜜多心经》："怛你也他，诶谛谛谛，播啰诶谛，播啰僧诶谛，冒地娑嚩贺。"怛你也他，即施护译本之"怛𪫟他"，梵 tadyathā，意译为曰。施护译本前已译"曰"，后又留"怛𪫟他"之音译混入咒文，乃不审之误也。又智慧轮、施护译本于咒前有"唵"字，查《房山石经》"感"字号所收唐不空译《梵本般若波罗蜜多心经》亦有"唵"字。唐善无畏译《大日经》卷七《持诵法则品》："真言之初以'唵'字，后加'莎诃'寂灾用。"《日本大藏经》所收《梵汉般若心经异本集》之《般若心经梵本》，其注云："度，度，彼岸度，彼岸竟度。"

此咒梵本作 गते गते पारगत पारसंगते बोधि स्वाहा，转写作 gate gate pāragate pārasaṃgate bodhi svāhā。揭谛，梵 gate，意译为度。般罗，梵 pāra，意译为彼岸；般罗揭谛，梵 pāragate，意译为度彼岸。僧，梵 saṃ，意译为究

竟；般罗僧揭帝，梵 pārasaṃgate，意译为究竟度彼岸。菩提，梵 bodhi，意译为觉。僧莎诃，梵 svāhā，咒语通常结尾之句，有圆满成就之义。故将诸语连缀而言，此"般若波罗蜜多咒"大义为：度，度，度彼岸，究竟度彼岸，菩提圆满成就。

【集解】

窥基曰：

虽劝信学，欲令神用速备，更说咒持。佛以大劫慧悲，难修誓行，加略文字，意趣深远，教理幽广，不易详赞。

圆测曰：

然释此颂，诸说不同。一曰：此颂不可翻译，古来相传，此咒乃是西域正音秘密辞句，翻即失验，故存梵语。又解咒中说诸圣名，或说鬼神，或说诸法甚深奥义，言含多义，此方无言正当彼语，故存梵音，如薄伽梵。一曰：诸咒密可翻译，如言南无佛陀耶等。释此颂句判之为三：初"揭谛揭谛"此云度度，颂前长行般若二字，此显般若有大功能，自度度他，故云度度。次"波罗"等句，即颂长行波罗蜜多，此云彼岸到，是即涅槃名彼岸也。揭谛言度，度到何处？谓即彼岸，是度之处，故云"波罗揭谛"。言"波罗"者，翻名如上。"僧揭谛"者，此云到竟。言"菩提"者，是彼岸体；后"莎婆呵"，此云速疾。谓由妙慧，有胜功用，即能速疾到菩提岸。又解颂中有其四句，分为二节：初之二句，约法叹胜；后有二句，就人叹胜。就约法中，先因后果，重言"揭谛"，此云胜胜，因位般若，具自他利二种胜用，故云胜胜。"波罗揭谛"，言彼岸胜，由般若故得涅槃胜岸，故言彼岸胜。就叹人中，先因后果，"波罗僧揭谛"，此云彼岸僧胜，此叹因位一乘菩萨求彼岸人；"菩提莎婆呵"，此云觉究竟，此叹果位三身果人，觉法已满，名觉究竟。或可四句，叹三宝胜，初之二句，如次应知，叹行果法；第三四句，如次应知，叹僧及佛矣。

靖迈曰：

即名经为咒，非于经外别有咒也。其如《六门陀罗尼咒》，还摄前经以为六门耳[①]。既以经为咒，然诸经咒词所有文字，皆为诸佛、菩萨威神力加被，一一字句亦摄多义。若翻就此方言字，或增或减，于义有阙，诵无良验，为此不翻。或别告鬼神及诸天傍生，所有言音多非印度常词，是以不翻。诸经中咒，例悉不翻，皆为此耳。

【异译】

罗什译本

即说咒曰：竭帝竭帝，波罗竭帝，波罗僧竭帝，菩提僧莎呵。

法月译本

即说咒曰：揭谛揭谛，波罗揭谛，波罗僧揭谛，菩提莎婆诃。

般若利言译本

即说咒曰：蘖谛蘖谛，波罗蘖谛，波罗僧蘖谛，菩提娑婆诃。

智慧轮译本

即说真言：唵，诶帝诶帝，播啰诶帝，播啰散诶帝，冒地娑缚贺。

法成译本

即说"般若波罗蜜多咒"曰：峨帝峨帝，波啰峨帝，波啰僧峨帝，菩提莎诃。

---

① 案世亲造《六门陀罗尼经论》："当知此《陀罗尼经》以六义故说：一、慧圆满，二、慈力清净，三、自性清净，四、令知他所作障，五、摄一切菩提资粮，六、彼果正智及真如也。"

我今宣说"般若波罗蜜多大明"曰：怛㖿他，唵，誐帝誐帝，播啰誐帝，播啰僧誐帝，冒提莎贺。

丙三、作结

【异译】

般若利言译本

如是舍利弗、诸菩萨摩诃萨，于甚深般若波罗蜜多行，应如是行。如是说已。

智慧轮译本

如是舍利子、诸菩萨摩诃萨，于甚深般若波罗蜜多行，应如是学。

法成译本

舍利子、菩萨摩诃萨，应如是修学甚深般若波罗蜜多。

施护译本

舍利子。诸菩萨摩诃萨若能诵是般若波罗蜜多明句，是即修学甚深般若波罗蜜多。

【释义】

观自在菩萨"显、密"说法将毕，故总应舍利子之问，而作结劝诸声闻及大菩萨，当如是"显、密"修学甚深般若波罗蜜多之行。

乙二、世尊赞叹

【异译】

般若利言译本

即时，世尊从广大甚深三摩地起，赞观自在菩萨摩诃萨言："善哉！善哉！善男子。如是，如是。如汝所说，甚深般若波罗蜜多行应如是行。如是行时，一切如来皆悉随喜。"

智慧轮译本

尔时，世尊从三摩地安祥而起，赞观世音自在菩萨摩诃萨言："善哉！善哉！善男子。如是，如是。如汝所说，甚深般若波罗蜜多行应如是行。如是行时，一切如来悉皆随喜。"

法成译本

尔时，世尊从彼定起，告圣者观自在菩萨摩诃萨曰："善哉！善哉！善男子。如是，如是。如汝所说，彼当如是修学般若波罗蜜多，一切如来亦当随喜。"

施护译本

尔时，世尊从三摩地安详而起，赞观自在菩萨摩诃萨言："善哉！善哉！善男子。如汝所说，如是，如是。般若波罗蜜多当如是学，是即真实最上究竟，一切如来亦皆随喜。"

【释义】

观自在菩萨说经已毕，然其所说是否符合佛意、契入真理？为销此疑，释尊从初入广大甚深正定之中，安详而起，赞叹印可："若能依观自在菩萨所说，修甚深般若波罗蜜多之行，一切诸佛如来皆当随喜。"

甲三、流通分

【异译】

法月译本

佛说是经已，诸比丘及菩萨众、一切世间天人、阿修罗、乾闼婆等，闻佛所说，皆大欢喜，信受奉行。

般若利言译本

尔时，世尊说是语已，具寿舍利弗大喜充遍，观自在菩萨摩诃萨亦大欢喜。时彼众会天人、阿修罗、乾闼婆等，闻佛所说，皆大欢喜，信受奉行。

智慧轮译本

尔时，世尊如是说已，具寿舍利子、观世音自在菩萨，及彼众会一切世间天人、阿苏啰、驮等，闻佛所说，皆大欢喜，信受奉行。

法成译本

时，薄伽梵说是语已，具寿舍利子、圣者观自在菩萨摩诃萨，一切世间天人、阿苏罗、乾闼婆等，闻佛所说，皆大欢喜，信受奉行。

施护译本

佛说此经已，观自在菩萨摩诃萨并诸苾刍，乃至世间天人、阿修罗、乾闼婆等一切大众，闻佛所说，皆大欢喜，信受奉行。

【释义】

"天人"，指天界与人间之众生也。

"阿修罗"，梵 Asura，又音译作阿苏啰、阿苏罗，意译为非天，为八部众之一。与帝释天常相争斗，享天福而无天权，故类天而非天，故得此名。

"乾闼婆"，梵 Gandharva，又音译作馱，意译为寻香，为八部众之一。主帝释天之音乐，以香气为食，故得此名。

释尊说罢赞叹印可之语，与会大众闻佛所说，全都皆大欢喜，信受其教，奉持修行。

附

《心经释要》"五玄"述义

《心经释要》，明智旭所述。原无科节，然其释经间错，文自分五，以显五重玄义也。

甲一、释名　五

此释《般若波罗蜜多心经》八字经名，于内又开五重。

乙一、释般若　二

丙一、总标

此直指吾人现前一念介尔之心，即是三般若也。

此明本经约心直示之般若，乃三般若也。此释般若之名也。

"一念介尔之心"者，隋智颛《摩诃止观》卷五上："此三千在一念心，若无心而已，介尔有心即具三千。"唐湛然《摩诃止观辅行传弘决》卷五之三："言介尔者，谓刹那心，无间相续，未曾断绝。才一刹那，三千具足。又介尔者，介者弱也，谓细念也。"

丙二、别释　二

丁一、约心显示

夫心、佛、众生三无差别，但以生法太广，佛法太高，初心之人惟观心为易。是故大部六百余卷，既约佛法及众生法，广明般若；今但直约心法显示般若。

心、佛、众生，体性平等，故无差别。然众生广遍九界，诸佛正觉无上，初发心者惟以观心下手最易。故玄奘大师所译大小《般若》，因摄法不同，而有广略之别也。六百卷之《大般若经》，约佛、众生，广明般若之相；而二百六十字之《心经》，但约心法，直示般若之体。

丁二、具佛众生

然大部虽广明佛法及众生法，未尝不即心法；今文虽直明心法，未尝不具佛法及众生法，故得名为三无差也。

由三法性平等故，知《大经》广明二法，即兼心法；《心经》直明心法，即具二法。此显般若统摄三法而无差别。

乙二、释三般若

以吾人现前一念介尔之心，虚明洞彻，了了常知，不在内、外、中间诸处，亦无过、现、未来形迹，即是观照般若。

以吾人现前一念介尔之心，炳现根、身、器界，乃至十界假实国土，平等印持，不前不后，同时顿具，即是文字般若。盖山河大地、明暗、色空等一切诸境界性，无非文字，不但纸墨语言为文字也。

以吾人现前一念介尔之心，所有知觉之性，及与境界之性，无分无剂，无能无所，无是非是，统惟一法界体，即是实相般若。

已知"般若"乃谓一心所具三种般若，而此三种般若义又何指？以吾人现前一念介尔之心，精妙遍圆，含裹十方，即观照般若；根身器界，惟是假名，即文字般若；知境无分，一法界体，即实相般若。此明般若之宗也。

又此三种般若之释，乃合天台一念三千之说与《楞严》"妙明元心"之义，而成一家之独见也。

乙三、释波罗蜜

实相般若，非彼岸非此岸，达此现前一念之实相，故生死即涅槃，名波罗蜜。

观照般若，亦非彼岸非此岸，照此现前一念即实相，故即惑成智，名波罗蜜。

文字般若，亦非彼岸非此岸，显此现前一念即实相，故即结业是解脱，名波罗蜜。

"波罗蜜"者，即波罗蜜多，为梵语音译，意译到彼岸。然此彼岸，非谓对岸。有彼此之分，均为此岸；无彼此之别，方为彼岸。故依三种般若，破彼此之执，达照显此现前一念实相，了结业惑生死，智证涅槃解脱，方为真到彼岸也。此论般若之用也。

乙四、释心

是故此心即三般若，三般若只是一心。

故知此心，一念介尔，即具三种般若；而三般若体，只是一心。此辨般若之体也。

乙五、释经

此理常然，不可改变，故名为经。依此成行，三世诸佛、菩萨之所共遵，故名为经。说此法门，天魔、外道不能乱坏，故名为经。

此般若一心之理，真常不变，诸圣共遵，邪魔不坏，故名为经。此判般若之教也。

甲二、辨体 二

观自在菩萨，行深般若波罗蜜多时，照见五蕴皆空，度一切苦厄。

乙一、标立心体

要知山下路，须问过来人，故举观心行成者为榜样也。

未释经文，先辨其体。观自在菩萨何行成就？乃观心行成就也。此一心之体，即具圆融、不思议、不次第之三观行也。

乙二、随释经文 三

丙一、能行之人 三

此"观自在菩萨"名号，亦分三相："观"谓一心三观，"自在"谓大解脱，"菩萨"谓自利利他。

丁一、释观

"观"者，能观之智，即一心三观，通名观照般若也。

上已明体，故知"观"谓观心之行。又此"观心行成"时，可一时具得道、一切、一切种等三智，即证一心三智，故云"能观之智"。又以此一念介尔之心，圆观空、假、中三谛，故能于一而三，无前后次第，成不思议之境，故云"一心三观"。以此一心三观，行深般若，照见五蕴，故云"通名观照般若也"。

丁二、释自在　二

"自在"者，繇证实相理谛，于诸境界得大解脱也。

此明两种自在之相。

戊一、观境自在

菩萨以般若观照真如之境，通达一切诸法实相，故云"繇证实相理谛"，此即观境自在。

戊二、作用自在

菩萨以般若观照真如之境，以实相之体，应用十方，度化无穷，故云"于诸境界得大解脱"，此即作用自在。

丁三、释菩萨　二

"菩萨"，翻觉有情，乃自利利他之号。

戊一、释菩萨号　二

己一、菩提萨埵

菩萨，乃梵语音译菩提萨埵之略称。菩提，意译为觉；萨埵，意译为有情。菩萨不仅自求觉悟，亦能广化众生令其觉悟，故云"觉有情"。

己二、自利利他

菩萨累劫修行，乃为累积己身功德，此即"自利"；又以己身功德所生善果，而广度有情，此即"利他"，故云"自利利他"。

戊二、通二般若

智契实相，则自利满足；智宣文字，则利他普遍，故名菩萨。

菩萨以智慧契入诸法实相，而得自利满足，此显实相般若；又以智慧宣说圣教，而得利他普度，此显文字般若。上已谓"通名观照般若"，故三般若备矣。

此明能行之人也。

丙二、所行之法 二

丁一、总明 二

戊一、释深般若

"深般若波罗蜜多"者，三智一心中得，权教三乘所不能共，故名为深。

菩萨所行何种甚深行法？即以一心观于三谛，而一时具得三智。此为了义究竟实教菩萨所证，非与权教三乘所共，故此般若是名为"深"。

此总明所行之法也。

戊二、释时

"时"者，追指旷劫以前而言。从此一得相应，则直至尽未来际，终始不离深般若矣。

此"时"虽谓过去无量劫前而言，然此现前一念介尔之心，若能与三般若相应，则穷尽未来之际，始终不与深般若而相疏离，故知此"时"通于三世也。

丁二、别明 二

戊一、心开三智

前以三智归于一心，为总明；今以一心而开三智，为别明。

"照见"者，别明能观之智，即观照般若。"五蕴"者，别明所观之境，即文字般若。"皆空"者，别明所显之谛，即实相般若。

以能观之智，照所观之境，证诸法空性，此即与三种般若相应也。又以所观之境，别明假观；以所显之谛，别明空观；以能观之智，观照空假，别明中道观也。

戊二、强名为空

五阴无不即空假中，四句咸离，百非性绝，强名为空耳。

"五阴"，即五蕴。有别谓"不即"，"无不即"即无别也。"四句"者，指有、无、亦有亦无、非有非无四句。"百非"者，如北凉昙无谶译《大般涅槃经》卷三《金刚身品》所云诸非之类，皆义谓凡有执取，全当否定。诸非无数，藉百虚称，以示其多。

五蕴乃缘起假法，其性本空。然以甚深般若观照，性空故假，假有显空，何谓空有？故知三谛相即，超离四句，体绝百非，而强名为空耳。

丙三、行法之效

"度一切苦厄"者，自出二死苦因苦果，亦令法界众生同出二死因果。即是行法之效，亦即波罗蜜多也。

"二死"者，指分段、变易二种生死。"二死因果"者，众生因有漏善不善业而感分段生死，三乘因无漏有分别业而感变易生死。菩萨能自出离二种生死，亦能令法界众生出离二种生死。故知"度"谓自度度他，"一切苦厄"谓二种生死。菩萨自度度他，出离二种生死，故云"即是行法之效"；达于涅槃解脱，故云"亦即波罗蜜多也"。

甲三、明宗 二

舍利子。色不异空，空不异色；色即是空，空即是色；受想行识亦复如是。舍利子。是诸法空相，不生不灭，不垢不净，不增不减。是故空中无色，无受想行识；无眼耳鼻舌身意；无色声香味触法；无眼界，乃至无意识界；无无明，亦无无明尽；乃至无老死，亦无老死尽；无苦集灭道；无智亦无得，以无所得故。

乙一、标立宗趣 二

丙一、总观空境

此广释五蕴皆空之境谛，而观照自在其中，以非观照不能了达此境谛。

上虽已明心体所观之行为"照见五蕴皆空"，然只言"行法之效"而未申明宗趣，今当广释五蕴皆空之境谛。又此五蕴之境缘起而有，非以观照不能了达性空之谛。

丙二、别释五蕴

故夫心者，不起则已，介尔有心，则必顿现根身器界，名为色蕴；则必领纳诸苦乐境，名为受蕴；则必取相施设名言，名为想蕴；则必生灭迁流不停，名为行蕴；则必了了分别诸法，名为识蕴。是知随其所起介尔之心，法尔具足五叠浑浊。

此明五蕴之境，皆由一心而有。若心不起，则诸法寂静；若心起时，则顿现根尘、令纳苦乐、施设名言、迁流生灭、分别诸法，以成五蕴。故知吾人现前一念介尔之心，法尔具足五叠浑浊，本自天然而非造作。

"五叠浑浊"者，义谓五浊，语出《楞严》。唐般剌密帝译《大佛顶万行首楞严经》卷四："则汝身中坚相为地、润湿为水、暖触为火、动摇为风，由此四缠分汝湛圆妙觉明心，为视为听为觉为察，从始入终，五叠浑浊。云何为浊？阿难。譬如清水，清洁本然；即彼尘土灰沙之伦，本质留碍；二体法尔，性不相循。有世间人，取彼土尘投于净水，土失留碍，水亡清洁。容貌汩然，明之为浊，汝浊五重亦复如是。阿难。汝见虚空遍十方界，空见不分，有空无体，有见无觉，相织妄成，是第一重名为劫浊。汝身现抟四大为体，见闻觉知壅令留碍，水火风土旋令觉知，相织妄成，是第二重名为见浊。又汝心中，忆识诵习，性发知见，容现六尘，离尘无相，离觉无性，相织妄成，是第三重名烦恼浊。又汝朝夕生灭不停，知见每欲留于世间，业运每常迁于国土，相织妄成，是第四重名众生浊。汝等见闻元无异性，众尘隔越无状异生，性中相知，用中相背，同异失准，相织妄成，是第五重名为命浊。"

乙二、随释经文 四

丙一、五蕴空相 二

丁一、色空不二 二

戊一、色空不异

今以甚深般若照之，了知色惟是心，别无实色。一切根身器界，皆如空华梦物，故"色不异空"。空亦惟心，别无异空，设有一法过涅槃者，我亦说为如幻如梦，故"空不异色"。

今以甚深般若观照色蕴，了知色蕴惟是一心所生，除心法外，别无实色可得。色蕴犹如空中之华，世间一切根身器界皆如梦中之物，虚幻不实，故云"色不异空"。然此空亦惟是心，除心法外，别无异空可得。若有离心之空，即同有法胜于涅槃，皆如梦中说梦，故云"空不异色"。故知惟心之色不异于空，惟心之空不异于色，色空皆惟是心，离心别无空色。

戊二、色空相即 三

既云不异，已是相即，犹恐封迷情者，尚作翻手覆手之解。故重示云："色即是空，空即是色。"

色空不异，已是相即，为解迷情，复故重解。

又色蕴乃缘起有为之法，故为事；空乃无生灭无为之法，故为理。下以事理明于色空，此义当知。

己一、全事即理

谓随拈一微尘色体，即法界横遍竖穷，故即是空。所谓全事即理，无有少许理性而不在此事中。

偈曰："微尘色体空，诸色体亦空，空性无有异，色体皆是空。"故知诸色差别，然皆具无异之空。

己二、全理即事

即此微尘所具真空全理，还即顿具法界全事，故即是色。所称全理即事，无有少许事相而不在此理中。

偈曰："空具一切色，亦具微尘色。微尘色体空，亦具一切色。"故知空性无异，然皆具差别诸色。

己三、事理不二

斯则当体绝待，更无二物。

偈曰："离色难显空，离空色不存，色空互相即，当体为一心。"故知当体一心，方有色空绝待；若无心体，别无色空二物也。

丁二、余蕴亦同

既于色蕴了达此实相已，受、想、行、识例皆可知。

既知色蕴性空实相，余之四蕴其例皆同。赘而言之，即：受、想、行、识不异空，空不异受、想、行、识；受、想、行、识即是空，空即是受、想、行、识。

丙二、破诸执迷 三

丁一、无有生灭

又恐执迷之人，谓此五蕴实相从照见生。故更申示之曰：是五蕴诸法，当体即是真空实相，本自如斯，非实相生而五蕴灭。以五蕴本自不生不灭，故名为空相耳。

经云："照见五蕴皆空。"遂有迷人谓五蕴真空实相，从"照见"生，故有生灭之相。真空实相本无生灭，而五蕴实相即此真空实相，故亦无生灭。又五蕴实相无有生灭，故其体为空。

丁二、无有垢净

又恐迷者，谓此五蕴空相虽非生灭，而有垢净。谓凡夫随于染缘则垢，圣人随于净缘则净。故更申示之曰：凡夫五蕴亦即空相，圣人五蕴亦即空相，何垢净之有哉？

凡圣随缘染净，故有垢净之别。遂有迷人谓五蕴真空实相，虽无生灭，然有垢净之相。五蕴实相，当体即空，无分凡圣，何来垢净之说哉？

丁三、无有增减

又恐迷者，谓此五蕴空相，虽无垢净而有增减。谓凡夫迷，故生死浩然为增，德相隐覆为减；圣人悟，故照用无尽为增，惑业消亡为减。故更申示之曰：迷时亦只此诸法空相，悟时亦只此诸法空相，何增减之有哉？

凡圣有迷悟之别，故德业互有增减。遂有迷人谓五蕴真空实相，虽无垢净，然有增减之相。五蕴实相，当体即空，无分迷悟，何来增减之说哉？

丙三、差别法相

既向五蕴发明此妙谛已，遂即广历一切差别法相，融绝圣凡情见，而曰"是故空中无色"乃至亦无得也。然所谓无色乃至亦无得者，岂俟融绝而后无哉？良以本无所得故也。

已就五蕴发明真空妙谛，今就一切差别法相再明谛理。"差别法相"者，谓五蕴、六根、六尘、六识、十二支、四谛等。何故空中无有一切差别法相？非是诸相灭后空无，乃以空中本无诸相可得也。弥勒说、唐玄奘译《瑜伽师地论》卷五五："此中无所得云何？谓唯有根、唯有境界、唯有彼所生受、唯有彼所生心、唯有计我我想、唯有计我我见、唯有我我言说戏论，除此七外，余实我相了不可得。"龙树造、后秦鸠摩罗什译《大智度论》卷一八："诸法实相中，受决定相不可得故，名无所得。"

丙四、结深般若

本无所得名之为谛，了此无得名之为观，而总不离五蕴为所观境。若境若谛若观，又总不离现前一念介尔之心，一心宛具三义。谛即实相，观即观照，境即文字。不纵横并别，亦非一异，故名为深般若也。

经云："是故空中无诸法相，以无所得故。"故知无所得即诸法空相。然空相依诸法所显，诸法之外别无空相。又一切有为诸法皆为五蕴所摄，故欲观照真空妙谛，必以五蕴为所观境。此境、谛、观不离现前一念介尔之心，故一心具境、谛、观三义；又境、谛、观与三般若相应，故前总标"此直指吾人现前一念介尔之心，即是三般若也"。此三般若于一心中具得，故不纵不横不并不别，亦非一非异，故名深般若也。

"纵横、并别、一异"者，乃取伊字三点为喻。南朝宋慧严等《大般涅槃经》卷二《哀叹品》："犹如伊字三点，若并则不成伊，纵亦不成。如摩醯首罗面上三目，乃得成伊。三点若别，亦不得成。"

问曰："前释已云：三智一心中得，故名深般若。今何复说？"答曰："前深般若以辨心体，此深般若以明宗趣。"

问曰："既以深般若以明宗趣，为何前标五蕴以为宗趣？"答曰："义同不违。深般若即三般若，三般若即境、谛、观。观境而见谛，依境而显谛，谛、观'总不离五蕴为所观境'，故标五蕴以为宗趣。"

甲四、论用 二

菩提萨埵依般若波罗蜜多故，心无挂碍、无挂碍故，无有恐怖，远离颠倒梦想，究竟涅槃。三世诸佛依般若波罗蜜多故，得阿耨多罗三藐三菩提。故知般若波罗蜜多，是大神咒，是大明咒，是无上咒，是无等等咒，能除一切苦，真实不虚。

乙一、标立论用 二

丙一、明显说用

此遍举菩萨、诸佛为证，而明此深般若真能度一切苦厄。

此举诸菩萨，依深般若，而证究竟涅槃；举三世诸佛，依深般若，而得无上菩提。故知依此深般若，"能除一切苦，真实不虚"。

丙二、用通三世

所谓过去诸如来，斯门已成就；现在诸菩萨，今各入圆明；未来修学人，当依如是法，非惟观世音也。

然此深般若行，过去诸佛依之已得诸行成就，现在诸菩萨依之今入究竟圆明，未来诸修学人依之当除一切苦厄，非惟观世音一菩萨而得其用也。

乙二、随释经文 五

丙一、三种涅槃

"无挂碍"，则结业即解脱，究竟方便净涅槃。"无恐怖"，则苦果即法身，究竟性净涅槃。"远离颠倒梦想"，则烦惑即智明，究竟圆净涅槃。

菩萨一心行深般若故，无有挂碍、恐怖及远离颠倒梦想，而入究竟涅槃。又此一心具于三大，故证三种不生灭之究竟涅槃。以心无挂碍，而得应身解脱之用，以显究竟方便净涅槃；以心无恐怖，而得法身之清净体，以显究竟性净涅槃；以心远离颠倒梦想，而得报身智明之相，以显究竟圆净涅槃。

丙二、三种菩提

依实相般若，得真性菩提。依观照般若，得实智菩提。依文字般若，得方便菩提。

诸佛一心行深般若故，而得阿耨多罗三藐三菩提。又诸佛具于三身，故得三种无上菩提。法身佛依实相般若，而得真性菩提；报身佛依观照般若，而得实智菩提；应身佛依文字般若，而得方便菩提。

丙三、智理互言

菩提是如如智，智必冥理。涅槃是如如理，理必契智，故影略而互言之。

问曰："菩萨得菩提，诸佛入涅槃。为何经中交错而说？"答曰："菩提为如如智，菩萨得菩提智，必冥涅槃如如之理；涅槃为如如理，诸佛入涅槃理，必契菩提如如之智，故涅槃、菩提可互言也。"

又荆溪大师以三涅槃之"解脱、法身、智明"，与三菩提之"真行、实智、方便"，相配而谓。唐湛然《摩诃止观辅行传弘决》卷三之一："实性即法身，实智即般若，方便即解脱。"

丙四、般若咒相　二

丁一、显体相用

此深般若，即大神咒，具妙用故；即大明咒，智照相故；即无上咒，实相体故。

此深般若乃心之观行，一心又具三大。故知般若心咒，具大神力，以显微妙之用；放大光明，破众迷暗，以显智照之相；无能胜者，以显实相之体。

丁二、一实相印

即无等等咒，无有一法能等此心，此心能等一切诸法，令其同归实相印故。

此般若心咒超绝无伦，无有一法能与此心等者，而此心又能等于一切诸法，令其同归诸法实相之一法印。故知此般若心咒，虽有四名，然以无等等咒，统摄前三，此义当知。

丙五、明密说用

此之心咒，的的能除自他分段、变易诸苦因果，真实不虚，应谛信也。

前以一心三观而出自他二死因果，乃显说行法；今以般若心咒而除自他而二死因果，乃密说行法。前明显说之用，谓能度一切苦；今明密说之用，谓能除一切苦；显密二用，皆真实不虚，故应谛信也。

甲五、判教 二

故说般若波罗蜜多咒。即说咒曰：揭谛揭谛，波罗揭谛，波罗僧揭谛，菩提萨婆诃。

乙一、标立教相

前之显说，既指般若即咒；此之密说，须知咒即般若。然显说而又密说者，显密各具四悉檀益故。

显说般若，本为可说，而又密不可说之咒；密说般若，本不可说，而又显可说之般若。龙树造、后秦鸠摩罗什译《大智度论》卷一："过一切语言道，心行处灭，遍无所依，不示诸法。诸法实相，无初无中无后，不尽不坏，是名第一义悉檀。如摩诃衍义偈中说：'语言尽竟，心行亦讫，不生不灭，法如涅槃。说诸行处，名世界法；说不行处，名第一义。''一切实一切非实，及一切实亦非实，一切非实非不实，是名诸法之实相。'如是等处处经中说第一义悉檀，是义甚深难见难解。佛欲说是义，故说《摩诃般若波罗蜜经》。"隋智顗《妙法莲华经玄义》卷一下："第一义悉檀者，有二种：一、不可说，二、可说。不可说者，即是诸佛、辟支佛、罗汉所得真实法。引偈云：'言论尽竟，心行亦讫，不生不灭，法如涅槃。说诸行处，名世界法；说不行处，名第一义。'二、约可说者：'一切实一切不实，一切亦实亦不实，一切非实非不实，皆名诸法之实相。'佛于如是等处处经中，说第一义悉檀相。"依智者大师开第一义悉檀为可说与不可说，故知此经显密双说诸法真空实相，虽各具四悉檀益，然当属第一义悉檀也。

乙二、正翻真言

正以不翻为妙，不宜穿凿。

咒乃梵语音译。既为文词，必有其义，正翻为妙，切务穿凿。今依日本弘法大师所释，《般若心经秘键开门诀》卷上："以此四句真言，如次配四乘差别也。揭谛者，此云行也，是即示四种乘人之修行作业之义也。《秘藏记》云：揭谛揭谛，行也，义谓菩萨行佛行。波罗揭谛，圆满最胜也。波罗僧揭谛，和合。菩提娑婆诃，究竟义、圆满义、惊觉义、成就散去义。意谓于第三波罗揭谛者，总摄入他缘大乘乃至极无自性心也；于第四波罗僧揭谛句，是句者是一向唯属真言密教之行果也；于第五菩提娑婆诃句者，以上所明六种住心人之皆悉遂令归入真言曼荼心之果海义也。故上所说诸乘，究竟于真言之菩提，令证入义也。"

（原载《法音》2010 年第 3 期，总第 307 期）

《国民阅读经典》（平装）书目

论语译注　杨伯峻译注

诗经译注　周振甫译注

楚辞译注　李山译注

孟子译注　杨伯峻译注

庄子浅注　曹础基译注

周易译注　周振甫译注

山海经译注　韩高年译注

大学中庸译注　王文锦译注

战国策译注　王延栋译注

道德经讲义　王孺童讲解

金刚经·心经释义　王孺童译注

人间词话（附手稿）　王国维著　徐调孚校注

唐诗三百首　蘅塘退士编选　张忠纲评注

宋词三百首　上彊村民编选　刘乃昌评注

元曲三百首　吕玉华评注

诗词格律　王力著

经典常谈　朱自清著

毛泽东诗词欣赏（插图本）　周振甫著

中国通史　吕思勉著

三国史话　吕思勉著

中国史纲　张荫麟著

中国近百年政治史　李剑农著

中国近代史（增订本）　蒋廷黻著　徐卫东编

乡土中国　费孝通著

中国哲学史大纲　胡适著

中国哲学简史　冯友兰著

东西文化及其哲学　梁漱溟著

世界美术名作二十讲（插图本）　傅雷著

谈修养　朱光潜著

谈美书简　给青年的十二封信　朱光潜著

朝花夕拾　鲁迅原著　周作人解说　止庵编订

查拉图斯特拉如是说　［德］尼采著　黄敬甫、李柳明译

蒙田随笔　［法］蒙田著　马振聘译

宽容　［美］房龙著　刘成勇译

希腊神话　〔俄〕尼·库恩著　荣洁、赵为译

物种起源　〔英〕达尔文著　谢蕴贞译

圣经的故事　〔美〕房龙著　张稷译

人类群星闪耀时　〔奥地利〕茨威格著　梁锡江、段小梅译

菊与刀　〔美〕鲁思·本尼迪克特著　胡新梅译

沉思录　〔古罗马〕马可·奥勒留著　何怀宏译

理想国　〔古希腊〕柏拉图著　刘国伟译

国富论　〔英〕亚当·斯密著　谢祖钧译

名人传（新译新注彩插本）　〔法〕罗曼·罗兰著　孙凯译

拿破仑传　〔德〕埃米尔·路德维希著　梁锡江、石见穿、龚艳译

君主论　〔意〕马基雅维利著　吕健忠译

新月集　飞鸟集　〔印度〕泰戈尔著　郑振铎译

论美国的民主　〔法〕托克维尔著　周明圣译

旧制度与大革命　〔法〕托克维尔著　高望译